# 柳田国男の話

室井光広
*Muroi Mitsuhiro*

東海教育研究所

# 柳田国男の話　目次

一　極私的民俗学入門　7
二　柳田というハタケ　17
三　百年勤続の小作人　26
四　そを聴きにゆく　35
五　神聖平人喜劇　44
六　お座敷ワラシ列車　54
七　俗聖《ぞくひじり》　64
八　大和魂　73
九　オカシとアワレ　82
十　散歩党　91
十一　雑記と随筆　100
十二　ある〈小説〉の誕生　109
十三　身捨つるほどの祖国はありや　118
十四　常にもがもな　127
十五　とりつくシマ　136
十六　サカナをする　145
十七　峠会　155
十八　孤児根性　164
十九　コジ巡礼　173

二十　アメンボウとお嬢さん　182
二十一　懐しき高麗犬　191
二十二　韜晦《とうかい》の小島　201
二十三　ほうとする話　210
二十四　サンチョ・パンサの原像　220
二十五　庶民と常民の間　229
二十六　見ぬ世の人　239
二十七　幽冥教　250
二十八　本業の夢想家　260
二十九　全篇皆序文　270
三十　篤志門外漢　280
三十一　文化とハニカミ　291
三十二　イヤする者　302
三十三　美しい嘘と悪の華　312
三十四　ペネタ形とトカトントン　322
三十五　ミンゾクの事務所　335
三十六　柳多留　345
〈さまよえる日本人〉のひとりごと——あとがきに代えて　357

・本書の柳田国男の著作引用は、主に『柳田國男全集』（全三十二巻、ちくま文庫）を参照した。また、『定本柳田國男集』（全三十一巻・別巻五、筑摩書房）からの引用では、文中の旧字旧仮名遣いを新字新仮名遣いに改めた。なお、柳田的雑記にあやからんとする本書の性格上、筑摩書房刊の新全集や、岩波文庫をはじめ入手しやすい各社刊の文庫等に拠ったところもある。

・ブックデザイン　野村 浩

# 一　極私的民俗学入門

## 1

柳田国男が最晩年に生涯の蓄積を傾けて書いた『海上の道』の岩波文庫版が、先年、文字が大きくなって改版されたのを機に、学生にもどったつもりで、ていねいにノートをとりながら読み直してみた。同書の原本が刊行されたのが一九六一（昭和三十六）年、柳田が八十七歳の時である。現在五十代半ばの当方などが二十代半ば以降三十年余にわたって恥ずかしい〝部分読み〟をあきることなく繰り返してきた『定本柳田國男集』（全三十一巻・別巻五）の出版を柳田自身が決めたのもこの年だ。

柳田民俗学に寄り添うにあたり、まずもって極私的な事情をめぐる弁明をしなければならないと考えているので、柳田のいう一国民俗学ならぬ〝一個民俗学〟ふうの個人的な記述も許していただきたいのだけれど、一九五五年生まれの当方が東北南部奥会津で同級生が十名の山深い分校に入学した一九六二年、つまり柳田民俗学の集大成といわれる『海上の道』刊行の翌年——先の定本版の配本がはじまった年の八月八日、柳田は、末広がりの数がめでたくも重なる米寿の八十八歳で死去する。

山村で農林業に従事する家族の姿をみて育った私にとって柳田学は根源的になつかしい存在である。「人間は水路をたどって案外な入野《いりの》まで伐《き》り開いて住んでいることに驚いたが、しかし山の力がこれによって少しも弱められたり衰えたりしていないのには更に驚いた。平地に住む者の想像を超脱した寂漠たる生存、これにともなう強烈な山の情緒が、人間の心を衝《う》ってやまない」（「山姥奇聞」）というような柳田の文章をはじめからよく理解できたわけではないけれど、他ならぬ自分自身の原風景にまつわることが比類のない文体で描かれているという驚きは、凡庸な学生の心身を衝ってやまなかった。

正直に告白しておくが、柳田の厖大な著作のうち、学生のころ曲がりなりにも一読しえたのは岩波文庫二冊、前記『海上の道』（一九七八年初版）と『遠野物語・山の人生』（一九七六年初版）くらいであり、しかも、はじめは両書とも、巻末解説（前者は大江健三郎、後者は桑原武夫）のみを読んでやりすごしていた。

この二つの解説の共通点をさがすとすれば、ともに文学の視座に立つアプローチであるというところだろう。大江と比較すると後者の桑原武夫の業績について私は何も知らなかったが、文学に対して人並みの興味関心を抱いていた学生として、「日本民俗学の門出をしるす美しい記念碑というべき『遠野物語』と、その直接的展開である『山の人生』の岩波文庫版のための解説を書くという名誉が、なぜ門外の私にあたえられたのであろうか」と書き出される、その「門外」という言葉のひびきに、まずはひかれたのだった。

柳田の「極度に鋭敏な感覚性」についてふれたくだりで、桑原武夫は、「母親が毎朝めしたきかまどの下に燃した柴のにおいを数十年後に思い出したことから日本文化の昔をたどるといった話は、マドレーヌ菓子の味から失われた時を求めたプルーストを思わしめるものである」と書いていた。その時点で私はプルーストの大作を読んでいなかったのだけれど、この指摘は長く印象に残ったのである。

私は、マルセル・プルーストのいう〝絶えざる錯誤の連続としての生〟を歩んできた。まず、経世済民（民生を安んずる事を本意とする、人民のための政治）という古風な〝妄想〟を抱いて大学の政治経済学部に入学し、たちまち風車に体当りしたドン・キホーテのようにうちのめされてしまったし、次に、場違いを悟って、別の私立大学の文学部に再入学したものの、そこでも高校時代の倫理社会でにおいをかいだ〈人間いかに生きるべきか〉の問いをつきつめられるはずとカンちがいして哲学科に在籍し、やはり凡人版みにくいアヒルの子の物語を生きるハメにおちいったのだった。

敬愛する岩波文庫の分類でいえば、哲学科の学生が読むべきは、思想・哲学・宗教等の青（帯）であるが、私がもっぱらつきあいを深めていたのは外国文学の赤（帯）で、現代日本文学の緑（帯）をおまけ程度に、といったありさまだった。

『海上の道』『遠野物語・山の人生』はいうまでもなく青（帯）。しかし、私の感触の中では、当時も今も、その青は赤と緑を帯びたものとでもいうしかないのである。柳田学の帰着点と出発点をそれぞれ象徴させうる二著を前にして、私は、奇妙なつぶやき――「柳は緑《みどり》花は紅《くれない》」を洩らす。春の景色の美しさの形容とされるこのフレーズは、人工の加わっていないさまや、物事はさまざまに異なった姿を見せるが、それぞれ自然の理にのっとっていることをもあらわすというけれど、当方の独語は極私的に勝手きわまる連想にもとづくもので、柳田学は稀代の文人の手になる産物であるから緑、その根源に咲く文の花は紅すなわち赤……といいたいのが本意である。

## 2

青春時に辛うじて読みえた二冊は、今も、青い春の色をしている……とさらに――柳田のシャーマン論に登場する言葉をかりれば「夢うつつのデタラメ」に近いものいいを重ねてみる。

当時愛読していた緑（帯）の文庫『啄木歌集』の中の高名な歌も引く。

〈やはらかに柳あをめる
　北上の岸辺目に見ゆ
　　泣けとごとくに〉

民俗学的知見といえるかどうかわからないが、これまた有名な芭蕉の一句――〈あらたうと青葉若葉の日の光〉などからも窺えるように、日本語の「あを」色は、韓国語同様、みどり色と融合・混合していて、英語のブルーとグリーンのように画然と区別できない言葉である。

私が青い春色の涙を流して啄木の如く泣きもした（？）時期、先の二著の前後に刊行された岩波文庫――『青年と学問』『こども風土記・母の手毬歌』『木綿以前の事』『不幸なる芸術・笑の本願』『蝸牛考』を買いおさめたが、通読できた記憶はない。つとめ人になってから購入した『定本柳田國男集』を折にふれて眺めるにつれ、〈これは読了する事が不可能な〉世界だと思うに至った。キルケゴールのいう〈反復＝受取り直し〉を、長い歳月をかけてつづける以外にわがものとしうる道がないことに気づいたのである。柳田自身なら、こうした気づきを「心づく」という動詞で表現するだろう。

「支那でも文芸の中心は久しい間、楊青々たる長江の両岸に在ったと思う」とはじまる柳田的名文の白眉「雪国の春」の詳細にここで寄り添うのはできない相談だけれど、柳田の文業の数えきれない部分読みの歳月において、私は必ずといっていいほど、春を迎えた雪国人の心持ちに染まり、「楊青々たる長江の岸」めいたところへ思いを馳せるのを常とした。いかなる断章に向けても、啄木的な涙、いや『不幸なる芸術』の一篇「涕泣《ていきゅう》史談」にある「慟哭《どうこく》という一種の交通方法」を受取り直すことしばしばで、私はその都度、芭蕉ふうの感動詞〈あらたうと〉を発せずにはおれなかった。

とうとい青葉若葉の日の光を感じとる者は、柳田の文に〈やはらかに柳あをめる〉魂の拠りところを見出す。柳田が関心をしめしたことわざの中に含まれるかどうか詳らかにしないが、柳田の愛読者なら、「柳に雪折れなし」（＝柔軟なものは強剛のものより、かえって事によく耐える）というフレーズを想いおこすだろう。

強剛な文体をもつものがほとんどの思想・哲学の領野に見出すことが困難な、雪折れのない柳(田の文体)のやわらかさに、著作のいたるところで気づかされること、いや心づかされること

——それがこの三十年余の間私が反復してきた柳田学への極私的な入門＝イニシエーションの内実である。

柳田国男の研究者でない者が、語の一般的な意味で、この重要な本の「解説」をおこなうことはできない……ということわり書きからはじまる『海上の道』の解説で、大江健三郎は、この書にみられる「なつかしさ」という言葉に着目し、独自の強さ（なつかしい対象への意識の指向性の独自の強さ）をこめてもちいることで、表現を確かなものとするのがつねであった、と書く。

二十年ほども前に読んだ文の内容をほとんど忘れてしまっているが、この「なつかしさ」だけは鮮明に記憶に残る。

大江によれば、柳田のいう「なつかしさ」とは、民俗の古層を指向して強く跳ぶ、心のあり様を示す言葉であり、現在、自分がいる時間・空間の場所、その限界に閉じこめられている現状から、それを超えるところへ向けて跳ぶ、そのような指向性をそなえた心の働き、すなわち想像力の根本の動きに読む者をして誘うことにおいて、柳田の文章は独特である。

今般、『海上の道』を読み直してみて、やはり独特の「なつかしさ」の感覚にうたれたが、大江のいう「民俗の古層を指向して強く跳ぶ、心のあり様」に有縁と思われる、もう一つのささやかな言葉のつかい方に眼がいった。それが、先にもふれた「心づく」という動詞だ。

手元の何冊かの国語辞典をひいたが見つからない。「気がつく。心がとまる」をあらわす語として古語辞典にはあった。日本語の古層にある言葉というべきか。

柳田の使用例をあげておくと——「前年岩波文庫の『利根川図志』を校訂していた際に、始めて心づいて興味を催した」(「みろくの船」) といったぐあいで、私が「心づいた」ところでは『海上の道』に限った場合、先の「なつかしさ」より頻度の高い言葉である。

さて古語の「心づく」には、「気に入る」の意も含まれる。かの『枕草子』を真似て、当方にとって心づく＝気に入るものを列挙するとした場合、その筆頭にあげられるのが、入門＝イニシエーションである。

開始、創始、伝授、手ほどき、訓練、コトはじめといったニュアンスのイニシエーションには、民俗学や文化人類学などにいう通過［移行］儀礼（rite of passage）の意味もある。

ごく一般的に、個人が人生の一つの段階から次の段階へ移行する重要な節目（となりうる行事・出来事）をあらわすイニシエーションについて、拙著『カフカ入門――世界文学依存症』(東海大学出版部) から引かせてもらう。

「私は、何はともあれイニシエーション＝入門を好むたちだ。新しい世界への門をたたくという行為そのものを好む――一種の入門病患者である。これまで詩歌や批評や小説（のようなもの）に次々と手を染めてきたが、本願通り（？）いずれも入門状態のまま現在に至っている。門の向うに奥の院があり、修行を積み重ねてその院より免許皆伝をもらうことで成熟をとげられる。ところが私の場合、入門は好きなのに奥の院的存在を苦手とし、可能な限り忌避する〝門外漢〟コースを歩んできたようなものだ。」

柳田の文業を三十年にわたり断片的に、従って非学問的・非体系的に反復＝受取り直してきた当方がとりおこなう極私的民俗学入門もまた〝門外漢〟コースの一環となる他ないことは自明である。

## 3

二〇一〇年でちょうど発刊百年になる『遠野物語』初版の扉に、「この書を外国に在る人々に呈す」という献辞が付されていたことは広く知られている。

私はこれでも創作家のはしくれとして細々と仕事をつづける人間だが、一九八八年にボルヘス論で著作家の末席を汚すことになって以来、二〇〇九年刊行の『プルースト逍遥——世界文学シュンポシオン』（五柳書院）に至るまで、終始外国文学の探究にも従事してきた。私はいわば長いこと〈外国〉に在った。

二〇〇八年刊の『ドン・キホーテ讃歌——世界文学練習帖』（東海大学出版部）にも書いたが、畏敬する外国の文人の広大な館近くの片隅に、かのドン・キホーテとサンチョ・パンサのようなりでわらじを脱ぐことを繰り返してきた〈さまよえる日本人〉は、しかし、紙の上での異郷放浪をつづけたこの二十年間、一度たりとも故地〈日本〉を忘れたためしはなかった。ボルヘスからプルーストに至る「心づき」（心にかなうこと・心ひかれること）のイニシエーションがひと通り終って、魂の故地に帰ってきたさまよえる日本人の眼に、『遠野物語』の献辞が極私的な意味で心にしみたことをどう伝えたらいいだろうか。本稿はそれを伝えるための一里塚にすぎない。

外国語をただの一つも自由に読み書きできないような人間が、かくも長い間、異国をさすらい、偉大な文人の邸の門前に佇んでいたとは我ながら驚き呆れはてるが、さて、故地に帰還して、とりあえず日本の文学者の誰やらの家にやっかいになろうと思い探しはじめたものの、容易にみつからないことも想定内だった。

さまよえる日本人は要するに、ウラシマタロウになりはてていた。そんなウラシマに、五十すぎての宮仕えの運命がわりふられた。まったく不可思議という他ないが、二〇〇一年東海大学に新設された文芸創作学科で、世界文学関連科目と共に、民俗学入門講座を担当せよと命じられたのである。

かつて柳田民俗学の対極をゆく文体で〈書を捨てよ、街へ出よう〉と挑発的な語りを展開した鬼才寺山修司は、「わたしのイソップ」という詩篇を、

〈肖像画にまちがって髭を描いてしまったので
　仕方なく髭を生やすことにした
　門番を雇ってしまったので門を作ることにした
　一生はすべてあべこべでわたしのための墓穴を
　掘り終ったらすこし位早くても死ぬつもりである〉

と書き出している。冥界の柳田翁は少しく眉をひそめるかもしれないが、錯誤の連続としての生を歩むさまよえる日本人・ウラシマが、遠いところから帰ってきて、永遠にやわらかい芽吹きをみせる〝柳の下〟に仮の宿りをむすぶことになった機縁の一つに、寺山ふうの「あべこべ」の

詩学が横たわっている事実を私は否定しない。

　文学を学ぶ若者に極私的民俗学入門を講じてすでに数年の歳月が経とうとしているが、泥棒をつかまえて縄をなっていた二〇〇六年の春、ＮＨＫ教育テレビで詩人の吉増剛造を語り手とする「柳田国男――詩人の魂」が放映された。

　その中で特にウラシマの耳に印象深かったのが「柳田さんという人は、将来、五十年か百年後、フランスのマルセル・プルースト、あるいはアルゼンチンのホルヘ・ルイス・ボルヘスといった人と比較されるような、とても深い性質をもつ作家の一人に数えられるような、柳田さんは存在になっていくという気が、私はいたします」という詩人の「深い性質をもつ」直感だ。『遠野物語』刊行から百年後に、さまよえる日本人が開始する屋上屋を架すふうの振舞いに、もしわずかなりとも意味があるとすれば、右の直感の中に隠されているだろう。

# 二　柳田というハタケ

## 1

柳田の文業を注意して受取り直す作業、つまりノートをとりながらゆっくりと読んでゆく作業にいつかは着手したいと永い間願っていた。五十代になってようやくその時がきたわけだが、百姓の倅にふさわしいたとえをすれば、今後、柳田という名の広大な田んぼを耕す過程で、数多くの我田引水ふうの振舞いに及ぶだろう。

さらに曖昧な畑のイメージも引き寄せてみる。日本語で田畑はデンパタともタハタともよまれて融合しているが、先祖伝来の田地田畑というような口頭語表現からも窺える通り、田は畑に対して優位に立ってきた。田は中国語音でティエンとなり天の音に重なる。広やかで平らなイメージという点で、田と天はつながるとみなされたそうだ。

柳田学の集大成『海上の道』は、稲作技術を携えてはるか南方から移り住んだ日本列島人の祖先にまつわる本だが、稲作が縄文・弥生とつづく原始古代のいつ頃に伝来したかについての明確な記述はない。むろんわれわれにもよくわからないけれど、しかし漠然と、字のつくりから焼畑の意味をもつ畑のほうが水田より古い存在なのではないかと推測することは可能である。

人名にも地名にも多く用いられる「畑」「畠」も、古代中国で創出され日本に伝わってきた漢字ではなく、その漢字の影響を受けて日本で作られた漢字＝国字だという。

日本列島（人）の歴史におけるハタケと田んぼのそれぞれのありようをのべるのもわれわれの手にあまる。ここではただ、ありふれた日本語の使用例をあげてやりすごす他ない。水田以外の農地を指す畑［畠］は、専門とする領域の意にも用いられる。〈畑違いの仕事〉といった用法は、誰にとってもなじみのあるものだろう。

いわゆる水田単作史観ができ上ったことからもわかる通り、日本列島（人）と稲作は、きわめて強い縁でむすばれたものといわざるをえぬが、それでも、〈わたしはこの会社に入って以来三十年余ずっと営業畑を歩んできました〉というような表現の意味するところは重く深い。〈編集の田んぼを歩いて……〉とはいわないのである。専門の領域・分野といっただけでも足りない。〈ハタケがちがう〉のハタケは、辞書にある通り、「生まれ・出生・母胎」のニュアンスを孕《はら》むのである。

柳田国男と稲作文化一元論をめぐる通念にみちた批判的議論に対するわれわれの関心が薄いことも最初にことわっておいたほうがよいだろう。

柳田耕作に伴う当方の我田引水めいた作業が〈畑違いの仕事〉に由来するのはたしかだとして、私がまずもって強調したいのは、柳田学の専門の領域・分野があまりに深く広いこと、その文業・文体のいたるところに、なつかしい匂いを伴う「生まれ・出生・母胎」としてのハタケが見出されることである。

私は、だから、しみじみ――この三十年余ずっと柳田畑を歩いてきました……とつぶやくのだけれど、すでに正直に書いたように、実態は部分読みを重ねたにすぎず、永いこと〈おくゆかし〉（＝奥行かし＝奥に行ってみたい）と念じながらも、その広大なハタケの全容を視野に収めたことがなかった。

今般、ノート耕作をしつつ稿作に従事する本源的フィールドワーク（＝野良仕事）の機会が与えられたわけだが、前者のノート耕作と後者のハタ（機）織にも似た稿作に決定的なズレ・断絶が生じる可能性は大である。

向う十年くらいの歳月があれば、このズレ・断絶は小さくて済むかもしれないが、そんなのんきな稿作が許されるはずもなく、私は仕方なく居直る。私の著作家としてのペンは、柳田のハタケをウサギのように跳ねながらゆくことだろうが、若年の日の見果てぬ夢の一つ、すなわち柳田畑の耕作という愉しい手仕事は、亀のような歩みになろう。ヴァレリーがいった如く、書きものは作品である限り、本来的に完成ということがない。作品の発表は、一種の事故によるものだ。ヴァレリーの口真似をして私もいう――あらゆる著作は見切り発車である他ない。当方の遅々とした柳田作品の受取り直し＝ノート耕作がいつ終るか想像もつかない。ほんとうは、それが一通り終了してから稿を書くのが当り前というものだろうけれど、ウサギはとうてい待ってはくれない。しかし、物語にある如くの、亀がウサギを追い越すという奇跡に遭遇し、昔の東北の巫女のように「世はさかさまねなたものだべが」（＝世はさかさまになったものか）と驚きの叫びを発する事態を夢見てはいるのである。

## 2

漢字本来の「田」は耕地一般を指す語だという。日本では田＝水田であるが、同じ古代中国文明の影響にあった朝鮮半島では、田＝ハタケという理解が優勢だった。

当方の極私的イメージに従うと、田は言葉の苗が規則的に植えられた散文に、畑は行間に溝をもつうねうねとした韻文に重なる。ハタケの畝《うね》が詩行のようにみえるのである。古く『日本書紀』の農耕神話のなかに五穀（稲・粟・稗《ひえ》・麦・豆）が記されていることからもわかるように、日本の農業本来の特色が稲を含めた雑穀栽培にあったことは識者のいう通りだろう。

日本の前近代において、一貫して田地が支配・収奪の対象であり、それ以外の地種は、収奪の主要な対象として位置づけられることが少なく、たとえ対象となっても田地に換算されて編成されたにすぎなかったという農業史学者の指摘を、われわれはさもありなんと受けとめたうえで、我田引水のイメージを引き寄せる。〝カネになる〟散文をコメ作りに、非商業性のシンボルともいうべき詩作をコメ以外の雑穀栽培に重ねてしまう。

よく知られているように、柳田国男の文人としての「生まれ・出生・母胎」＝ハタケは詩歌であった。詩を作るより田を作れといわれた時代、青年柳田（当時は松岡）国男は種々のペンネームなども用いながら、せっせとポエジーのハタケ仕事（＝フィールドワーク）にいそしんだのだった。詩と訣別し、農政学徒から農政官僚のハタケを歩み、民俗学創成の道に向かうようになった後も、柳田の本源の母胎は変らなかったとわれわれはみている。

この本源の母胎を、英語のミーディアム（もしくは複数形のメディア）なる語におきかえておいてもいいだろう。最もポピュラーな意味は手段・媒体だが、大元は中間、間に在るものを指すことから、目的達成のための仲介者、そして、われわれのこの稿にとって後に重要なテーマの一つとなるはずの、霊媒、巫女をもあらわす。他に、人や細菌などがそこで生きる培地としての環境、表現のための材料、様式ひいてはテクニック等々、その意味するところは広く深い。

ポエジーは、民俗学的霊媒（スピリチュアル・ミーディアム）ともいうべき柳田の文体の生活条件＝ミーディアムであったといういい方も許されるだろう。話し言葉と文字言葉とのあいだの断絶――その溝の中に霊媒はスペシャルな仲介者として永いこと佇《た》ちつづけたのである。

柳田というハタケで野良仕事をするたび、われわれは、稲を含めた雑穀栽培というときの〈雑〉なるエコーに衝《う》たれずにはいない。柳田民俗学の稲作一元主義を批判する研究者たちの論文に、かえって一元的な退屈さを禁じえない。柳田のほとんど雑学に近いエッセー仕立ての文が放つ雑穀的風合いに尽きせぬ興趣を覚えるのである。

# 3

柳田の論考のほとんどが〈話〉の体裁をとっている。これはささやかだけれど重要なことだ。柳田国男は特殊な噺家《はなし》であった。その全文業がスピリチュアル・ミーディアムという噺家の手になる一事を何より重視したい心持ちから、われわれの稿のタイトルもつけられている。

正統な語源学からは遠い話だが、やはり雑念に近い極私的イメージによれば、ハナシは、何かを手放す、放出する風景にむすびついている。魚を川に、鳥や獣を野にそっと放つように、心にかかったこと、わだかまるものを、どこやらに誰やらに静かに伝える……それが当方のハナシ・ハナスの根源の風景だ。

この風景には、柳田が生涯にわたって追尋した日本的なカミが潜み隠れる。日本は天皇を中心とする神の国などではなく、天皇もまた常民の一人である（柳田自身の言葉だ）他ないような雑神の国だった。

雑神が好むのが、柳田のヨミにいうゾウダン（雑談）である。柳田が切り拓いたおびただしいゾウダンのハタケの収穫物の大半が雑穀ふうの雑文的外観をもつことは、ハタケ仕事を愛するわれわれ文百姓にとって限りない魅力の根源である。ゾウモンというヨミはないが、われわれの耳にそれは経文のようにひびくのだ。

今、私は雑神と書いたが、実はこの言葉、定本版の索引でみても、たった二例しかなく、柳田自身、明確な定義づけをして用いたわけではないようだ。いくつかの国語辞典にも、そして『日本国語大辞典』にも出ていないこの雑神は、たとえば三島由紀夫の天皇のような正当性を誇る唯一神のイメージから遠い、読んで字の如くの雑なる存在である。

柳田学の妖怪論でおなじみの、もとはれっきとしていたやもしれぬ神々が零落したものともいえる雑神は、『巫女考』では「諸国の雑神に……」と、『地名の研究』では「地名に表われた雑神は……」というようにあっさりと使用されている。

それはわれわれの耳に、古着のパッチワークによって作られた雑巾や正月の雑煮のようなひびきで伝わる。柳田学のハタケで野良仕事をする者にとって、このエコーは心づき（＝気に入り）あるいはなつかしさの対象とならずにはいないだろう。

根源的雑文「親方子方」の中で、柳田は、「我々の大親は生みの親とは限らず、そうして又あらゆる役目と力を身にもって居た」と書く。中世以後の日本人は、父母以外に別に「イヤする者」の幾種類かをもたねばならぬ生活事情に置かれていた、と。

二十一世紀に生きる人間の生活事情はともかく、われわれもまた「あらゆる役目と力を身に」おびる柳田というハタケで、「大親」＝「イヤする者」に出遭う。オールアバウトジャパンを告知するこの大いなる親は、いったい何者だったのか。

柳田は詩の畑作を封印した後、高級官僚を経て、ジャーナリスト（朝日新聞社員）となり、さらに在野で民俗学をうちたてた。官僚を辞するに至った事情についてはほとんど何も語っていないようだが、ジャーナリスト時代に関しては『方言と昔他』（朝日新聞社、昭和二十五年）の序で、

「折が有ったら書き付けて置きたいと思って居たところ」と前置きし、こんなふうに「話」をする。

〈……居心地はちっとも悪くなかったが、困った事には仕事の見当が付かない。やはり中年者には新聞のセンスというやつが身に副わぬのだと感じて、相すまぬわけだが、出来るだけ書かぬ算段ばかりして居た。雑文書きという尊称を受けたことは残念だったが、実際にそういうものしか残っても居ないのである。〉

右の「雑文書きという尊称」を、われわれは「大親」の比類のない能力をあらわすために、あえて大切にしたいと考える。もしもわれわれの大親が「新聞のセンスというやつ」に自足していたなら、柳田というハタケは切り拓かれえなかったろうが、しかし、後年出現した民俗学が、学者研究者を自足させる性質のフィールドであったことはただの一度もないとわれわれはみる。『方言と昔』に自ら付した解題には次のように書かれている。

〈学問上の仕事としては、そう大きなものでは決して無い。題目の並べ方も我儘《わがまま》で、何を言い出そうとどんな処に低徊《ていかい》しようと、又どこで打切ろうと、委細構わずに勝手なことを言って居るが、之を許したのは編集者の雅量というよりも、むしろあの頃の読書界の空気だったと思われ、それが又言いようも無くなつかしいのである。〉

われわれ自身の今後の柳田というハタケの耕し方も「何を言い出そうとどんな処に低徊しようと、又どこで打切ろうと、委細構わずに」すすめてよいのだとオスミツキをもらったような気がするといえばわがままがすぎるだろうけれど、大親がここでなつかしがっている「あの頃の読書界の空気」が、どこまで実在性のあるものかについては注意せねばなるまい。

原日本人をめぐる言説がそうであったように、柳田のペンはいつも非在のどこか——すなわちユートピアを志向する。

ナツカシの原義は「傍にいたい」である。万葉集におけるナツカシキ乙女とは、はなれたくないほどチャーミングな少女の意である。

われわれは、ナツカシイ柳田というハタケで果てしない耕作に従事する。だが、〈入門〉のセレモニーを終えたわれわれが訪ねていくと、大親は不在だ。

かつて宮沢賢治が創設した、民俗学にいう〝もやい〟〝ゆい〟の精神に基づくフィールドワークのセンター「羅須地人協会」の玄関前の黒板には〈下ノ畑ニ居リマス〉という伝言が記されていた。

われわれの大親も、ジャーナリストやアカデミシャン、そして文壇人と一線を画す下ノ畑にいるようだ。柳田学というハタケを真に「理解する」(understand) ために、われわれはそのさらに下に (under) 立つ (stand) のである。

# 三　百年勤続の小作人

## 1

『遠野物語』を出発点とした場合、生誕百年ということになる柳田学のハタケを当方が気にしだした頃――もう四半世紀以上も前読んだ小説に、ガルシア＝マルケスの『百年の孤独』がある。しかしその小説がどんな内容であったかほとんど想い出せない。辛うじて覚えているのは、マコンドという蜃気楼のような村の名前と、その村の開拓者一族に運命づけられた百年にわたる孤独のムードくらいである。

柳田国男と正反対の記憶力の悪さを逆手にとっていうわけではないが、忘れることと想い出すこととの間に流れる一種神話的な川の水をのみながら書きつがれるであろう本稿の三回目では、柳田学百年の孤独ともいうべき事にふれてみたい。

『遠野物語』が刊行された一九一〇（明治四十三）年はまた、日本近代史上忘れえぬ日韓併合の年でもある。当時三十五歳の柳田が高級官僚としてこの植民政策にどう関わり何を思っていたかは、たしかにどうでもいいことではないだろう。

われわれはしかし、柳田批判（者）とはまったく別の視座から、この植民政策に代表される日本近代史のなりゆきに深く傷ついた（と想像される）柳田が、何事かを封印し、黙して語らなかったともとれる事実を重く受けとめる。いやもっと率直にいえば残念に思う。ないものねだりになるが、あの非凡な文体で、遠くて近く、近くて遠い朝鮮半島と日本列島との文化的・習俗的因縁の糸（特に近代以前の）をとき明かしてほしかったと願うのは私だけではないだろう。

柳田が折にふれて批判した――定見なしにただ勢力の強いものに従う事大主義の典型に漢字文明の圧倒的な優位があげられる。だがわれわれのみるところ、柳田のいう通り数多くの「弊害」を生んだそのやむにやまれぬ立場を共有する点で、朝鮮半島ほど柳田的に〝なつかしい〟土地はない。ほとんど異様なまでに鋭敏な感覚の持主だった柳田がそのことを当初より体感できなかったとは考えにくいのである。われわれは柳田が愛惜した俳諧の三十六歌仙の世界をイメージしながら、全三十六回にわたる柳田学逍遥をおこなう予定だが、以後もその片隅において、こうしたいわくいいがたい――文献的裏付けのないなつかしさの感覚に、俳諧の付け合いよろしく、つかずはなれず寄り添うつもりである。

この国が存続する限り、百年後にも根源的なつかしさを求める心ある人々に読まれつづけるであろう名著『木綿以前の事』（昭和十四年）所収の「何を着ていたか」は、韓国併合の翌年（明治四十四年）に発表された小考だが、その中に、次のような言葉が見出される。

〈百年は必ずしも長い月日ではないが、文化文政の頃の風俗画などの町風を見ても、もう今日との著しい違いが見られる。〉

べつにどうということもない文に映るだろうが、職人尽しの歌合をひきあいにだしたさらに次の一節——「よくも是だけ変った外形の中に、古今を一貫した考え方や物の見方を、保ちつづけたものだと感ぜずにはおれない」を併せ読むに至って、われわれは柳田学そのものに向け同じ感慨を抱かずにはいられない。

かつてゲーテは、〈変転の中の持続〉という複合語をあみだした。この卓抜な造語を、単なる抽象語としてではなく、〈この眼で視、この手でさわる〉ことのできるルネサンス的イデーの化身として、われわれの前に描き出してくれた文人こそ柳田国男である。

柳田の文業に接するたび、〈変転の中の持続〉が虹のように現前化されていると感じる。もちろん、草創、隆盛、衰退、ついには廃墟と化したマコンド村のそれにも似た、日本列島各地の常民の生き死にを呑み込んだ百年の孤独にも、この虹が架け渡されているに違いない。

## 2

柳田学のテーマをプルーストふうに〈失われたニッポンを求めて〉といってもいいだろう。そのマボロシのニッポンの原像を〈この眼で視、この手でさわる〉ことのできるものに仕立てあげる能力の保持者という点で、柳田は西欧の名だたる文人たちがそうであったように一種魔術師あるいは錬金術師に近い。柳田が強調した種類の笑い・諧謔の精神にのっとったつもりで、私はかれをスペシャルな〈オカルト〉探究者とみなしたことすらある。

〈オカルト〉の原義は「隠された」であるが、最近読み直した幾冊かの代表的著作に限っても、「隠された」事実とか「隠れたる」原因の探索といった言葉は口癖のように登場する。

無意識なる「隠された」世界にメスを入れつづけた精神分析の創始者フロイトや、「根源」探究の思想家ベンヤミンの〈けっして書かれなかったものを、読む〉手仕事の発想によく似たものを柳田学に見出して驚いたことが私には何度となくある。だが、民俗学のようないわゆる実学の徒たりえないわれわれにとって真に驚くべきなのは、柳田学が孕《はら》む無限の創作的可能性である。

時を圧縮する文体で大長篇を織り上げたプルーストや、同じく宇宙空間の総体が凝縮された物語と言語の結晶を他ならぬ短篇というジャンルに封じ込めたボルヘス……こうした極めつきの虚構にほとんど匹敵する文体で実学を建立した著作家を、独断と偏見を承知でいうなら、日本近代において柳田国男以外に見つけることができなかったのである。

われわれが文百姓としてのハタケ仕事――宮沢賢治がいった〝ほんたうにほんたうの〟勉強をしたいと願うのは、やはり総合性の土地においてである。虚学と実学が比類のない方法で接ぎ木された柳田学の総合性に、われわれはゲーテがいった〈詩と真実〉の関係性をあてはめたくなったりもする。

一説によれば、時という漢語があてられたヤマト言葉は、もつれた糸をトク、何事かをトキあかす場合のトキと有縁だという。柳田の文業の圧倒的多数は、「小さな一つの話題として提供」(『木綿以前の事』)された。ささやかなその話題は、たしかに欠け端にすぎないが、読む者はそれがいつしか架け橋になり変っている体験に遭遇する。

〈われわれの言葉は大となく小となく、一つとしてその起原を形あるもの、目で見手で触れ得るものに発しないものは無いように思われる……〉（『木綿以前の事』）

文字通りの欠け端を引いてみたが、「目で見手で触れ得るもの」へのルネサンス的信仰をひとたび共有すれば、〈オカルト〉行者柳田の欠け端を架け橋に変える魔術を愉しむことが可能となり、やがて、何事かがトキあかされた幽かな手応えにつつまれる。われわれは後に、そのささやかな、しかしあざやかな現場に幾度も佇むであろう。

日本の四百字詰原稿用紙で一万枚相当といわれるプルーストの大作『失われた時を求めて』の社交界描写を読むと、現実的にはありえない感覚――語り手の「わたし」も参画したある日の夜会がまるで数カ月間つづいたかのような印象につつまれる。これと対極の世界が、ボルヘスの超短篇「エル・アレフ」だ。そこでは、直径三センチメートル弱の光り輝く球体の中に宇宙空間の総体が見出されるという不可能性そのものの〈アレフ〉を、一人の狂人の案内で語り手の「わたし」が見てしまうのである。かかる目撃談をきかされた読者は、見果てぬ夢ともいうべき「隠された」謎が「目で見手で触れ得るもの」に変化したと感じるのだ。

百年の孤独がどんなものか、むろん誰にもわかりはしない。ガルシア＝マルケスのような不世出の小説家は、それを豊潤な物語の形で読者にみせつけたのだったが、われわれは『遠野物語』をこれに拮抗しうる存在とみなすわけではない。ただ柳田学の出発点から経過した百年の重みをおしはかる時、『遠野物語』の誕生が虚学と実学、詩と真実の婚姻を象徴する出来事だったように思えるのである。

『木綿以前の事』所収の、一九二八年になされた講演に基づく小考の中に、〈百年勤続の小作人〉という表現がでてくる。シドニー・ウェッブなる外国人がかつて日本の小作農生活を見に来た時、越後のある篤農家が彼を案内しつつ「百年勤続の小作人の表彰せられた話」などをしてきかせた、といったん書いた後、柳田はすぐに「しかし相手がこれを聴いて、百年という声に驚いたのは、是がはたして百年も忍耐し得べき状態であったかということであった」とつづけている。

われわれはこういう箇所を注意深く、ていねいに受取り直さねばならない。越後の篤農家は「いわゆる埴生《はにゅう》の小屋の奥に、金色の阿弥陀様の光美しく立つ光景を見せ」もしたという。土で塗った、みすぼらしい家が実態の小屋を、「粘土性の土」の意の雅語的表現をもっていいかえたのが埴生の宿だけれど、かかるいいかえがもたらす隠蔽に一種の詐術をみてとったのが柳田学だった。

シドニー・ウェッブなる外国人の正体を私は何も知らない。ただここで深い感慨を禁じえないのは、柳田民俗学が越後の篤農家ではなく、この外国人の驚きに寄り添っている一点をめぐってである。

## 3

たとえば過ぎ去った百年という時をトキあかすべく、それをボルヘスの〈アレフ〉のような凝縮体にしてわれわれの眼前にさしだす柳田の魔術的なペンは、しかし、どこまでもリアルなものにこだわってやまない。

正直にいえば、かつて私などにもその気味があったのだけれど、民俗学ときいただけで、古き良き時代を回顧するノスタルジックな牧歌的世界を想い描いてしまいがちな者に、柳田は繰り返し、慎み深い(がゆえに誤解をまねきやすくもある)文体で語りかける——昔は今のことである……と。

牧歌的・民話的『遠野物語』の世界は柳田にとって「目前の出来事」「現在の事実」であった。この逆説に対する柳の枝のようにしなやかな理解こそが、広大な柳田というハタケを耕すための道具である。

しなやかな柳の枝に似たそれを農具とするわれわれを、私はここに柳田学から学んだつもりの諧謔精神をひき寄せ、命名しておくことにする——曰く、柳田吾作と。

この田吾作(ヤナギタ・ゴサクでもよいが)は、自分所有の田畑ではなく、誕生して百年になる大家《おおや》の柳田というハタケをかりているから、すなわち百年勤続の小作人である。

文百姓のタゴサクもしくはゴサクは、先の「昔風と当世風」をはじめから耕し直す。すると、フロイトのいうユーモアにやんわりと包まれる。フロイトはおおむねこんなふうに書いていたはずだ。……ユーモアからえられる快感は滑稽なものや機知からえられる快感ほどの強さに高まることは決してなく、腹からの笑いとなって爆発することも決してないにもかかわらず、われわれはこのあまり強くない快感をきわめて価値高いものであるとし、この快感がとくにわれわれを解放し昂揚させるものであると感じる。

柳田も又、精神分析とは一見かけはなれた手法によって、いわゆるギャグ的な笑い、人を見下す種類のそれとは一線を画す真正のユーモアの探究に生涯を費やしたが、今は、小文「昔風と当世風」に寄り添うにとどめる。

書き出しはこうだ——「この話題はそれ自身がいかにも昔風だ。平凡に話そうとすれば幾らでも平凡に話される題目である。聴かぬ前から欠伸《あくび》をしてもいいお話である。」

タゴサクやゴサクの類が思わずゆるむが、しかしわれわれは柳田民俗学に〈反俗学〉のにおいを嗅ぎとる者でもある。学問的な大家《たいか》ではなく、スペシャルな雑学的雑談の名手である大家《おおや》——前回ふれた柳田の言葉では「大親」のいう「聴かぬ前から欠伸をしてもいいお話」が、プルーストやボルヘスのカタリモノにつきあうときに抱かされる魔術的退屈さに近いものに変身をとげる瞬間に注意していれば、柳田の「お話」に伴う退屈さが、きわめて特異な性質を帯びるものであると「心づく」はずだ。

嫁と姑、御隠居と若旦那といった言葉が無かった時代から、すでに「二つの生活趣味は両々相対立し、互いに相手を許さなかった」とつづける噺家《はなしか》のような貌《かお》をしたわれらが大家は、来日した英国のセイス教授というやはりわれわれの知らない人物から聴いた話をマクラに据える。

〈かつて埃及《エジプト》の古跡発掘において、中期王朝の一書役の手録が出てきた。今からざっと四千年前とかのものである。その一節を訳してみると、こんな意味のことが書いてあった。曰《いわ》くこの頃の若い者は才智にまかせて、軽佻の風を悦び、古人の実質剛健なる流儀を、ないがしろにするのは

歎《なげ》かわしいことだ云々と、是《これ》と全然同じ事を四千年後の先輩もまだ言っているのである。〉

ノスタルジーにひたる老人にとって周囲の社会生活の変化はいやでも目につき、「彼らの知っている昔は、取り返すことのできぬ大切なものである故にさらに美しく思われ」る。それは同情してもよいけれど、変らなかった世の中というものはかつて無い、と大家は断じ、新旧の対立について語るのは「おかしくもない」といい放つ。私は忙しい人間だから頼まれてもそういう話はしない、と書く柳田は、その「私」を脇に置き、「我々」がここで語り、かつ考えてみたいのは、生活の変更にどれほどの「新し味」があり、また、あらゆる改革に不安を抱く「尚古趣味」による批判に拮抗して、現代日本文化をどの程度まで価値づけることができるかという問題だ、とつづける。

「私」と「われわれ」に架け渡される虹の如き橋を含む――変化をとらえる柳田のペンがどれほど柔軟なものであったかに、タゴサクとゴサクは驚きつづけるだろう。

通念とはウラハラに、柳田学は当初より保守派・反動派に対する冷徹なまでの批評精神をもっていた。ゲーテの『ファウスト』をまつまでもなく、魔術師とは、要するに変化を自家薬籠中の物としえた者のことである。そのマジシャンならぬわれわれはこの章の紙枚の余裕がなくなった事態をどう変化させようもない。今はただ、百年勤続の小作人という時の小作人も、柳田学の総体にあって種々の〈小さなもの〉に変貌しうることを確認しておくばかりである。

# 四　そを聴きにゆく

## 1

中学の頃、学習参考書か何かで目にしたカタカナ語にスイッチバックというのがあったのを想い出し、小さな国語辞典をいくつか引いてみたらのっていた。列車が急な斜面を、前後の向きを交互に変えてZ字形に上り下りすること。Z字形つまりジグザグ型に、一度引き返しては下りの惰力を利用して上っていくようなこの進み方を、われわれの柳田耕作列車も採用せざるをえないだろう。

なにより、日本列島の山野河海を縦横に走りぬける柳田の文体列車自体が複雑きわまるスイッチバック方式を保持していたと思われ、われわれはいつしかそれをマナ（学）ぶというより、マネ（真似）ぶ心持ちにかたむいてしまうのである。

ジグザグ型と引き返しで、さっそく、前回以来直面する急斜面、すなわち百年という山を上り直してみる。

明治二十九（一八九六）年に前身が誕生して以来、創立百年を迎えた一九九六年に新潮社が『百年の文学——新潮名作選』と題する臨時増刊号を出している。そこに収録された柳田の短い談話「山人の研究」（『新潮』明治四十三年四月号）はしかし、『定本柳田國男集』には見当らず、おそらく本人の意思で外されたものと思われる。「吾々と異った生活をして居る民族」について「吾々日本人の歴史がだんだん正確になって行くに転比例して、此の山人の歴史はだんだん暗くなって行く」と語られるこの談話のテーマ自体、同年刊行の『遠野物語』オープニングにある——「国内の山村にして遠野よりさらに物深き所にはまた無数の山神山人の伝説あるべし。願わくはこれを語りて平地人を戦慄せしめよ」という有名なくだりと呼応している。定本版に収められた同時期の「天狗の話」（明治四十二年）、「山民の生活」（同）、「山神とヲコゼ」（同四十三〜四十四年）といった諸篇と比較しても同工異曲のものとみなしうる。

なぜこの談話だけが収録を許されなかったのかよくわからないけれど、われわれの推測では、不穏当な要素の故とかいうことではなく、そこに漂う一種ロマン主義的なにおいをうとましく感じたせいではないかと思われる。「日本人の生活して居る部落から、隔絶した山中に住して居る異民」「私どもの調べて見たいと思ふ所はその荒ぶる神の内容と歴史である」……荒ぶる神の内容と歴史というような俗耳に入りやすく、ジャーナリズム受けするキャッチフレーズを弁証法的に解体しつつ、注意深くスイッチバック方式で内面化してゆく作業こそ柳田学の歩みだった。

その歩みが困難をきわめた一因は、民間伝承に立脚する民俗学の方法からして、ロマン主義的な俗耳を全否定しないかたちで内面化する使命をおびていたところにあるだろう。紋切型の転向論によってこの内面化の襞《ひだ》の部分にさわるのは不可能に近い。われわれがすでにふれた〈やはらかに柳あをめる……〉の歌を含む石川啄木の記念碑的歌集『一握の砂』は、明治四十三年すなわち『遠野物語』刊行と同年である。盛岡中学で退学処分を受けた異端児啄木のこの歌集は同校後輩に大きな影響を与えたが、なかでも宮沢賢治はその刺激によって翌年十五歳で短歌の習作をはじめている。

百年の孤独を見定めんとするわれわれにとって重要な明治四十三年に出された二冊の書『遠野物語』と『一握の砂』は、東北人である当方の極私的関心からも興趣尽きぬものだけれど、自家出版だが一部を書店から売り捌き、製作費用のモトをとったとも伝えられる『遠野物語』を啄木と賢治がどう受けとめたのか、というよりそもそも読みえたのかどうか、また『一握の砂』を当時三十六歳の内閣書記官のモト歌人柳田がどう読んだかについての詳細な資料を残念ながらもちあわせていない。

仕方なく私は、〈やはらかに柳あをめる……〉と同じ章に収められた高名な歌を口ずさむ。

〈ふるさとの訛《なまり》なつかし
　停車場の人ごみの中に
　　そを聴きにゆく〉

ある意味で俗耳に入りやすいセンチメンタリズムの化身の一つに数えられてしまうかもしれないが、これをはじめて読んだ東北の田舎の高校生たる私は、恥かしいことに即座に意味をつかみそこねた。ふるさとの訛がなつかしい、はもちろんわかったし、停車場が駅のなつかしい古称との判断もついたけれど、さいごの〈そを聴きにゆく〉の〈そ〉が〈それ〉というありふれた指示代名詞を短くしたものであることをすぐには理解できなかった。当方が学校時代、国語の試験で点がとれなかった理由もおしはかられるというものだが、ともあれ私にとって〈そを聴きにゆく〉なるフレーズは当初、一種謎めいた文言だったのである。

## 2

なつかしいふるさと。訛。停車場。……百年勤続の小作人たる先祖のタゴサクやゴサクも乗っているわれわれのジグザグ耕作列車は、そうしたおきまりのノスタルジー喚起装置に耳を傾けはするものの、わかりきった〈それ〉を、あえて正体不明の〈そ〉とみなしたまま旅をつづけることになるだろう。

詩人の魂を生涯にわたって保持した柳田は、〈郵便局といふものは、港や停車場やと同じく、人生の遠い旅情を思はすところの、悲しいのすたるぢやの存在である〉という萩原朔太郎の詩篇において、あたかも通俗的な〈それ〉とは一線を画すべく異化されたかの如き「のすたるぢや」に相当するものを、おびただしい民俗学的エッセーにしみこませることに成功している。また、かの寺山修司が『黄金時代』の中で「おかしなもので、駅と書くと列車が中心で、停車場と書くとにんげんが中心という気がする」と記したその卓抜な詩的比喩による差異を、われわれは柳田の文業のいたるところで、皮膚感覚によって知らしめられる。

かつて列島中に鳴りひびいた望郷の汽笛に象徴される〈それ〉を聴きに出立する者は昔も今も

数多い。だが、謎の〈そ〉を聴きにゆくものは寥々たるものである。

若き柳田と共に和歌を学んだ時代からの友人で、明治三十年には国木田独歩他と六人合同の新体詩集『抒情詩』を刊行するに至る、後の自然主義小説家田山花袋はまたジャーナリストで無類の旅行好きだったが、その著『温泉めぐり』は、「温泉というものはなつかしいものだ」と書き出される。

俗耳に入りやすい言葉の代表格「なつかしさ」を柳田がどんなふうにスイッチバックしつつ用いているか、ここにこと細かな実例を出すことはしないが、たとえば『明治大正史世相篇』（昭和六年）のオープニングの章の数行を読むだけで、田山花袋の文章意識との画然とした差異に「心づく」だろう。

民俗学のキーワードの一つ〈ハレとケ〉を色彩感覚に寄り添ってのべる第一章で、ハレと直結する「興奮」について柳田は、次のように書く。

〈興奮はたとえば平野の孤丘のごときもので、それがなかったならば人生はもちろん淋しい。しかもしばしばその上に登り立つことも、耐え難き疲労でありまた前進の妨げであった。それ故にわれわれは花やかなる種々の色が、天地の間に存することを知りながらも、各自は樹の蔭のようなやや曇ったる色を愛して、常の日の安息を期していたのである。〉（『明治大正史世相篇』）

ところが明治大正の六十年足らずの歳月のうちに、褻《ケ》と晴《ハレ》との混乱、すなわちまれに出現するところの興奮というものの意義を、だんだんに軽く見るようになったとしたうえで、柳田は「まぼろしを現実に」と題された章を「実際、現代人は少しずつ常に興奮している。そうしてやや疲れて来ると、はじめて渋いという味わいを懐かしく思うのである」としめくくる。

常に興奮しているために真正のハレの感覚を味わえなくなって久しい二十一世紀初頭に生きるわれわれの混乱は、『明治大正史世相篇』が書かれた時点の比ではあるまい。「渋いという味わいを懐かしく思う」感情は、われわれを根源的な内省にいざなうだろう。ひとたび登り立った「平野の孤丘のごとき」興奮の頂上から、ジグザグ列車が下ノ畑へ向きをかえる時、眼前の風景が名状しがたく内面化される事態に注意しなければならない。

今日にあてはめれば、テレビの紀行番組にガイド役として登場する作家の元祖といっていい田山花袋の『温泉めぐり』は二〇〇七年に岩波文庫入りし、私もさっそく購入して読んだ。「風景・湯量・宿・人情をなつかしく綴る紀行文は今日温泉を巡る者にもよき伴侶となるだろう」とあるとおりの、美辞麗句抜きの素朴な文章に当方も好感を抱いた。誰でもそうすると思うが、こういう本の場合、まずは〝おらが在所〟にふれた箇所に眼がゆく。岩波文庫版で一〇五に及ぶ全国の温泉場のうち、おらがクニさの〈それ〉は……とさがすまでもなく、すぐにみつかった。七五の「猪苗代附近」と七六の「会津の東山温泉」が〈それ〉だ。

朔太郎ふうの「のすたるぢや」をもとめたつもりが、人並みの俗耳をもちあわせている私もまた、何はともあれ、わかりやすいなつかしさのシンボルを聴くべくページをひらいてしまうのだった。

## 3

『温泉めぐり』のような本と比較して『明治大正史世相篇』をひもとく者の大半が感じるであろう感慨を、じつは当方などもかつて共有していた。ともに同時代のジャーナリスト（でもあった文人）の手になる書物という共通点があるものの、その差異は誰の眼にも明らかだ。前者が肩のこらない読み物の類なのだから比較すること自体ナンセンスとみる向きもあるかもしれないが、しかしそれをいうなら後者も、読み物の代表格である新聞記事の渉猟によってできた書物なのだ。

『明治大正史世相篇』なるタイトルから想像していたものと実際の内容とのギャップにある種のとまどいすら覚えながら、しかし、まぎれもない感動と共にこの書を読み終えた時のことを思い出す。自序によれば、明治大正史の編纂が朝日新聞の計画に浮上するずっと以前からその種の書物を一度は書いてみたいと願っていたが、いよいよ着手してみると案外な故障ばかり多く、不手際なものしかできなかったという。「現代生活の横断面、すなわち毎日われわれの眼前に出ては消える事実のみに拠って、立派に歴史は書ける」という「野望」を実行に移したものの、失敗に終ったとつづくが、たしかに当時も今も、この書が「世相」を知りたいと望む読者の意を満たすのはむずかしいと思われる。種々の社会現象を通じてうかがわれる、世の中の大きな流れと時代的な特徴を指す辞書的な意味での世相と、柳田のいう「現代生活の横断面、すなわち毎日われわれわれの眼前に出ては消える事実」は重ならないわけではないとしても、『明治大正史世相篇』に、新聞ジャーナリズム的な世相の記述を求めても肩すかしの感におそわれるだろう。

当時、朝日新聞の論説委員だった柳田は約一年の間、全国の新聞に眼を通して、大量の切抜きを造ったりして準備を重ねた。ところが――とつづく柳田の自序自体が件のスイッチバック式の見本のようなもので、〈奥〉にある下ノ畑をめざすジグザグ列車の姿はたちまちとらえにくくなってしまう。

だがこの自序において、さりげなく宣言された方法的弁明は、柳田学の本質にかかわるものである。その本質は、〈それ〉を〈そ〉にかえて聴取する詩的マジシャンの能力に関係している。

柳田は高級官僚からジャーナリストに転じたが、そこでも彼の見果てぬ夢を実行にうつすための居場所は見つからなかった。柳田学の誕生に至る、そうしたうつりゆきをこの自序は凝縮したカタチで如実に物語っている。

現実の社会事相ははるかに複雑で、新聞はわずかにその一部をしか覆うことができない。生活の最も尋常平凡なものは、新たなる事実として記述されるような機会が少なく、しかもわれわれの世相は常にこのありふれたる大道の上を推移したのであった、と柳田は語るが、「そこで結局はこれ以外のものの、現に読者も知り自分も知って居るという事実を、ただ漠然と援用する他はなかった」とつづく一節も含め、われわれは特に難解さを感じはしない。「努めて多数の人々が平凡と考え、そんなことがあるかといわぬような事実だけを挙示して、出処を立証せずに済むという方法を採るのやむなきに至った」……ありふれた大道というあざやかな言葉に象徴される軌道をはしる柳田列車の乗客の特徴が、「平凡な事実」であるとして、「出処を立証せずに済むという方法」こそは、もう一つ、後になされたことわり――「この書が在来の伝記式歴史に不満である結果、故意に固有名詞を一つでも揚げまいとしたこと」「世相篇は英雄の心事を説いた書ではない」――と共に、柳田的な、あまりに柳田的なコトアゲとして、われわれ〝柳田吾作〟の脳裡に深く刻まれてしかるべきだ。

出処を立証せず、故意に固有名詞を揚げない……柳田の文業を特徴づけもする――〈それ〉を〈そ〉にしてしまうこの二つの方法が、アカデミズムとジャーナリズムのふたつながらと相容れないものである事情は、おそらく今日も同じだろう。

『温泉めぐり』の中に、オラが在所の具象的な固有名詞をさがすようなやり方で、『明治大正史世相篇』の中に世相をさがしても無駄骨に終る。山人と同様、世相もまた内面化される宿命にあったからだ。自序の終りに「いたずらに一箇暗示の書のごとくなってしまった」とあるように、柳田はそうした事態を当初より見通していた。

柳田学は、深遠にして巨大な「暗示の書」である。柳田とほとんど無縁といっていい二十世紀を代表する作家F・カフカは、かつて〈ある物語を聴きとるためには耳が必要だし、その耳の成熟には永い時間がかかる〉と語った。柳田的黙示録を読みとくことは今後も困難をきわめるだろうが、今は日本というモノノカタリ――〈そ〉を聴きとるための最大にして最良の耳の持主が柳田国男だったという一事を確認しておくにとどめる。

# 五　神聖平人喜劇

## 1

見切り発車ではじまったわれわれの旅がスイッチバック方式を採用せざるをえぬことをすでに確認したが、前回素通りの駅、いや停車場へ、〈そ〉を聴きに、のろのろと戻ってみる。明治大正の六十年近くの歳月、つまりは日本近代における世相の移り変りを知るべく柳田学をひもとくわれわれに、柳田は、〈そ〉が「常にこのありふれたる大道の上を推移した」と応じた。たとえば新聞で、生活の最も尋常平凡なものが、新たなる事実として記述されるような機会はない、と。自分の書は、努めて多数の人々が平凡と考え、そんなことがあるかといわぬような事実だけを取り扱うという柳田の言揚げにわれわれは困惑に近い蠱惑《こわく》の念を隠せない。

ありふれたる大道を推移したもの――〈そ〉の謎は、この一見わかりやすそうな表現に隠されている。大道とは、一義的には幅の広い道路や道ばたを指すが、〈それ〉の奥には、人間として当然守るべき、根本の道義たる〈そ〉が潜む。

時に大道易者、時に大道芸人、時には大道商人の如きいでたちで日本列島を歩いた柳田国男は終始、根本の道義を説く者でありつづけた。われわれの困惑に近い蠱惑の情もそこからやってくる。根本の道義たる〈そ〉は決してありふれてはいないのでは、という思いの中、われわれはそれでもなお師父の「心づき」を幾度も反芻してみる他ないのである。

柳田学を世界文学思想の地平で受取り直さんとするわれわれ〈さまよえる日本人〉は、唐突を承知で、キリスト教精神の根本的道義にのっとった古典『神曲』を想いおこす。文学にとどまらず、哲学、神学、修辞学を踏まえたばかりか、アラブの新知識をも吸収してヨーロッパ中世文化をしめくくりながら、同時に後のルネッサンス文学の礎ともなったこの不滅の作品を、ダンテは、当時の文章語であったラテン語だけでなく、俗語すなわちイタリア語——自らの出生地北イタリアのトスカーナ方言を用いて書きあげた。その内容を詳述するのはかなわぬ相談だが、ありふれたる大道をゆく柳田学の達成に寄り添うわれわれが着目するのは、『神曲』の原タイトル《神聖喜劇》がさし招く地平である。英語でいえば、ディヴァイン・コメディ——卑俗なるコメディに、神聖なという形容語が付いたこの構造の中に、見定め難く、聴取も難しい〈そ〉が隠されている。

『神曲』なる日本語訳は森鷗外によるものらしいけれど、ラテン語文学という古典世界に通暁したダンテが俗語にこだわって書きあげた（彼には『俗語論』という著書もある）真意をとらえにくくしたことはまちがいないだろう。

漂泊の人ダンテが古代ラテン語文学の巨匠ウェルギリウスを師父と仰ぎ、『神曲』における魂の遍歴の案内人としたように、柳田国男は俳聖松尾芭蕉を深く尊崇し、その俳諧世界に親しむことを無上の喜びとしたのだったが、今日風の俳句のあり方に対しては、その呼び名も含め、懐疑の念を隠さなかった。俳句は明治以降に定着した呼称で、本来は「俳諧の連歌の発句」——このハジメとオワリをとって縮めたものだという。

『木綿以前の事』所収の「生活の俳諧」は、「日本の文学業績の中で、おそらく世界に類例が無いと思う俳諧なるものの社会的地位、是と我々通常人との交渉が、特にどういう側面において意義が深いか」について書かれた一篇である。柳田はそこで、熱心さにおいて誰にも負けぬ俳諧の研究者たる自分は、「殊に芭蕉翁の、今の言葉でいうファンであるが、自分では是まで俳句なんか遣ってみようとしたことがない」とことわり、「一言でいうならば発句はきらい」と断じる。「むしろ発句の極度なる流行が、かえって俳諧の真の味を埋没させているのではないかを、疑い且つ憂いつつある一人なのである。」

第一高等学校を一高という類と同様、「俳諧の連歌の発句」を俳句と略すのは「気が利いている」かもしれないが、「しかしそのために我芭蕉翁の生涯を捧げた俳諧が、一段と不可解なものになろうとしていることだけは争われない」とつづく一節を、われわれ〝柳田吾作〟は、置きかえて読んでしまう。

われわれも熱心な民俗学の探究者であり、特に柳田翁のファンだが、民俗学のフィールドワークをやってみたことはない……。しかしそんな素人のわれわれは思う——柳田が生涯を捧げた民俗学もまた一段と不可解なものになろうとしている、と。

## 2

昭和二十二（一九四七）年初版の『俳諧評釈』のような書を、今日的視点でいったいどのジャンルに分類したらいいのか、誰もが考えあぐねるだろう。われわれの眼にはれっきとした文芸書に映る同書以前——すでに引いた『木綿以前の事』（昭和十四年）において、そのタイトルから想像することは難しい俳諧への類まれな言及がなされている。そこには、結果的に、発句流行の機縁をつくった「新時代の文章道の功労者として、私たちの最も感謝している正岡子規氏」への違和感も吐露される。

柳田が「世界に類例が無い」とまで考える俳諧的なるものの中核をなす「附合《つけあい》すなわち芭蕉翁の唱道した俳諧の連歌」を、子規が文学ではないと断じたことを、柳田は、「忍ぶべからざる抹殺」といい、「どうして俳諧の最も歴史的なる部分が文学であり得ないのか。もしくは少なくとも何故に文学でないと、ある優れたる一人の文人によって断言せられ得たのか」とつづける。このテーマは「将来日本の文化史を専攻しようとする少数の学生にとっては」重要だと思うが、「一般の諸君」が興味をもつかどうか疑問なので、正面から論ずるのはさしひかえておく、と。戦後に書かれた『俳諧評釈』はおそらくこの時の懸案にこたえたものである。

文学を専攻する「少数」派の学徒たるわれわれは、日本の近代における「新時代の文章道の功労者として」、写生文という画期的な新機軸をうちだした子規や漱石の文業に、師父同様、感謝の念をふりむけつつ、新時代の文章道を「ありふれたる大道」に見出した一人のドン・キホーテの姿に眼をこらす。このドン・キホーテは、われわれの民俗伝承に登場するキャラクターでいえば、一寸法師と巨人ダイタンボー（ダイダラボッチ）の異能を二つながらにもち合わせている。大胆にして細心な柳田一寸大胆法師と共にありふれたる大道を行くと、耳に入るのは、〈平人の平語〉（「涕泣史談」）である。

柳田学の全文業が強調してやまなかった思いを、月並みなるものを象徴させたこの言葉も一身に担っているが、一寸大胆法師の見出すべき大道がありふれていないことを物語る表現でもある。

柳田学が反時代的精神をもって肉薄せんとした俳諧的なるテーマを、ひらたくいってしまえば、庶民の泣き笑い、となろう。しかし、ジャーナリストたちが安心して語り、記述するそうしたわかりやすい標語は、柳田学のフィルターによってことごとく内面化されている印象だ。学者たちが頼る文章語を、柳田は折にふれて批判するけれど、ジャーナリズムが拠って立つ平俗に与することもほとんどないのである。

柳田は眉をひそめるかもしれないが、はやい話、彼のいう大多数の普通人は、たとえば常民などという語を、当時も今も日常的に使いはしないし、涙を流して泣くことを指す涕泣《ていきゅう》なる語を、少なくともありふれているとは感じないだろう。

げんに学生時代の私は、涕泣を正しくよむことすらできなかった。今次、平人の平語をヘイジンノヘイゴとよみ、それぞれを辞書で引いてみたところ、後者の平語は、ふだん使っている言葉の意でのっていたが、前者のヘイジンは見つからなかった。教養ある友人が、小さな国語辞典ではなく『広辞苑』や『日本国語大辞典』等には、ただの人、普通の人、常人の意でのっているし、ヒラビトなるヨミもあると教えてくれたのだったが。

『日葡辞書』にも用例があることからして、ヘイジン（平人）はもちろん柳田にとっては、長い歴史をもつ自然な言葉の一つであったのだろう。私のつまずきなどは、情報の洪水によって言葉の真の姿がいよいよ見定めにくくなるばかりの現代日本固有の閉じられた世界の踏み迷いにすぎない。

平人がしかし、普通のありふれた小さな国語辞典において、平語扱いされていないことはたしかな事実である。ありふれたる大道で、われわれは、かかる逆説に幾度も遭遇するだろう。

「涕泣史談」には、

〈古人はこの「時の長さ」の単位を普通には百年とし、モモトセの後と語っていた〉

と書かれている。昭和十六年当時、すでに「最近の五十年は、昔の二百年にも三百年にも」相当する云々とも語られる。百年はもはや比較の標準としてはやや永すぎるし、「第一に百年間の出来事を覚えている人は絶対に活きていない」と。

だが、百年の孤独を非凡な小説家とはまったく別種の方法で、語りうるスペシャルな古老がいる。昭和十二年発表の先の「生活の俳諧」には、

「現代はもう百年前と比べても、人の泣く分量は少なくなっている」

とある。いったいどうしてこんなことが断言できるのか。まるで見てきたようなことをいう講

釈師さながらの師父の語り口に、われわれは一寸法師とダイタンボーふたつながらの異能を感じる。いぶかしく思いつつも、「俳諧花やかなりし頃には、芝居でなくとも男が泣いていたようである」「俳諧のお蔭に我々はゆくりなく、この古風なエモーションに共鳴することができるのである」といった口吻にすっかり心をうばわれてしまう。なぜなら二十一世紀初頭に生きるわれわれは、真の機縁さえあるなら、男であれ女であれ、ほんとうにほんとうの泣き・笑いを経験したいと願っているからだ。

## 3

「生活の俳諧」のフィナーレ部分で、柳田は俳諧を「人間の最も埋没しやすい生活、いわゆる片隅の喜怒哀楽、ありふれたる民衆の幸福と不幸とのために、大きな記念碑を建てようとした先賢の事業」と位置づけ、深い尊敬の念を確認したが、柳田学という「大きな記念碑」を、われわれは、《神聖平人喜劇》と命名しておきたく思う。

百年勤続の小作人にもたとえられる平人の「片隅の喜怒哀楽」を見据えるドラマは、真正の道化の精神による笑いがにじむ喜劇仕立てだけれど、その全体に〈神聖な〉という形容語が付くことに注意せねばならない。

ディヴァインの付いたコメディが俗受けをねらった喜劇にとどまることができないように、ありふれたる大道も、魔術的・錬金術的なまなざしによって内面化される。ところが、この内面化というすでに何度か使った記憶のある言葉自体、どこまでも平明な外観を保つ柳田の随筆仕立ての〈雑文〉の数々の前には、なんとなく無力な感じがする。つきが悪く、浮いてしまうのである。

私はここで一つ、ありふれた言葉に対する柳田の対応について思いをめぐらすことになった事実をあげておきたい。

本稿の引用等は、主として、可能な限り字体やかなづかいのわかり易さや入手し易さを考慮した文庫版に拠っているが、当方自身、長い歳月座右に置いてきた『定本柳田國男集』こそは、プルーストのいう〈魂の初版本〉である。中でも別巻第五の総索引は、辞書のように使用したので、部分読みを重ねたにすぎない他の巻と比較すると、一巻だけ〈みにくいアヒルの子〉のようになりはてている。

『望星』二〇一〇年七月号の特集「歳時記活用術！」中の一文によれば、コラムニストの一部で「困ったときの柳田頼み」と伝えられてきたのが、この総索引だという。収録項目が際立って多く、キーワードの選び方も的確……いわば索引のお手本、極めつき——と絶賛されているが、コラムニストならぬ当方もまったく同感である。コンピュータシステムに移行する前、おそらくは徹底した手作業で五百頁をこえる書を完成させた偉業に脱帽するばかりだ。

極私的事情に基いていわせてもらえば、私はこの総索引を『日本国語大辞典』よりも頻々とめくり、スナドリの人々が地引網を引くような手つきで〈御大切に〉扱ってきた。

さて話は、この親愛な〝字引網〟にごく最近ひっかかったありふれた言葉「ふるさと」についてだ。民俗学ときいて多くの人々が思い浮かべるであろう「ふるさと」という語を、これまで総索引で引いてみようと思ったことがなかった。たくさんありすぎて困るくらいに考えていたからだ。

私は単純に驚いた。総索引が正しいとすれば、膨大な定本版著作群の中で、柳田は「ふるさと」をただの一度も使っていなかったのである。総索引にのっていたのはカギカッコ付きのそれ、つまり『ふるさと』と題した他者のテキストにふれた二カ所のみだ。

柳田が最晩年に書いた自伝は『故郷七十年』であり、他の著作においても「故郷」は使用されている。岩波文庫『日本唱歌集』に収められた文部省唱歌――〈兎追いしかの山……〉とはじまる「故郷」は、ふるさととルビが付いた通りに唱われる。

民俗学が注目した〈子ども〉の視点に立てば、故郷はそのままふるさとといいかえられる。柳田の弟子から出発しつつ独自の民俗学をうちたてた宮本常一の著書『ふるさとの生活』（朝日新聞社、昭和二十五年）は、事実、読者に子どもを見立てたものである。現在、最も入手しやすい講談社学術文庫版をひらくと、冒頭、昭和二十五年三月という日付のある同書への柳田の推薦文が眼にとびこんでくる。「旅と文章と人生」と題するこの小文の中でも「ふるさと」は使われていない。

柳田自身、子ども向けを意識した――たとえば『こども風土記・母の手毬歌』のような――著作を少なからず刊行している。昭和十六年に朝日新聞に連載された『こども風土記』のあとの『火の昔』（昭和十九年）、さらに戦争末期に書かれ戦後すぐに刊行された『村と学童』など、これら一連の子ども読み物の中にさえ、「ふるさと」なる語が姿を現さないというささやかな事実……このことを、少なくともありふれた事態とはよべないだろう。

われわれのみるところ、この些事に潜む〈そ〉は、柳田作《神聖平人喜劇》の本質に関わるものである。

# 六　お座敷ワラシ列車

## 1

神聖平人喜劇もしくは神聖常民喜劇をめぐるわれわれの旅は、スイッチバック式の列車に乗って〈百年〉の山を上り下りすることからはじまった。柳田学が平人の中でも特に思い入れを深くしたワラシ（童）の心にたちかえると、こんな歌の文句が口をついて出る――今は山中、今は浜、今は鉄橋渡るぞと思う間も無く、トンネルの闇を通って広野原。

岩波文庫『日本唱歌集』によれば、この「汽車」という文部省唱歌は、明治四十五（一九一二）年刊の『尋常小学校唱歌　三』に収録されているそうだ。『遠野物語』とほぼ同じ命脈を保つこの唱歌の文言をわれわれが、柳田学にむりやり当てはめて語りたくなるのも、柳田が愛惜した子供じみたコジツケの一種だと許してもらうことにしよう。今は山中、今は浜……柳田の出発点は山であり、帰着点は海であった。鉄橋が架け渡された河とトンネルの闇を抜けた後の広野原を加えれば、まさしく民俗学にいう山野河海の世界像となる。

日本民俗学の三巨人——柳田国男、折口信夫、宮本常一——は、列島の山野河海を生涯にわたり、それぞれの仕方で歩きつづけたが、われわれにその真似をすることは不可能である。

三巨人の中でわれわれが柳田というハタケの耕作を特に選んだ理由も追々明らかになるだろう。今はただ、〈今は百年の山……〉と歌ってみる。すると又しても『遠野物語』と同年に世に出た啄木の『一握の砂』の中の一首が浮ぶ。

〈百年《ももとせ》の長き眠りの覚めしごと
　呿伸《あくび》してまし
　　思ふことなしに〉

件の総索引にも、石川啄木や『一握の砂』の名は見当らず、柳田にあって特に関心をひく存在とはいえないのだけれど、にもかかわらず、私は今後も、極私的に思い入れの深い東北文学の幾人かの旗手たちと柳田学との、私見に基いた相関関係について無理を承知で語りたいと念じている。

岩手県遠野地方の民間伝承を「眼前の事実」として編んだ『遠野物語』は、一人の農政官僚を日本民俗学の開拓者に変身させる機縁となった。東北文学の視座からすれば、この奇跡の書の出現によって、東北はいわば〈百年の長き眠り〉から目覚めさせられた。東北の片田舎が幻想のベールにつつまれた永遠の村に、柳田同様の変身をとげたわけだが、しかし東北的負性を一身に担いつつ普遍的な日本語文学を指向した石川啄木、宮沢賢治、太宰治のような文人の眼にはどう映ったのか。

それを知る直接の資料をもちあわせていないことをすでにのべた。そこでわれわれは又、ワラシの心で、いやザシキワラシの心で列車に乗る。今は山中、今は浜……という歌とともに前進するわれわれのスペシャルなお座敷列車がスイッチバック式なのは、おそらくザシキワラシが同乗しているせいでもあろう。

『遠野物語』に記載されて一躍有名になったザシキワラシは、岩手県を中心に、東北地方にしか伝承されていない妖怪だ。家の神が零落、また、誤解されて妖怪化した、などと説明されるところからもわかるとおり、旧家の奥座敷などに棲みつくこの赤ら顔でオカッパ頭の子供の姿をした精霊は、家の運勢に関係をもつ。柳田に『遠野物語』の原話を提供した佐々木喜善は宮沢賢治とも親交があり、賢治が大正十五年に発表した「ざしき童子のはなし」の一部を、佐々木は雑誌『東北文化研究』に寄せた論考「ザシキワラシとオシラサマ」の中に抄録しているという。やはり『遠野物語』によって広く知られるようになったオシラサマはともかく、われわれが特にザシキワラシに注目するのは、その両義性のためだ。われわれのお座敷列車に乗り合わせているザシキワラシ――賢治童話のザシキボッコの他にもクラボッコ、スミッコワラシなどの異名をもつこの精霊がいる間、家は繁盛するが、いなくなると衰亡するという通常の伝承とは逆に、ソレに棲みつかれた家は没落するという言い伝えもあるのだ。

賢治の「ざしき童子のはなし」は、『遠野物語』や佐々木喜善の『奥州のザシキワラシの話』(大正九年)によってすでに知られていた伝承に基くものとされるが、四つの小話から成るオムニバス風の作品のうち最後のエピソードが、通常の伝承のザシキワラシのイメージ・役割に忠実である。残りの三篇の中に、ソレにとり憑かれたものが没落する旨の話が書かれているわけではないけれど、どことなく冥《くら》くてかそけき印象である。

## 2

われわれのお座敷ワラシ列車がスイッチバック式に上り下りする東北の山を指し、かつて明治の元勲の一人は「白河以北は一山百文」といい放った。国家百年の大計から当初より外され、政治的にも文化的にも二東三文のレッテルを公然とはられたようなものであった。われわれがすでに柳田から借りた言葉でいうなら、東北の近代化は〈勤続百年の小作人〉によって担われてゆく宿業をもつ。

近代化の過程で、おびただしい小作人が〝出稼人〟となって四方へ散った。文学の世界も例外ではなく、啄木や太宰などは文化的出稼人の典型といっていい。賢治でさえ、出稼人の変型である家出人たらんとしたし、当方が学生だった頃に若者のオピニオン・リーダーとして少年少女に家出をけしかけた寺山修司の遠い源流にも、東北的負性が横たわっているとわれわれはみる。

負性などという観念語を捨てよ……と寺山に批判される可能性が高いので、柳田語の「平人の平語」にいいかえれば、負い目もしくは引け目。負い目とは、もと負債の意で、世話になった人などに対し、いつか報いなければいけないという思いを指すが、近代東北文学の担い手たちにとり憑いたザシキワラシもまたかかる負い目、引け目の化身である。

負い目、引け目が高じれば、誰でもアンビバレンス（同一の対象に対して作用する全く相反する感情の併存と、両者の間の激しい揺れ）状態に陥る。太宰治の故郷に対する言葉――〈汝を愛し汝を憎む〉を、私の畏敬する北欧の思想家キルケゴールの言葉を借りて説明すれば、共感的反感もしくは反感的共感となろうか。太宰にとどまらず、東北文学の旗手たちが共有したこの感情は、富貴と没落とをふたつながらに担う家郷の神ザシキワラシがうながすものだ。〈そ〉は、シェイクスピア『マクベス』冒頭部に登場する三人の魔女たちの呪文の一つ――フェア　イズ　ファウル……（きれいはきたない……）と同種のサカサマ・ポエジーの体現者だった。

スペシャルなお座敷ワラシ列車の乗客は、この逆サマ――東北語で正確に表記すればサガサマ――を、観音サマや弁天サマであるかのように伏し拝む。

〈きれいはきたない、きたないはきれい〉に象徴されるあべこべ、裏返しを好む逆サマなる神は、柳田学の守り神でもあったとわれわれはみている。なぜなら、柳田の神聖平人喜劇もしくは神聖常民喜劇こそは、日本近代を根源的に〝裏返す〟モチーフによるものだったからである。

百年の長き眠りから覚めたような様を歌った啄木のアクビはたちまち家出人・出稼人の悲哀に変じた。近代的故郷喪失者の記念碑ともいうべき『一握の砂』には、たしかに、センチメンタルな涙がにじんでいる。だが、その涙を、柳田国男が、いや松岡国男が笑うべきものとみなしたと私は思わない。

笑いが仮にあったとしても、〈そ〉は、柳田学が注意深く差異線を引いたところに従っていうなら、他を見下す種類のものではなく、〝自らを笑う〟、つまり柳田学が共感する種類のものであったはずである。

久保田正文編『啄木歌集』(岩波文庫)の「補遺」の部に「明治四十三年の秋わが心ことに真面《まじ》目《め》になりて悲しも」というわれわれの注目する年号が明記された歌がある。その少し前には、日韓併合を批判した「地図の上朝鮮国にくろぐろと墨をぬりつゝ秋風を聴く」が見出される。こういう歌を仮に柳田が読みえたとして、それをセンチメンタルな涙とみなすことはできなかったろう。

## 3

「涕泣史談」(昭和十六年)の中で、柳田は次のように書いている。

〈私の旧友国木田独歩などは、あまりに下劣な人間の偽善を罵る場合などに、よく口癖のように「泣きたくなっちまう」と言った。今でも私たちは折々その真似をするが、そのくせお互いに一度だって、声を放って泣いてみたことはないのである。すなわち泣かずにすませようとする趣味に、現在はよほど世の中が傾いていると思われるが、以前はこれと正反対の流行もあったらしいのである。〉

「正反対の流行」を見据える柳田のマナザシの中に、逆サマ信仰が宿っていることに注意しよう。この信仰がなければ、一山百文と値ぶみされた土地の片隅を民俗学のメッカに変身させることになる『遠野物語』は書かれえなかったに違いないのである。

『一握の砂』の中で最もポピュラーな一首――〈東海の小島の磯の白砂にわれ泣きぬれて蟹とたはむる〉は、国木田独歩の、そしてその友松岡国男に親しい世界でもあったろう。

「裏から見れば平凡人は時々泣いていた……」（「涕泣史談」）というような柳田の言葉のかけらに、やはり注目したい。弁慶は一生泣かなかった。もしくは弁慶でも泣くだろうなどと、非凡の例としてよく人が引くのも――というのが、先の「裏から見れば……」の文の前である。

「非凡の例」を裏返す柳田のマナザシの原点はどこにあるのか。

ここでわれわれもまた、詩人松岡国男の出発点である新体詩集『野辺のゆきゝ』（明治三十年）の冒頭部から、多くの人々が引いてきた「夕ぐれに眠のさめし時」

〈うたて此世はをぐらきを
何しにわれはさめつらむ、
いざ今いち度かへらばや、
うつくしかりし夢の世に、〉

と、次の「年へし故郷」

〈たのしかりつるわが夢は
草生るはかとなりにけり、
昔に似たるふるさとに
しらぬをとめぞ歌ふなる、

さらば何しに帰りけむ、
をさなあそびの里河の
汀のいしにこしかけて
世のわびしさを泣かむ為、〉

の二篇を引用しておく。ちなみに三篇目のタイトルは「海の辺にゆきて」である。

東海の小島に、若き柳田も遊んだ。独歩・花袋らと『抒情詩』を出版した翌明治三十一年、二十四歳の柳田が三河伊良湖岬に遊んだ折の紀行文『遊海島記』はその見事なアカシである。われわれはしかし、東海の小島を、山野河海から成る日本列島と置きかえたうえで、「泣きぬれて蟹とたはむる」当時の若者たちの「流行」に思いを馳せる。

「泣きたくなっちまう」とつぶやいて青年たちは山野河海におもむき、うたてきこの世を呪う。どうして眠りからさめてしまったのか、と嘆き、もう一度「うつくしかりし夢の世」にかえりたい、とむなしく願う。こうした嘆息と願望も、当時の詩的流行をふまえた表白ではあったろう。「うたて」とは、「いよいよひどく。まったく」とか「思わしくなく。情けなく。いやらしく。気味悪く」などを意味する古語であるが、うつくしいうたの背後にうたてきこの世のリアリティがはりつくこの構造を、ほんとうにほんとうの詩人だけが独白の仕方で内面化した。

「さらば何しに帰りけむ」と、われわれも、お座敷ワラシ列車の中で自らに問い、雑神のうごめくフロイト的に両義的なフルサト――わが家のようなものであると同時に、不吉な、縁起の悪いものでもあるようなフルサトに還ろうとしているのだ、と答える。

われわれは前回、柳田が膨大な著作群の中で「ふるさと」という語を一度も使用していない事実を、『定本柳田國男集』の総索引で確認し、驚いた。柳田は、新体詩のすべてと短歌の一部、詩的散文の大方を定本版に収録することを許さなかった。先に引用した「年へし故郷」に姿をみせる「ふるさと」が定本版の総索引にのっていないのはこのためである（ただし、私の確認した限りでは、定本版二十六巻に収められた「自選歌集」に「ふるさと」は使用されている）。

私は『ドン・キホーテ讃歌』に収めた「東北のドン・キホーテたち――石川啄木・宮沢賢治・太宰治・寺山修司」という拙文にこう書いた。

〈サエは、さえぎり障るものであると同時にササエになるものでもある。サシツカエというときの支えは、ササエともよむ。東北の詩人たちを支えたのは、フルサトというササエとサシツカエの両方を司るサイノカミである。うしろめたさの風はそこから吹いてくるのだ。寺山修司は『花嫁化鳥』の中で――「ふるさと」などは、所詮は家出少年の定期入れの中の一枚の風景写真に過ぎないのさ。それは、絶えず飢餓の想像力によって補完されているからこそ、充ち足りた緑色をしているのだ……と、そして『浪漫時代』では、――ふるさとと、そこを「出た」人間との関係は、どっちに転んでも裏切者になるほかないのだ……と書いている。裏切者の顔にたえずうかぶのがさみしいハニカミの笑みである。〉

われわれの列車にずっと棲みついていてほしいと願うザシキワラシも、サイノカミ同様、うしろめたいハニカミの笑みをうかべ、きれいはきたないのうたてき「さがさま」うたを歌っているように思われる。

日本近代を裏返す柳田の逆サマ信仰は、「うつくしかりし夢の世」としてのユートピアのマナザシをもつ。しかし、ユートピアという西欧語の原意は無可有郷すなわちドコニモ無イ場所である。

太宰治は――文化と書いてハニカミとルビをふる、と語ったが、「ふるさと」なる語を濫用することを慎んだ柳田学も、「泣きたくなっちまう」という感情を大切にし自らを笑うハニカミを手放さずに日本の「文化」を語りつづけた。

短歌も含む初期詩作品にのみ例外的に用いられた「ふるさと」だが、われわれが一読したところ、〈そ〉は、「故郷」「ふるさと」「ふる郷」「故さと」といったヴァリアントをもってあらわれている。ドコニモ無イ場所が孕むアンビバレンスを象徴するものと深読みしたいところだ。

# 七
## 俗聖《ぞくひじり》

### 1

昭和二（一九二七）年九月頃に執筆された草稿「雪の島」の一章で、折口信夫は次のように書いている。

〈八木節のはやった年であった。また、私も『かれすゝき』のはやり唄を、二三日前、長崎の町で聞いた時分であった。心の底に湧き立つ雲のような調子を、小唄の拍子にでも表さねば、やり場のないような気分の年配である。〉（『古代研究』）

折口は、壱岐出身の実業家の援助で、大正十年八、九月と十三年八月の二度、壱岐探訪旅行を試みたが、右の「雪の島」の一章は大正十年八月の末、沖縄探訪の帰途、初めて壱岐に渡ったときの情景を描写したものという。折口が、投稿原稿「三郷巷談」を柳田国男主宰の『郷土研究』に発表し、以後、柳田の知遇を得ることになったのは、大正二年、二十六歳の時であり、翌年の冬に『遠野物語』を読み、深い感銘を受けた。われわれが注視してきた――『遠野物語』が自費出版された明治四十三年に折口は国学院大学国文科を卒業しているから、『遠野物語』は刊行後三年ほどして同時代の最もすぐれた読者に恵まれたということになる。しかし興味深いのは、『遠野物語』に出逢うのに三年を要した折口が、『遠野物語』と同じ年に刊行された石川啄木の歌集『一握の砂』は即座に精読した事実である（ちくま日本文学『折口信夫』に付された岡野弘彦編「年譜」による）。

もちろん『遠野物語』が私家版であったという事情を考慮に入れるとしても、『一握の砂』が当時どのように読まれたかの一端を知る手がかりにはなるだろう。啄木の歌集が、折口のいう「はやり唄」の類であったと断言したいわけではないけれど、「心の底に湧き立つ雲のような調子を、小唄の拍子にでも表さねば、やり場のないような気分」を啄木が短歌のジャンルで結実させたことは確かだったと思われる。八木節や「かれすゝき」を啄木の唄と一緒くたにできるはずもないが、今考えてみたいのはすでに提示した〝俗にして聖なる〟マナザシが見据えるウタの意味についてである。

日本近現代を通したアカデミック・シャーマンの筆頭に位置する折口信夫は、いわゆる国文学と民俗学との融合の上に独自の学風を築いた文人で、終生、柳田を師と仰ぐ姿勢を変えなかったものの、柳田学とは一線を画す本懐を秘かに抱きつづけたと想像される。かの精神分析学の開祖フロイトとユングとの関係によく似た共感と反感の織りなすドラマが日本民俗学誕生の背後に隠されているようだが、ある意味で俗耳に入りやすいそのドラマに対するわれわれの興味関心は持続しないだろうという予感がする。われわれの好奇心は、巨大な才能をもった二人の文人が共有した〈俗〉と〈聖〉なる世界に対するいわくいい難い立場に向けられる。

昭和二十二年に書かれた「折口信夫君とニホのこと」(『月曜通信』)の中で、柳田は――誰かの事業に同情を持つということは、やがてはその流儀にかぶれてしまう結果になりやすいのは、少なくとも文化科学におけるこの国民の一つの癖のようなものであった。私だけは永い間の数々の失敗に鑑みて、できる限りそれを慎んでいるつもりだが、やはりどうかすると人の長所をめでる余りに、うっかりしばらくはその跡に付くようなことがあった……と前置きした後、こうつづけている。

〈折口信夫君という人は、我々の同志の中でも最もこの弊の少ない人であった。真似と受売りの天性きらいな、幾分か時流に逆らって行くような、今日の学者としては珍しい資質を具《そな》えている。天性というのは自分では意識せぬらしく人がそうせぬのを必ずしも咎《とが》めようとはせぬところから、私が推定しただけであって、あるいは若い頃からの決心であり、努力であったのかも知れないが、ともかくあれほど近代の学者の書いたものをよく読んでいながら、いまだかつて誰がこういったという類の引用をしたことがない。私たちの意見にも共鳴したと言いつつ、それを敷衍《ふえん》することはさておき、同じ一つの路を歩み進もうとはせずに、いつでも途中で行き逢うことができるような、もしくは他の一つの新道を拓《ひら》き添えるような、思い設けぬ方角からばかり、毎度大きな協力を寄せられる。外国のことは知らぬから何とも言えぬが、少なくとも日本ではこういう例は稀有《けう》であり、お蔭で私などは楽しい刺戟を受け、また心強い籠城を続けることができた。今からでもよろしい、もっとこの流儀がはやって来ればよいがと思っている。〉

## 2

「あれほど近代の学者の書いたものをよく読んでいながら、いまだかつて誰がこういったという類の引用をしたことがない」という箇所に接し、引用の織物を編む作業にユックリト急ギナガラ従事するわれわれ民俗学の門外漢は内心忸怩《じくじ》たるものがあるけれど、こうした学者研究者のスタンスから限りなく遠ざからんとする身ぶりを、折口が誰から最も多くを学んだかといえば、おそらく柳田国男の名をあげざるをえないだろう。

柳田や折口の著作とても、文人墨客の随筆の類にとどまるものでない限り、注意深く読めば、多岐にわたるジャンルの他者のテキストから構成されている部分はかなりの分量にのぼることが明らかにみてとれるはずだが、一見したところ他者と彼ら自身の文の境界は流動的で、ある場合には意図的に融合もしくは交錯させられていたりもするので、われわれの眼を幻惑させるのである。

すでにわれわれが確認した柳田の『明治大正史世相篇』の手法――出処を立証せず、故意に固有名詞を揚げない……に代表されるアカデミズムは言うまでもなく新聞を主とするジャーナリズムの筆法とも〝ねじれの位置〟にあるふうの文体こそ、折口の「共鳴」をよんだものであったろう。

その共鳴の典型的なサンプルとして、冒頭にふれた折口の「雪の島」のような散文をあげることができる。柳田が「私たちの意見にも共鳴したと言いつつ、それを敷衍《ふえん》することはさておき、同じ一つの路を歩み進もうとはせずに……思い設けぬ方角からばかり、毎度大きな協力を寄せられる」といういい方で具体的に念頭においたのは民間伝承にまつわる折口の鋭い直観に基く指摘だったかもしれないが、われわれのみるところ、柳田と折口が「同志」として「籠城を続けることができた」最大の要因が、「雪の島」の書き出しだけでもあざやかに感じとれる詩的・小説的な文体の音楽性・絵画性の中にある。

「雪の島」が無意識のうちにも一種の共振現象をおこしている先行作品として、われわれは容易に柳田の「浜の月夜」（大正九年）や「清光館哀史」（大正十五年）のような散文を想いうかべる。紙幅の都合もあるので、ここでは「雪の島」と「浜の月夜」それぞれの書き出し（第一段落）を次に掲げておきたい。

〈志賀《しか》の鼻を出離れても、内海とかわらぬ静かな凪《な》ぎであった。舳《へさき》の向き加減で時たまさし替る光りを、蝙蝠傘《こうもり》に調節してよけながら、玄海《げんかい》の空にまっすぐに昇る船の煙に、目を凝《こら》していた。艫《とも》のふなべり枕に寝ていて、しぶき一雫《ひとしずく》うけぬくらいである。時々、首を擡《もた》げて見やると、壱《イ》州《シュウ》らしい海神《ワタツミ》の頭飾《カザシ》の島が、だんだん寄生貝《ガウナ》になり、鵜《う》の島になりして、やっとその国らしい姿に整うてきた。あの波止場《ハトバ》を、この発動機の姉《アネ》さんのような、巡航汽船が出てから、もう三時間も経《た》っている。大海《オホウミ》の中にぽつんと産み棄てられたような様子が「天一柱《アメノヒトツバシラ》」という島の古名に、いかにもふさわしいという聯想と、幽《かそ》かな感傷とを導いた。〉（「雪の島」）

〈あんまり草臥《くたび》れた、もう泊ろうではないかと、小子内《おこない》の漁村にただ一軒ある宿屋の、清光館と称しながら西の丘に面して、わずかに四枚の障子を立てた二階に上り込むと、果して古くかつ黒い家だったが、若い亭主と母と女房の、親切は予想以上であった。まず息を切らせて拭き掃除をしてくれる。今夜は初めて還る仏親もあるらしいのに、しきりに吾々に食わす魚のないことばかりを嘆息している。そう気を揉まれてはかえって困ると言って、ごろりと囲炉裏の方を枕に、臂《ひじ》を曲げて寝転ぶと、外は蝙蝠《こうもり》も飛ばない静かな黄昏《たそがれ》である。〉（「浜の月夜」）

民俗学的関心と詩人としての感受性が一体化した紀行文の系譜として位置づけられると書けば、ただそれだけで済んでしまうわけだけれど、日本近現代の百年というわれわれが注視する時空において、右のような質の文章を駆使しえた学者・研究者を、私は他に見つけることができない。

「浜の月夜」や「清光館哀史」が収められた『雪国の春』の自序（昭和三年）の終りで柳田は、「こういう大切なまた込み入った問題を、気軽な紀行風に取り扱ったということは非難があろうが、どんなに書斎の中の仕事にしてみたくても、この方面には本というものが乏しく、たまにはあっても高い所から見たようなものばかりである」と、自らの書き方を弁明している。「気軽な紀行風」と「書斎の中の仕事」――柳田が対照させたこの二つは、それぞれジャーナリズムとアカデミズムという代表的な居場所をもつものだが、私の読みえた限り、柳田の仕事は終始、この両者から等距離を保つところで持続された。その場所に佇む原型的人間の名の一つとして、私は柳田が早い時期に着目した「俗聖」をあてたいと思う。

## 3

俗聖を仏教にかかわりのある民俗伝承として最初にとり扱ったのが、大正三年から四年にかけて『郷土研究』に連載された「毛坊主考」であり、これをさらに整理し補足したのが大正十年に『中央仏教』に連載された「俗聖沿革史」である。毛坊主といわれる念仏聖や三昧聖・阿弥陀聖・勧進聖・高野聖・回国聖・鉦打《かねうち》など、ヒジリという半僧半俗の民間仏教者の伝承を詳説したこの二つの論考は、日本の庶民仏教史研究の扉を開いたものとして高い評価を与えられている。すでに多くの指摘がある通り、毛坊主の前身とみなすヒジリを日本固有の宗教者と位置づける柳田は、日本史における圧倒的な仏教化のプロセスにおいても、あくまでヒジリの側に主体性を置く立場をつらぬく。柳田学は総じて、仏教の影響力を限りなく微弱なものとする視座を崩さなかったように思えるが、その根源の理由も、俗聖の原像に潜んでいる気がする。

「俗聖沿革史」の中に、ある俗聖をさし「貌は農夫で心は上人」と書かれるが、この「貌」と「心」をめぐる形容は容易に日本文学史にあてはめることができるだろう。

たとえば詩人として出発した柳田が深い尊崇の念を生涯失わなかった芭蕉は自らを風に破れやすいうすものを指す語にちなんで風羅坊と呼んだ。傷つきやすい心を意味するこの別号は、近代以前の日本文学および思想史に名を刻む「半僧半俗」もしくは非僧非俗者が共有しうるものである。『笈の小文』の冒頭部で芭蕉はいう――「誠にうすものゝかぜに破れやすからん事をいふにやあらむ。かれ狂句を好《このむ》こと久し。終《つひ》に生涯のはかりごとゝなす。ある時は倦《うん》で放擲《ほうてき》せん事をおもひ、ある時はすゝむで人にかたむ事をほこり、是非胸中にたゝかふて、是が爲に身安からず。しばらく身を立《たて》む事をねがへども、これが爲にさへられ、暫ク學《まなん》で愚を曉《さとら》ン事をおもへども、是が爲に破られ、つゐに無能無藝にして只《ただ》此一筋に繫《つなが》る。西行の和歌における、宗祇の連歌における、雪舟の繪における、利休が茶における、其貫道《そのくわんだう》する物は一《いつ》なり」（岩波文庫『芭蕉紀行文集』）と。

われわれはこの口吻を真似て、兼好法師の随筆における、柳田国男の民俗学における、其貫道する物も一なり、とつづけたくなる。右の「只此一筋に繫る」系譜の中にあげられていないが、芭蕉が『徒然草』を精読し、その生き方を自家薬籠中のものとしていたのは、柳田と同様である。仏道に真に徹底することも、世俗に惑溺しきることもできない者が、辛うじて自己を見据える実存の道として自覚された非僧非俗の境涯――兼好法師はその先駆者の一人だった。

柳田は先の「俗聖沿革史」の中でこう書く。

〈俗聖の俗の字は、申すまでもなく俗物の俗ではなくして、僧俗の俗であった。出家聖に対する在家聖の事であった。昔は普通に用いられていた語とみえて、現に『源氏物語』の橋姫の巻にも「そくひしり」という語がある。『千鳥抄』にはこれを注釈して「そくひしり、身は在家、心は出家、これ優婆塞《うばそく》なり」と記してある。〉

右の一節の「申すまでもなく俗物の俗ではなく」のくだりに、われわれの眼が吸い寄せられるのは、柳田が創り上げた民俗学の中に俗の一字が入っていることと関係がある。アカデミシャンに対する柳田の、決して声高ではない根源的な批判のまなざしはどの著作からも窺えるが、一方、俗物（的思考）に対する柳田の嫌悪の情もまた遍満している。柳田の場合、〝僧にもあらず俗にもあらず〟の僧がアカデミズムの学者を指すのはわかり易いとして、われわれの関心は、文（壇）人がいかなる位置づけだったのかという点に向けられる。

折口信夫が俗聖の系譜につらなる存在であることはいうまでもない。柳田のように詩（文学）を放棄せず、しかも独自の学問を深化させた折口の歌人としての名、釈迢空は、なんと、戒名に由来するという。まさしく『源氏物語』に登場する「そくひしり」の現代版である。

ただ、私自身、折口の創作と論考二つながらに比類のない著作を長い間気にかけてはきたものの、これを柳田と同じ比重で愛読できたとはいい難い、と率直に書いておきたい。その理由がどこにあるのか、本稿を書きつぎながら考えてみたいと思うが、今は、冒頭でふれた折口の「雪の島」に固有名が出た八木節と、「かれすゝき」――当時の庶民の世相と関わるこの二つを件の『定本柳田國男集』総索引で引いたところ、予想通り、ともに見当らなかった事実だけあげておく。

# 八　大和魂

## 1

その原型が百年以上前にさかのぼる日本語辞書『大言海』（大槻文彦編）の「大和魂」の項に、次のような一節がある。

〈古クハ、漢学ノ力アルヲ漢才ト云ヒシニ対シテ、我ガ世才ニ長ケルコト。漢学ノ力ニ頼ラズ、独リ自ラ活動スルヲ得ル心、又ハ、気力《タマシヒ》ノ意ナリ。〉

ナショナリズム高揚の文脈で今日でも用いられる――「日本民族固有の精神。勇猛で潔いのが特性とされる」をさかのぼった――「漢才（かんざい・からざえ）すなわち学問（漢学）上の知識に対して、実生活上の知恵・才能」（『広辞苑』）を指す第一義の大和魂＝大和心をめぐっては、小林秀雄の大著『本居宣長』などにも行届いた解説がある。むろんその詳細にふれるイトマはないが、ここでは、大和魂なる語の文献上の初出が『源氏物語』乙女の巻であること、さらに日本最大の古代説話集『今昔物語集』にも姿を現す語であることに注意しておく。

前者の場合、元服の息子夕霧を大学に入れて漢学を学ばせようとする光源氏が、大和魂だけでは真に一人前の経世家にはなれず、思慮・判断・分別を十分に働かせて常識的に処置する性質、能力としての大和魂の運用には「才」＝漢才＝学問が必須の土台となる旨を語るシーンで用いられている。

後者では、「才」はあるが「大和魂つゆ無かりける者」が短慮ゆえの行動でむなしく命を失うエピソードが語られている。

宮廷生活を中心として平安前・中期の世相を描く『源氏物語』と、仏教説話を中心としつつ世俗説話も全体の三分の一以上をしめる『今昔物語集』とは、種々の意味で対照的な、近世以前の日本古典文学を代表するものであるが、柳田民俗学にとっても、世相・世俗の探求の見地から重要な古典であったと思われる。

前章でふれた「そくひしり」（俗聖）が源氏に登場することを私は柳田に教えられてはじめて知った。聖と俗を架橋するすぐれて柳田的な視座の化身ともいうべき「橋姫」（『一目小僧その他』）は、柳田には珍しく「学問の厳粛を保つために、煩わしいが一々話の出処を明らか」にするやり方で大正七（一九一八）年に発表されたものだが、それを一読すれば、一般に貴族階級の生活をもっぱら描くと思われている『源氏物語』の〝おかしくもあわれな〟読み方を告知されるだろう。

件の総索引で両書への言及度をみると、予想通り『今昔物語集』のほうがはるかに多いものの、俗聖の心を失わずに民俗学を切り拓いた柳田の出発点が歌人であったことをふまえる時、歌よみ志願者の源氏信仰熱が柳田の背骨をなす大和魂から終生なくなりはしなかったと推測しても許されるのではないか。うたのわかれ＝文学との訣別を経た後、日本の動植物学者が「散文家」であるために、少しも「歌よみの苦労を察してくれない」と嘆く『野草雑記』の一節が想い起される。

われわれはここで、歌よみなる語を、短歌の実作者に限定せず、事にあたって臨機応変、当意即妙に、しかも胆力のすわった対処の仕方ができるという大和魂本来の力をもって受取り直したいと思う。すでに用いたうたのわかれ＝文学との訣別の視点からすれば、歌よみ（歌読み・歌詠み・歌訓み）はすなわち広義の文人である。

『源氏物語』の橋姫の巻に出る「そくひしり」（俗聖）について柳田は「昔は普通に用いられていた語」ではないかとおしはかったが、同様に小林秀雄は『本居宣長』（二十五）において、『源氏物語』に初出する「やまと魂」や、赤染衛門の歌（『後拾遺和歌集』）にあるのが初見の「やまと心」に関し、「当時の日常語だったと見ていい」と書いている。柳田というハタケを耕す田吾作のわれわれにとってもすこぶる重要なので、『大言海』で確認したにもかかわらず、再度、文芸批評家という蓑笠をかぶった近・現代の「そくひしり」小林秀雄の言葉で本章のキーワードを定義づけしておく。

まず『源氏物語』の用例をめぐって小林はいう――〈学問というものを軽んずる向きも多いが、やはり、学問という土台があってこそ、大和魂を世間で強く働かす事も出来ると、源氏君は言うので、大和魂は、才に対する言葉で、意味合が才とは異なるものとして使われている。才が、学んで得た知識に関係するに対し、大和心の方は、これを働かす智慧に関係すると言ってよ

さそうである。〉

次に『今昔物語集』の用例にふれた後、小林は、「大和魂」という言葉の姿は、よほどはっきりして来る、と前置きし、こうつづける。〈やはり学問を意味する才に対して使われていて、机上の学問に比べられた生活の智慧、死んだ理屈に対する、生きた常識という意味合である。両者が折合うのは、先ずむつかしい事だと、『今昔物語集』の作者は言いたいのである。〉

## 2

われわれのみるところ、右のような小林の大和魂考は、後世の日本史において「原意から逸脱して了うという」（『本居宣長』）運命をたどった大和魂という語本来のハタラキによるものだ。机上の学問に比べられた生活の智慧、死んだ理屈に対する、生きた常識——それは他でもない、小林自身の批評精神の立脚点だった。当時の日常語としてのこの語のニュアンスは、「から」に対する「やまと」によりも、技芸、智識に対して、これを働かす心ばえとか、人柄とかに、重点を置いていた言葉だとする小林が向うのは、儒学への烈しい対抗意識によって「我が国の古道」を強調する国粋主義としてのいわゆる国学が、大和魂本来の心ばえを歪めていった歴史から本居宣長を正しく救抜する試みである。同時代の作家上田秋成をして「どこの国でも、其国のたましひが、国の臭気也。おのれが像の上に、書きしとぞ……」と吐き捨てるような批判の辞を吐かしめた宣長の説というものが、はたして小林の擁護通り、「特に道を立てて、道を説くということが全くなかったところに、我が国の古道があったという逆説の上に成り立っていた」といいきれるかどうか、われわれにはわからない。にもかかわらず、小林の宣長論にしばし寄り添ってみたのは、その重要な柱の一つである大和魂考が、われわれ田吾作の柳田耕作にとって必須の肥やしとなるものと直覚したからだ。

日本近・現代における新国学を自称しもした柳田学は、「特に道を立てて、道を説くということが全くなかったところに、我が国の古道があったという逆説の上に成り立っていた」と、われわれも小林の口真似をして書いておきたい。逆説を光り輝く実存の道として措定した北欧の思想家キルケゴールは、逆説のない思想家は情熱のない恋人のようなもの、と語った。逆説が野草のように繁茂し、野鳥のさえずりに似た音楽を奏でるゲンシ（原詩・原始）人柳田国男が身にまとったのは、日本民俗学という蓑笠だけれど、その正体はどうだったのか。

『国文学の発生』（第三稿）の中で、折口信夫は「蓑笠は、後世農人の常用品ともっぱら考えられているが、古代人にとっては、一つの変相服装でもある。笠を頂き蓑を纏《まと》うことが、人格を離れて神格に入る手段であったと見るべき痕跡《こんせき》がある」と書いている。来訪神「まれびと神」の発する呪言から日本文学の発生を説く折口学において、蓑笠は「まれびと神」の服装とされ、従って人がそれを身につけることはそのまま神格を得る方法とも位置づけられる。国文学と民俗学を融合させることに成功したアカデミック・シャーマンならではの洞察の一つというべきだろう。

大正十五年発表の「はちまきの話」、昭和三年発表の「ごろつきの話」——おそらく柳田の〈……の話〉のスタイルに触発されたと思われる——などの典型化された書き方の中に、真正の

「そくひしり」（俗聖）だけが存分に働かせられる大和魂が躍動していることを読者はかんたんに察知しうるだろう。

柳田によって、少なくとも一時期、新国学の一翼を担う――「心強い籠城を続ける」ための同志と目された折口は、たしかに柳田の述懐にある通り、「真似と受売りの天性きらいな、幾分か時流に逆らって行くような、今日の学者としては珍しい資質」の持主だった。

## 3

「今日の学者」の対極にイメージされていた中に本居宣長のような文人が含まれることは疑いないが、われわれからみれば、今日ばかりか、いつの世の学者にしても珍しい資質を象徴させられる語こそ、本源的な大和魂である。

『遠野物語』誕生の年に、森鷗外に推輓された永井荷風により創刊されて以来、二〇一〇年に百年目となる『三田文学』掲載作品から百十四篇を精選、収録した『三田文学名作選』が、同じく三田文学会編の『三田文学短篇選』（講談社文芸文庫）と共に、今手元にある。柳田が終生、畏敬の念を失わなかった数少ない文人鷗外が『三田文学』創刊二号に発表した「普請中」は、近代日本の黎明期の混乱と苦渋を一語に集約したとおぼしきその卓抜なタイトルが暗示しているように、大和魂の歪んだ化身のいくつかを一筆でわれわれに伝える。文芸文庫解説者田中和生に従えば、こうである。

――小説「深川の唄」を読めばわかるように、永井荷風は当時ただひとり圧倒的に鮮明な日本語によるリアリズムの文体をもっていた。おそらくそれを読んだ森鷗外が、編集長である永井荷風に応答して『三田文学』を舞台に創刊号の「桟橋」から自らもリアリズムの文体による作品を試み、それに成功して現在までつづく近代日本における現実の本質を射抜いたのが、「普請中」である。『三田文学』という場が生んだ、近代文学百年の傑作と言うべきだろう……と田中は書くが、ここで「現在までつづく近代日本における現実の本質」とされているところにわれわれは注目する。

巨人鷗外のふところからとびたった荷風のリアリズムがどういうものであったか、われわれに詳述する力はない。われわれが追うのは、同時期に、かの閑古鳥の声に敏感なザシキワラシの心を抱いて鷗外のふところから文壇の外なる野にとびたったもう一人の文人柳田の行方である。

独断と偏見のそしりを恐れずに乱暴なものいいをするなら、鷗外の詩魂と散文精神を本源的な大和魂によって受け継いだ文人を、われわれはその後の文壇の中に容易に見出すことができない。いや、もっとおそれ多い実感を吐き出せば、鷗外の文体でさえ十全に描出しえなかった「普請中」の日本の「眼前の事実」の奥に潜む大和魂の実相を類まれな詩的言語によって――つまりは複雑に韜晦する逆説的言語によって描出した文人こそ柳田国男だった。

先の『三田文学名作選』随筆の部に、逆説とアイロニーによって近代百年、特に戦後日本の虚妄を撃つ姿勢をわれわれが高く評価するにもかかわらず、歪んだ大和魂を奉じて死んだと見なさざるを得ぬ天才小説家三島由紀夫の折口追悼文が収録されている。三島はそこで「もし折口氏の業績が西欧にひろく紹介されるときは、二十世紀にかくも健康な『古代人』が生きていたことに驚かれるにちがいない」と記す。三島の類まれな批評精神の化身としては、もう一つ、自死の年に書かれた柳田『遠野物語』評もあげなければなるまい。

「……これはいわば、民俗学の原料集積所であり、材木置き場である。しかしその材木の切り方、揃え方、重ね方は、絶妙な熟練した木こりの手に成ったものである。データそのものであるが、同時に文学だというふしぎな事情が生ずる。」

三島由紀夫の「ふしぎな事情」をめぐる逆説に、私はこれまで幾度も逢着した。柳田・折口学の本質についてかくも鮮やかに大和魂を働かせることができたこの非凡な芸術家のさいごをカナシバリにした硬直化したイデオロギーを、理解できず終いだったのである。

三島の『遠野物語』評は、つづけていう——「ファクトである限りでは、学問の対象である。しかし、これらの原材料は、一面から見れば、言葉以外の何ものでもない。言葉以外に何らたよるべきものはない」と。

このほれぼれするほどシンプルで物深い断言を、われわれも忘れないで稿をすすめよう。折口の柳田評「先生の学問」は、柳田の「言語に対する愛情の深さ」についてふれたうえで「祖先の我々に残したものは、きびしく言えば、言語しかない……」と断じている。われわれもあらためて柳田自身の言葉で民俗学のテーマを祖述すれば——「この国民の年久しい生活の跡が、一部は少なくとも眼前の世相の中に」保存されており、人間の言葉物言《ものいい》は、その眼前の世相の中の、わけても重要な部分に他ならない。

折口は、学術的論文をものする時も、「人格を離れて神格に入る手段」となる不可視の蓑笠の着用を忘れなかった。「何を」ではなく、ソレをいかに身にまとうか……。折口がトランス状態に入るのに、本源的大和魂が必須であったことは疑いない。だが、柳田と折口の大和魂は、三島が折口にささげた「芸術家の魂を持った学匠であり、直感と豊かな想像力が学問的正確さと見事に融け合った」点は共通しているものの、運用の仕方において、小さからぬ差異があったような気がする。

昭和二十五年に行われた折口信夫との対談で「私はいつでも現在にとらわれている」と語った柳田の大和魂は、ソレを着用して「古代人」になることよりも、「眼前の事実」としての日本の現実を視ることを重視した。柳田にとって、「人格を離れて神格に入る」ための蓑笠はあくまで平人の平語を使う常民と「そくひしり」の日用品でありつづけたとでもいうしかないのである。

# 九　オカシとアワレ

## 1

大正三（一九一四）年の夏から一年余りの間『三田文学』に連載された『日和下駄《ひよりげた》』（一名東京散策記）の第二「淫祠《いんし》」を、永井荷風はこう書き収める――「無邪気でそしてまたいかにも下賤《げす》ばったこれら愚民の習慣は、馬鹿囃子《ばかばやし》にひょっとこの踊または判じ物《はんじもの》見たような奉納の絵馬の拙《つたな》い絵を見るのと同じようにいつも限りなく私の心を慰める。単に可笑しいというばかりではない。理窟にも議論にもならぬ馬鹿馬鹿しい処に、よく考えて見ると一種物哀れなような妙な心持のする処があるからである。」（野口冨士男編『荷風随筆集』上巻、岩波文庫）

荷風の文業に寄り添う資格のないことをすでにのべたが、ここには神聖平人喜劇が演じられるお座敷ワラシ列車の乗客たるわれわれにとっても興趣深い、しかしあくまで平凡なキーワードがいくつも見出される。

号名の一つ荷風散人の「散人」とは役にたたない人の意だが、そのまま「散歩する人」と解してもいいほどだという指摘が誰のものだったか、にわかに思い出せないけれど、戒名からつけられた折口信夫の釈迢空《しやくちようきゆう》にまさるとも劣らぬオカシイ命名である。

私は荷風散人の言草をふまえて、すぐにつけ加えねばなるまい——この場合のオカシは、単に「可笑しい」というばかりでなく、「一種物哀れなような妙な心持」をもあらわす、と。

江戸文人の風雅を継承し、生涯にわたり街をそぞろ歩くことに官能的な歓びを感得しつづけた荷風散人もまた、われわれが言揚げした大和魂の体現者だったといっていいだろう。

冒頭の一節にある「いかにも下賤ばったこれら愚民の習慣」というような表現は、一見したところ、柳田学がひそかに敵意をもやした高踏派文人に属するものだが、大和魂やモノノアワレが「原意から逸脱」したあげく、ついには「皇軍の精神」や「忠君愛国の道」に読みかえられてゆく日本近現代の暴力的潮流に対する違和感の裏返しであった事実に細心の注意を払う必要がある。

私は淫祠を好む、と荷風散人はいう。淫祠とは、いかがわしいものを神としてまつったほこらを指す。「裏町を行こう、横道を歩もう。かくのごとく私が好んで日和下駄をカラカラ鳴《なら》して行く裏通《うらどおり》にはきまって淫祠がある。淫祠は昔から今に至るまで政府の庇護を受けたことはない」というのが、冒頭にフィナーレを掲げた章の書き出し部分である。

「街歩きに淫した人」——荷風散人にしばしば冠せられる形容語の中の「淫」なる文字が「淫祠」のそれと共鳴しているようにすら思われる。裏町の風景にオモムキを添える点で、淫祠は銅像以上の審美的価値があると断じる荷風散人にあって、銅像は「政府の庇護」に重なる近代のシンボルと目されていたに違いない。これに対して、近代以前の象徴となるのが、願掛《がんがけ》の絵馬や奉納の手拭や線香などが供えられた小さな祠や、雨《あま》ざらしのままの石地蔵である。これらに審美的価値を見出すと書いた直後には、やはり冒頭の一節同様の調子で「現代の教育はいかほど日本人を新しく狡猾《こうかつ》にしようと力《つと》めても今だに一部の愚昧《ぐまい》なる民の心を奪う事が出来ないのであった」と記されるが、すぐに、その愚昧なる民は「他人の私行を新聞に投書して復讐を企《くわだ》てたり、正義人道を名として金をゆすったり人を迫害したりするような文明の武器の使用法を知らない」とつづくのである。

淫祠のもつ縁起と効験はあまりに荒唐無稽で、「滑稽の趣を伴わすもの」とされるが、「無邪気でそしてまたいかにも下賤《げす》ばったこれら愚民の習慣……」とつづく一節に、近代以前の中にポジティヴな雲隠れをはからんとする近代作家の本源的な大和魂をみてとることは容易なはずだ。

三十八歳から七十九歳の死の直前まで四十二年間にわたって書きつづけられた日記『断腸亭《だんちょうてい》日乗《にちじょう》』を読めば、この近代作家の大和魂がどれほど強靭であったかを窺い知ることができる。したたかで、かつしなやかなその反俗精神は、外観の相違にかかわらず、われわれの師父にも通底するものだ。ただし、と急いでつけ加えなければならないが、「裏町を行こう、横道を歩もう」という荷風のスローガンは、柳田学において、日本列島全土に拡大されるべき運命にあった。オクユカシの原義「奥行かし」(事柄や人の奥までたどって知りたいの意)は、日本近代を〝裏返す〟べく、列島の奥へ奥へと歩みつづけた柳田学の好奇心にぴったりの言葉である。

## 2

『断腸亭日乗』は、柳田の著書『明治大正史世相篇』同様、韜晦《とうかい》に満ちた記述も多いが、日本近現代の社会風俗史料としての価値が高い点で評価は一致している。岩波版全集で約三千ページにのぼる膨大な日乗（＝日記）の中の簡潔な一行で、近代作家の決意をあらわせばこうだ――すべからく江戸戯作者のひそみにならうべきなり。

『日和下駄』が刊行された翌年、荷風は慶應義塾大学教授と『三田文学』編集長とを辞任するが、棲家を自らの別号となる断腸亭と命名したのも同年である。庭に断腸花（秋海棠《しゅうかいどう》）が植えてあったところによるそうだけれど、本章のテーマにも関わるオモシロオカシク、かつアワレ深い趣をたたえる語に思える。

断腸の思いといえば、はらわたがちぎれるような気がするほどの、こらえきれない悲しみをあらわす。しかし、『日本国語大辞典』によれば、断腸にはもう一つ、はなはだしく興趣のあること、また、哄笑するほどおもしろいことの意もある。

柳田より四歳年下の荷風だが、逝去したのも柳田より三年ほど前の昭和三十四年――ともに明治・大正・昭和の三世を生き抜いた点で共通する巨匠は、長寿も手伝って、おびただしい分量の書きものを残したが、そこに見出される「断腸」の念は、ひと筋縄ではとらえきれない。

日本語文学を世界文学の地平で受取り直す視座からは、西欧文学に貫流する古代ギリシャ以来の〈スプードゲロイオス〉＝オモシロク、タメニナル＝聖なる喜劇の伝統を想い起してみるのも一興であろう。日本中世に特記されるすぐれたドラマツルギーの装置をもちだせば、カナシクアワレな能と、オモシロオカシイ狂言の絶妙な組み合わせ、そしてまた短歌的モノノアワレと俳諧的オカシサの融合なども、われわれの視座では立派な〈スプードゲロイオス〉の伝統に匹敵しうるものだ。

断腸といういささか大仰な漢語を柳田が好んだとは考えにくいけれど、そのモトのイメージの二重性を、われわれは柳田の「涕泣史談」（『不幸なる芸術』）と『笑の本願』のような著作を併せ読む時、柳田的に心づかされる。ハラワタがちぎれるほど悲しく辛くて泣くことと、ハラワタがよじれるほど可笑しくて笑うこと――この対極的な事態を本源的な大和魂によって受取り直せば、柳田学の〈スプードゲロイオス〉性は際立つだろう。

グリム童話に、ぞっとする感覚を味わいたいがために旅に出る若者の話があるけれど、われわれが反時代的な柳田学のスイッチバック式鈍行列車に乗り込んだのも、ほんとうにほんとうの泣き笑いをよみがえらせたいとの存念によってであった。

柳田のいう平人の平語がのっているはずの小さな国語辞典をあらためて引いてみると、「おかし」は古語の「をかし」（おもしろい、風流だ、すぐれている、みごとだ、美しい）の現代的用法の「おかしい」（滑稽だ、変だ、いぶかしい、怪しい）と共に顔を出す。同様に、「あわれ」も、かわいそうだと思う気持や、みじめで情けない様子といったふびんの意と共に、古語の「愛情、人情、情趣」に基く――心に深くしみる感動をあらわすとされる。『福武国語辞典』『角川国語辞典』などによるものだが、他の小辞典も大同小異だろう。

われわれが確認しておきたいのは、大和魂同様、月並みな言葉と化して久しい「オカシとアワレ」が本来もっていた感動詞的ニュアンスの重要性である。

歪んだ時代の精神に適応すべく卑俗な存在になり下っていった文壇に背を向け、蔑視の対象であった「江戸戯作者」のひそみにならわんと決意した荷風散人の行方をつぶさに追うことはできない相談だが、彼もまた、〈うたのわかれ〉後の柳田と同じく、近代以前に遡行する魂の遊行によってオカシとアワレが融合する世界を夢見た日本近代のドン・キホーテの一人だった。キホーテこそは、〈スプードゲロイオス〉文学の最高峰に位置する輝かしい散人（役に立たない人）の元祖である。

われわれの風土の場合、遍歴の騎士のいでたちが、もちろん異なる。憂い顔の騎士はじつは前篇において郷士であった。郷士とは、日本に置きかえれば日頃は百姓をしている半農の武士のことだ。われわれがすでに瞥見した「俗聖」にも似た身分といってもよい。

戯作者に身をやつさんとする荷風のいでたちは、もちろん、鎧兜《よろいかぶと》と槍ではありえない。『日和下駄』のオープニングの一行は、「人並はずれて丈《せい》が高い上にわたしはいつも日和下駄《ひよりげた》をはき蝙《こう》蝠傘《もりがさ》を持って歩く」である。

では、われわれの師父の場合はどうかといえば、やはりすでにふれた――俳聖芭蕉が〈蓑もたふとし、笠もたふとし〉とオモシロオカシクもカナシクアワレな感動詞を発せずにおれなかった――蓑と笠である。

## 3

オカシとアワレの現代的用法をみたが、これに付随して用いられることの多いオモシロとカナシについても、柳田からレクチャーを受けておきたいが、そのまえにまず前者を『新明解国語辞典』（第六版）で引くと、語義の末尾に「面白」は借字とある。ところが、『岩波国語辞典』（第七版）では、心が晴れ晴れするほど楽しい、愉快だという第一義の後に――「面」は顔を向けている眼前を言い、「白」は明るいことを言った。当て字ではない、と註記されている。

太平洋戦争がはじまる年の昭和十六年の六月二十日付『断腸亭日乗』にこんな一節がある――「本郷の大学新聞社速達郵便にて突然寄稿を請求し来る。現代学生の無智傲慢驚くの外なし。余の若かりし頃のことを思返すに、文壇の先輩殊に六十を越えたる耆宿《きしゆく》の許に速達郵便を以て突然執筆を促すが如き没分暁漢は一人とてもあらざりしなり。現代人の心理は到底窺知るべからず。余はかくの如き傲慢無礼なる民族が武力を以て鄰国に寇《こう》することを痛歎して措《お》かざるなり。米国よ。速《すみやか》に起つてこの狂暴なる民族に改悛の機会を与へしめよ。」（岩波文庫版の摘録による）

時局便乗の嵐に吹きまくられた作家の憤りが極みに達しつつある、ちょうどその同じ時期、六十六歳の柳田は、荷風が「無智傲慢驚くの外なし」という烈しい言葉を投げつけた大学の特殊講義において、翌昭和十七年に『日本の祭』として刊行される一連の講演をおこなっている。

その中の「神幸と神態」から、われわれが聴取したい〝オモシロ節〟を、ほんのひとくだりのみ引く。

〈……能のシテという舞人は大部分が神、そうでなければ精霊、そうでなければ物狂いと呼ばれて、人か神かの境に立つ者であって、いわゆる神気《かみげ》が副《そ》うた人でなければ、唱えられぬような言葉を今でもなお口誦《こうしょう》している。それを「面白う狂うて見せ候へ」などと、面白いという語をもって形容したのも、本来は一つの信仰現象に他ならぬのであった。後代徐々として感覚の内容が推し移り、ついに面白ということが祭を離れて存続しまた発達することになったけれども、なおその強烈なる印象の根源するところは、わが邦でならば辿《たど》り尋ねて行くことができるようである。多くの昔語り、すなわち神秘なる古代人の生活伝承が、歴史の最も大切な部面として我々を動かすのも、本来は神を信じた人々のきわめて真摯《しんし》なる礼讃だからであった。〉

この少し前の――「民衆は今でもかなりよく神霊の話を信じている。ただそれが名ある御社の仕え人の口からは出ずに、しばしば司法警察で取り締まられるような、婆やよた者の媒介を経ているものが多い点がちがうのである」とか、「官府に公認せられた神職の立場から言えば、一方は淫祠邪道というより他はないような、すこしも理解せられない別派にはなっていても、なお一般民衆の側からは、特にそれほど著しい境目があるものとも、元は見られていなかったように思われる」という一節なども含め、冒頭にふれた荷風散人の「淫祠」に寄せるマナザシと比較して考えずにはいられないが、紙枚が尽きようとしているので、「面白う狂うて見せ候へ」という唱え言を真似しつつ、カナシの語を追う。

「涕泣史談」には、「人が泣くのは内にカナシミがあるためということとは、昔からの常識であったであろうが、そのカナシミという日本語に、漢字の悲または哀の字を宛つべきものとしたのは学問である。カナシという国語の古代の用法、また現存の多くの地方の方言の用例に、少しく注意してみれば判ることであるが、カナシ、カナシムはもと単に感動の最も切なる場を表わす言葉で、必ずしも悲や哀のような不幸な刺戟には限らなかったので、ただ人生のカナシミには、不幸にしてそんなものがやや多かっただけである」と書かれている。

「現存多くの地方の方言の用例」として、柳田は、東北の田舎の――「孫がかなしい」＝孫がかわいい――をあげているが、当方の知る限りでも、たとえば『源氏物語』の中に「末っ子なのでカナシクしている……」というような使い方があったはずだ。

オカシ、アワレ、オモシロ、カナシ――こうした現代日本語の日常語、柳田のいう平人の平語もしくは常の言葉の代表格を、その根源の地平にさし戻して心身に刻んでおくこと。柳田というハタケを耕すわれわれ文百姓が願うほんとうにほんとうの泣き笑いのためにそれが必要なのである。

# 十　散歩党

## 1

オカシクもアワレ深い「奥」をもとめるオクユカシキお座敷ワラシ列車の旅は、賢治の銀河鉄道にも似た無限軌道をもつ柳田学のきわめ尽せぬ世界の中から、たった三十六の宿駅をえらんで下車し、現代日本語的にカナシク、アワレなつかのまの散策をその都度たのしむという心づもりによってはじまった。

前回、われわれは荷風散人の『日和下駄《ひよりげた》』にほんの少し寄り添ったが、「この頃《ごろ》私が日和下駄をカラカラ鳴《なら》して再び市中《しちゆう》の散歩を試み初めたのは無論江戸軽文学の感化である事を拒《こば》まない。しかし私の趣味の中《うち》には自《おのず》からまた近世デレッタンチズムの影響も混《まじ》っていよう」とそこにある通り、近代作家の「趣味」の背後には、二重の「奥」へつながる細道が見出される。『遠野物語』序にいう「目前の出来事」「現在の事実」を前にして、明治の先鋭的な文人たちはオモシロク、やがてカナシキ二重のマナザシをもつことを強いられた。われわれはこの事態をドン・キホーテ的なものと考える。

泉鏡花ファンの心持ちをつづった小文の中で柳田は、愛読者心理の持主を「日本の小さきドンキホーテ」と呼んだ。「面白う狂うて見せ候へ」というすでに柳田から教えられた唱え言がすべての愛読者心理の持主の唇にたゆたっている。セルバンテスが描いた〈キホターダス〉すなわち〈ドン・キホーテ沙汰〉がいかなるものか詳述する事はできないけれど、ここでは、それが柳田の中にも隠れ潜む「物狂い」をめぐるドラマであることに注目しておく。

他ならぬ近代の「日本の小さきドンキホーテ」たちが保有せざるをえなかった二重のマナザシ――それを象徴的に語るのが、荷風の『日和下駄』の一節である。

単なる散策の背後に、江戸軽文学の感化と並んで「近世ヂレッタンチズムの影響」があると自ら語る荷風散人の範となったのが鷗外であった。

自伝的エッセイ「なかじきり」（千葉俊二編『鷗外随筆集』岩波文庫）で、鷗外は「初《はじめ》より自己が文士である、芸術家であるという覚悟はなかった。また哲学者を以て自ら居《お》ったこともなく、歴史家を以て自ら任じたこともない」としたうえで、「約《つづめ》て言えばわたくしは終始ヂレッタンチスムを以て人に知られた」と書く。参考までに巻末の注にあるフランス語起源の「ヂレッタンチスム」の意味を写すと――「芸術愛好。芸術を道楽として、趣味に生きること」。

絶命した荷風の傍に、頁が開かれたまま置かれていたという鷗外の史伝『渋江抽斎』には、「わたくしは雑駁なるヂレッタンチスムの境界を脱することができない」とある。

われわれの習癖の、手元の小さな国語辞典類でたしかめることをするまでもないだろう。好事家を指すこの語には、中途半端なアマチュア（素人）のニュアンスがある。

件の総索引をあたってみたところ、柳田の著作ではたった一箇所、昭和二十二（一九四七）年発表の「民俗学研究所の成立ち」に、「義理にもただの趣味人、ヂレッタントを少なくし、指導の出来る人を多くしなければならぬ……」とあるだけだ。日本民俗学の輪郭がととのってきた戦後こういういい方がなされたが、逆にいえば、黎明期の長い間、民俗学は「終始」好事家の趣味の領分――「ヂレッタンチスムを以て人に知られた」とみなさざるをえぬ状況に置かれていたことに思いを馳せる必要があろう。

絶妙の距離感を保ちながらも深い共感を寄せていた折口信夫の柳田評――「先生の学問」の中に見出される的確な表現をかりれば、柳田の手になる散文は、出発点の『遠野物語』が象徴的に示しているように、「専門家が書いたものではない……素人が書いたものだという姿勢」につらぬかれた「韜晦《とうかい》の快哉《かいさい》を恣《ほしいまま》に」するディレッタントの産物である。なぜディレッタントふうな形をとったかといえば「学者ぶったことをするのは恥がましいという、謙虚な心持から」だと折口はいう。「おれは素人だというお考え」「世間の学者であって、学校の学者ではない」と、柳田の素志を代弁してみせる折口自身、アカデミシャンでありながら「学校の学者」に対する批判精神を終生失わぬ稀有な文人であった。柳田学と折口学の全体像を何と形容すべきかよくわからないが、鷗外の自嘲的言辞に出てくる語をつないで強いて表わすなら、それは、文士・芸術家・哲学者・歴史家すべてが参画して作りあげた協同作業の産物に近いだろう。

## 2

一身にしてそれら全部を兼ねる八面六臂《ろっぴ》のスーパーディレッタントを、われわれの視座からは〈ユマニストとしての遊民〉——『ドン・キホーテ』ふうにいえば〈遍歴のウマニスタ〉などと名づけることもできよう。かかる遊民のキホーテが、洋の東西を問わず愛惜してやまぬ〈常〉なる行動こそ、遊歩＝散策に他ならない。昭和十六年、創元社より刊行された『豆の葉と太陽』は、紀行文・旅に関する諸篇をまとめたものだが、その一篇「武蔵野の昔」から、ほんのひとくだりを引く。

〈有史以前という語は時々耳にするが、これを武蔵の一平原と結び付けて聴くときは、まことに奇異の感じがする。新編風土記稿を見ると、若干の村は江戸に幕府ができてから後、かくかくの事情の下に成立したとあるが、他の大部分にいたっては、起原を詳《つまびら》かにせずというのが普通で、人間に文字あり京都に記録あることが、いささかもこの地方を有史以後にはしてくれておらぬのである。そうして我々散歩党の最も切に知りたいのは、この静かな田舎の背後に続いている昔である。眼醒《さ》めんとしている人々の前の宵の夢である。〉

当方が魂の初版本と思い定めて久しい『定本柳田國男集』の中でも特に文芸の香りが高い巻の一つ第二巻には、右の他、『雪国の春』『秋風帖』など、「静かな田舎の背後に続いている昔」「眼醒めんとしている人々の前の宵の夢」を、「我々散歩党」につつましやかな仕方で、しかし鮮やかに告げ知らせてくれる出色の散文が収められている。

詩人出身の柳田が創り出した散文は、ゲーテ、キルケゴール、ボードレール、プルーストのような西欧の近代的遊民＝フラヌールのそれとは外観も内容もまるで異なるけれど、日々のツトメにうちひしがれていた若年期の私にとって、メランコリー沈静（鬱を散じる）＝気散じ作用をもつ点で共通するテキストであったことを想い出す。

散歩の散という漢語には、ひま（「閑暇」）、むだ（「散木」＝材料として役に立たない木）、そして、こなぐすり（「散薬・胃散」）の意もある。さらに柳田的に遡行すれば、テキストという西欧語のおおもとは、テクスチャー（織物）である。

気散じ作用をもつ彼らのテキストは、これまた根源的な意味で服用し、着服に値するものだった。

私は彼らのテキスト群を気散じ薬として服用し、着物としてはおり、ボロボロになるまで使いつづけることで寒い人生の冬の季節をやりすごすことができた。その際、巨匠の文体のパスティシュ（模作）をするのが困難をきわめたのに対し、簡単に真似られるオコナイが、遊歩＝散策であった。

柳田が言揚げした散歩党に二十代の私はただちに入党したのである。

北欧の散歩党党首の著書『誘惑者の日記』（桝田啓三郎訳、ちくま学芸文庫）をめくってみる。キルケゴールと柳田というツキが悪そうな思想同士が、ゲーテ的な〈親和力〉によって融合する現場に立ち会うためである。

本文のコンテキストをあえて無視し、ここでは、日本における指折りのキルケゴール研究者桝田啓三郎の巻末訳注のみに頼って、散歩党のイメージを追う。

昔は、徒歩で歩く者は、馬に乗って行く人よりも身分が低いのが常だったので、「馬に乗っている人」がそのまま貴族をあらわす語になり、「歩行する者」なるデンマーク語は「平民」「庶民」の、さらにその形容詞形は「粗雑な」「散文的な」「平凡な」の意味にも用いられたという。

かつて十年がかりで『キルケゴールとアンデルセン』（講談社、二〇〇〇年）という本を出したことがある当方のあまり確かでない記憶によれば、キルケゴールはペデストレース＝「徒歩の人」を平凡人のニュアンスを込めたうえで、これに寄り添う文を草していたはずである。

詩＝韻文に比べて、散文には本来的に退屈で平凡なイメージが付着している。しかし、「我々散歩党」の党首の散文は、詩的言語をあやつる「徒歩の人」によってつむがれるスペシャルな織物であるため、例外なく無類の気散じ効用をもつ。

## 3

自らも近代のフラヌールを自任した二十世紀屈指の思想家ベンヤミンの「ボードレールにおけるいくつかのモティーフについて」（浅井健二郎編訳『ベンヤミン・コレクション1』ちくま学芸文庫）も、ついでに瞥見しておこう。ボードレール論に限らず、散歩党幹部の手になる散文は、味わいある退屈さの意味をわれわれ平会員に告知してやまぬもので、柳田のそれとは別種にもかかわらず、ある場所を歩いていながら突如、姿を隠し、行方をくらます――すなわち「韜晦」を地でゆく語り方という点でよく似ている。われわれ字義通りの平凡な党員の追随をゆるさぬことしばしばなのである。

だが、あきらめず、ページをめくると、ボードレールのソネットで有名な「万物照応」を、ベンヤミンは「想起のデータ」と呼んでいることを知りわれわれは驚く。そこに見出される次のような一行は、柳田国男が書いた散文とみなしても違和感を覚えないものだからだ。

「祝祭日を重大で意味深いものにするのは、前世の生との出会いである。」

プルーストの作品は、「想起の日々を集めて宗教的な一年を編んでいる」点でボードレールの作品と血縁関係にある、とベンヤミンはいう。祝祭日によって「想起のための場所をいわば空けておく」のが、すなわち暦の功績とされる。「暦から締め出されている近代人」は、「経験をもつことのできない人間」にひとしく、かかる人間に慰めはない。

経験の復元をめざすプルーストの意志が地上の生の枠内にとどまっているのに対し、ボードレールのそれは地上の生を抜け出てゆく……とベンヤミンのペンは微細な差異を分析する方に向かうが、われわれの散策はそれ以上「奥」へ、ベンヤミンと共にすすむことをせず、そそくさと宿駅にもどる。

民俗学が告知するハレとケの対照を想い出しながら、散歩党幹部をとらえた「いくつかのモティーフ」を受取り直せば、日本的枠組みに囚われているとみなされがちな柳田の散文の欠け端を世界文学思想の地平への架け橋にかえるというわれわれのドン・キホーテ的見果てぬ夢が、まったくの妄想ではない可能性の一端がひらけてくるだろう。

前掲の「武蔵野の昔」は、「近年のいわゆる武蔵野趣味は、自分の知る限りにおいては故人国木田独歩君をもって元祖となすべきものである」とはじまる。大正八年から九年にかけての一篇だが、世に名高い国木田独歩の第一文集『武蔵野』(明治三十四年)は、柳田の親友だった文人の作だけあって、小説とはいえないにもかかわらず小説家独歩の代表作とされているところが、『遠野物語』の位置づけとも一脈通じる、ジャンル不明の散文の秀作である。紀行文、随想、写生文、評論のいずれでもあり、又いずれでもないその散文は「我々散歩党」の元祖の手に成るもの、ととりあえずいうしかない。

「武蔵野に散歩する人は、道に迷うことを苦にしてはならない」「されば君もし、一の小径を往《ゆ》き、たちまち三条に分かるるところに出たなら困るに及ばない、君の杖《つえ》を立ててその倒れた方に往きたまえ」といった、日本近代百年にわたる散歩党党員たちの人口に膾炙《かいしゃ》した一文を、われわれは容易に世界文学の地平へ架橋できる。

たとえばベンヤミンは、ボードレールに関する断章「セントラル・パーク」でこう書いている――「迷路は、躊躇《ちゅうちょ》する者の故郷だ。目的に到達することをためらう者の道は、たやすく迷路をえがくだろう」。

ボードレールとほぼ同時代を生きたキルケゴールはしかし、花の都パリとは対極的な周縁的小都会コペンハーゲンでかのソクラテスのような街の散策者の生涯を終えた。無関心と注意力の弁証法を体現する探偵の如き文学思想の遊歩者として、ベンヤミンはボードレールの他に、プルーストとキルケゴールを並べて引用しているが、拙著『ドン・キホーテ讃歌』（東海大学出版部、二〇〇八年）所収のベンヤミン論と重なるので省かせてもらう。

われわれの宿駅での散策にとって重要なのは、柳田のいう有史以前、具体的には文字による記録以前の意味での有誌以前がベンヤミンのいう「想起のデータ」に重なることである。「静かな田舎の背後に続いている昔」「眼醒めんとしている人々の前の宵の夢」が、祝祭日を重大で意味深いものにする「前世の生」に重なることである。

柳田国男の「祝祭日」をめぐる散文によって、われわれは「想起のための場所をいわば空けておく」ようにうながす暦の功績を告知される。「暦から締め出されている近代人」の悲しみを、本源的なカナシキ感情にかえ、ほんとうにほんとうの「経験の復元」をめざしたいという心持ちに染まるのだ。

そうした「復元」にまつわる本願と無縁のところで、民俗学上の年中行事の知識を学びたい存念は、少なくとも「我々散歩党」の中に無いと断じておかねばなるまい。

内外の文学作品からの数多い引用を特色とする『武蔵野』同様、荷風散人の下町情緒探索の裏に花の都パリーの文人の遊歩記が重ねられていることは見易いが、柳田の場合の遊歩は日本列島全体に拡大されるべきものだった。しかしそれは、たとえば『田山花袋の日本一周』のようなものとも似て非なる世界である。文人趣味と一線を画すその差異にわれわれの関心は向けられる。

# 十一　雑記と随筆

## 1

三十六の宿駅に〈そを聴きにゆく〉われわれの旅の初回で、柳田の厖大な著作のうち、民俗学的門外漢の学生時代に一読しえたのが岩波文庫二冊（『海上の道』と『遠野物語』）のみであり、しかも、はじめはどちらも巻末解説だけを読んでやりすごすていたらくだったことにふれた。一九七六（昭和五十一）年初版の『遠野物語・山の人生』を嚆矢《こうし》として、言語地理学研究に一時期を画した方言周圏論の提唱で名高い『蝸牛考』（一九八〇年初版）に至る七点の岩波文庫は、柳田学理解に不可欠の名著のラインナップだが、今回これに二点――『野草雑記・野鳥雑記』（二〇一一年一月）、『孤猿随筆』（二〇一一年三月）が加わった。その新刊二点の「岩波文庫版のために解説を書くという名誉が、なぜ門外の私に与えられたのであろうか」と、『遠野物語・山の人生』の解説者桑原武夫の言葉を真似て、当方も先頃自問してみたのだった。

『野鳥雑記』所収の一篇の中で、柳田は、「私たちの役割に残されたものは何があるかと思うようだが、幸いに因縁があったからコカワラヒワの一些事を記録しておこう」といった語り方をしている。ここにいわれる「私たち」とは民俗学を志向する者らを指すだろうからわれわれとは異なるものの、『野草雑記・野鳥雑記』『孤猿随筆』を字義通りに精読する機会を与えられた私も、「幸いに因縁があったから」柳田というハタケの耕作にまつわる「些事を記録しておこう」との思いを深くしたのだった。

では、当方の場合の「因縁」とはいかなるものか。その答えが、二著のタイトルにある〈雑記と随筆〉なる語に野のイキモノのように潜んでいる気がする。

私は今般、解説者の分際をわきまえつつ、聖にしてヲコなる二冊のテキストを、それぞれ三度、なめるように読んだ。遠く江戸時代に、月三度定期的に江戸と京都・大坂との間を往来した三度飛脚が使い始めたところから名づけられた三度笠は、顔をおおうように深く作った菅笠《すげ》をさすが、私はその三度笠にも似た不可視の蓑笠《みの》を着用するふうの仕方で、柳田が織りあげたテクスチャーを、一月余の間に集中的に三度熟読するという得がたい体験をさせてもらったのだった。『新明解国語辞典』を引くと、「重箱の隅を楊枝でほじくる」の意味として「取り上げなくてもよい、細かな事までを問題にする」とある。

散歩党党首のスペシャル・ディレッタントが書いた散文は、既述の如く、「因縁」さえあれば重箱の隅をほじくる「些事」の記録にも情熱をもやす。ちっぽけなものの代表格のツマ楊枝の材料になる楊《やなぎ》の枝に学問的な考察を加えた大正十五年発表の一篇「楊枝をもって泉をトする事」(『神樹篇』)などが想い起される。取るに足らない楊枝でほじくる重箱なるものも、柳田学が日本ではじめて光をあてた伝説・昔話において深いイワレをもつ。

つまり、「すみからすみまで、または、些細な事まで干渉・穿鑿することのたとえ」(『広辞苑』)は、他ならぬ〈雑記と随筆〉仕立ての柳田散文にあって、特別の意味合いに変容させられている。当方が、三度飛脚体験で堪能した〝テキストの快楽〟はその変容のドラマと無関係でない。私はテキストの重箱の隅で、座敷ワラシの異名の一つであるスミッコワラシに幾度も遭遇したのである。

## 2

折口信夫が洞察した、古代人にとって神格に入るための「変相服装」の一つとしての蓑笠――折口学とは異なる柳田学の方法も、種々の「変相服装」を好んだが、それを一口に表現しうるのが〈雑記と随筆〉である。

雑記・雑文、随筆・漫筆――因縁による些事の記録におもむく柳田のペンがこれらの蓑笠を着用しつつ対象化しつづけたのが、われわれの遍歴の旅にも冠せられている〈話〉に他ならない。『海南小記』所収の「炭焼小五郎が事」から、〈話〉にまつわる断章をひろってみる。

「理由は知らずずっと古い時分の、互いに比較をする折もない頃から、こうして話は方々の土に、いずれも立派な根をおろしていたのである。」

「……文字の記録を唯一の史料として、上古の文明を究めんとする学者が、誤り欺きまたは独断するにあらざれば、すなわち絶望しなければならなかった問題の眼目を、かく安々と語って聴かせ得る者が、隠れて草莽《そうもう》の間に住んでいた。そうして満山の黄金が天下の至宝なることに心付かず、これを空しき礫に擲《なげう》ちつつ、孤独貧窮の生を営んでいた。新しい学問の玉依姫《たまよりひめ》は、今や訪《と》い来たって彼が柴の戸を叩いているのである。」

「要するに話を愛した昔の人の心持は、一種精巧なる黄金の鏈《くさり》のごときものであった。」

柳田が〈雑記と随筆〉の体裁で倦まずたゆまず語った話の眼目をしるく浮き立たせる右の断章を、われわれが現在なれ親しむうすっぺらい日本語でいいかえると、文字による記録とは別種の宝の山は身近なところに隠されているということになろうか。草莽や玉依姫といった言葉を柳田が「平人の平語」とみなしていたかどうかわからないが、今のわれわれにとっては柳田学それ自体のパラドックスを象徴するもののように思える。民間の意の漢語的表現の草莽すなわち在野の人や、身に神霊を宿す女の通称として用いられる玉依姫（魂の憑る姫）すなわち巫女《みこ》を、文字の記録を唯一の史料とする学者に対峙させる柳田学は、終始、平明な「お話」の文体を保持しえたのだけれど、その中核には、近代文学作家のいずれにも見出すことの困難な「新しい学問の玉依姫」が〝おこもり〟をつづけていた。

日本語の表象空間を内側から照らすモチーフを柳田論に重ねた『柳田国男と近代文学』の著者井口時男は、われわれの視座にとってすこぶる有用な『柳田國男文芸論集』（講談社文芸文庫、二〇〇五年）を編んでいるが、その解説のひとくだりをかりる。――「……山人や河童や座敷わらしといった山深い土地の奇異な伝承を書きとめた『遠野物語』は、何に似ているのか。諸国の奇事奇譚を好んで書きとめた江戸の文人たちの作物に似ているのである。つまりそれは、近代文学にではなく、近代以前の文学に似ているのだ。」

井口のこの洞察をふまえて、われわれが想い出すのは「江戸の文人たちの作物」に、近代作家としてのわが身をやつそうとつとめた荷風散人、またその荷風や柳田が生涯にわたり畏敬の念を失わなかった大先達の鷗外である。

鷗外から荷風に受け継がれた詩魂と散文精神を見定めるのはさほど困難なことではない。だが、荷風とほとんど同時期に、鷗外のふところから文壇の外なる野にとびたった柳田の〝詩人頼みの散文〟の本質をとらえるのは、類例がないだけに困難をきわめる。江戸の文人たちの作物にからきし通じていない者がいうのは傲慢にして滑稽だが、柳田の散文の中に近代以前の文学に似る部分はあっても、逆は真でないと思われる。たとえば柳田が再発見したといっていい菅江真澄のそれのような良質の作物を含めて、「諸国の奇事奇譚を好んで書きとめた江戸の文人たちの作物」のどこをさがしても柳田的に「新しい学問の玉依姫」の姿を全的にとらえるのはむずかしいだろう。

中野重治との対談の中で、「永井荷風君などの江戸伝統というものは勝手にこしらえてるもので……われわれから言うと、けっしてずうっと筋を引いたものじゃない、自分の気に入ったようにこしらえているからな」（宮田登編『柳田國男対談集』ちくま学芸文庫）と語った柳田に寄り添って率直に書けば、鷗外から荷風に受け継がれたとおぼしき江戸文人趣味の世界に、私は〈徒然な〉ものを感じる。この場合の徒然は、柳田が、北九州での用い方の例としてあげ、南秋田の海近くの地でじかに耳にしたと『蝸牛考』で書いているふうの——「単に退屈というだけでなく、淋しいまたは腹が減ったという意味に用いて、トゼネエなどという」――何か、モノ足りない感じを意味する語である。

　唐突だが、漱石の『坊ちゃん』を若年期にはじめて読んだ時、その方言をしゃべる者の描かれ方に田舎者の私は、柳田的にトゼネエ感じを抱いたのだった。今思えば理由は幼稚なもので、方言まる出しの登場人物にしかわが身を投影できなかったため、江戸っ子であることを無意識の拠り所とする主人公（に寄り添う作者）への感情移入ができず終いだったにすぎない。

## 3

　それに比べると、柳田の『蝸牛考』や『野草雑記・野鳥雑記』などに特徴的な、多数の方言の地域ごとの変化に基づく羅列に、同じく若いころに接した時の感触は、いわくいいがたい複雑なものだった。それはたしかに柳田のいう「些事」の記録そのものに思われ、通り一遍の小説的なオモシロオカシサになれ親しんだ人間を退屈させた。しかし、事実を整理する学問的文献に接して覚える種類のものとはまったく質を異にしていたため、その退屈さに徐々に魅了されるという根源的にオクユカシク不可思議な体験が可能になったような感触をはっきり記憶している。

　記憶に値する体験のほんとうの意味は、後からずっと遅れてやってくる。当時の私はただぼんやりとした感触しかつかめなかったのだけれど、柳田の語り口を真似てこんなふうにいっておくこともできよう――理由は知らずずっと古い時分の、互いに比較をする折もない頃から、こうして柳田の話は私の魂の産土《うぶすな》に、いずれも立派な根をおろしていたのである。

当方が若い時分にほとんど興味関心をもてなかったゲーテの自然学に関する散文は、柳田の散文の本質を読みとくのに有益なものであると知ったのもつい最近のことだ。もちろん柳田がゲーテを参照しつつ民俗学を切り拓いたというような単純な話ではない。たとえばゲーテの形態学論集を特徴づけるメタモルフォーゼ（変態）への洞察などは、柳田の方言にまつわる省察と理論を理解するために、大いに役立つものであるが、ここでは『色彩論』（木村直司訳、ちくま学芸文庫）序章の言葉をいくつかつないでみる。

精神の力動性、精神の絶え間ない動きのうちでこそ、見ることのすべてがただちに考察することになり、考察することのすべてが省察することになり、そして省察することのすべてが結合することになると説くゲーテのイデーに従えば、世界に注意深い眼ざしを向けているときすでに、われわれはある種の理論化をおこなっている。すべての事実的なものがすでに一個の理論であることを認識することこそ最高の認識に他ならない。

私がにわかに理解できなかったのは、すべての事実がすでにそのまま理論だと受け入れることの中に最高の認識があるとするゲーテの〈詩と真実〉を架橋するモノ深い断定だった。私はゲーテ畢生《ひっせい》の大作『ファウスト』で、悪魔メフィストフェレスの「一切の理論は灰いろで、緑なのは黄金《こがね》なす生活の木だ」（鷗外訳）というセリフにこもる真実なら、たちどころにわかる気がしたのだが、この一見対極に位置する二つの表現が、既出の柳田の断章に出てくる「一種精巧なる黄金の鏈のごときもので」つなげられていることを理解するに至るまでには長い歳月を要したのである。

われわれが柳田の文体の奥に行こうとしてすでに用いた生半可な「内面化」なる言葉についても、ゲーテのいう「精神の力動性、精神の絶え間ない動きのうちで」受取り直す必要があるだろう。

耳の文芸を強調した柳田のいう「聴術」の中味をわれわれはまだ把捉しきれていないが、目に訴えかける視覚的な文字の文芸（近代文学）よりも、聴く者の耳に訴えかける聴覚的な声と耳の文芸の探求にいそしんだ柳田の文体にみられる内面化の働きが、ゲーテ的な意味での「精神の力動性」と有縁であることは疑いない。

見ることが、ただちに考察へ、考察が省察へ、そして省察の一切が結合される……というときの結合とは、おそらくインテグレーションもしくはインテグリティ＝統合のニュアンスにひとしいだろう。語学に通じていない者の非学問的な談義になるけれど、人格的な意味も重ねられる「統合」こそは、ゲーテと柳田に共通する学問——永遠に「新しい学問の玉依姫」が保有する能力である。江戸の文人たちの作物と柳田のそれを画然と分つのもこの能力と無縁でない。

ゲーテ同様、柳田も、切りはなされた事象を、異様なる能力によって一つに統合することに長い歳月を費やした。岩波文庫解説で、私は二人を結びつけたあげく、「詩人頼みの散文」なるものに言及したが、さらにゲーテの『色彩論』に解説してもらおう——「直感する者はそれだけですでに創造的にふるまっている……知をもとめる者はどれほど想像に対して、祓いの十字を切り、それを調伏しようとしてみても、彼らはやはりたちまちのうちに産出的構想力に助けをもとめざるをえなくなる。」

ゲーテの自然学には今日の自然科学からすれば誤りも多いだろうが、しかし、ひるがえって、後者の中に見出すことの困難な「産出的構想力」にうらうちされた〈人間〉に寄せる尽きせぬ慈しみの情がある。柳田の「熊谷弥惣左衛門の話」のエピローグのたった一言だけの「私の結論」はこうだ——曰く、凡《およ》そこの世の中に、「人」ほど不可思議なものはないと。

日本のゲーテをひそかに自任していたと推測されるのは森鷗外だが、遍歴するユマニストとしてのゲーテの詩魂と散文精神を日本近代において全的に「統合」しえた文人は柳田国男であるというのがわれわれの独断だ。「統合」はしかし、——ゲーテの文業にもあてはまることだが——そのヘーゲル的な体系性からほど遠い〈雑記と随筆〉というディレッタントふうの方法によって遂行されたのだった。

# 十二　ある〈小説〉の誕生

## 1

〈……の話〉というタイトルがどれくらいあるかと思い、定本版にも文庫版全集にも付いている全巻収録著作索引をめくってみた。予想通りに数多く、三度飛脚のようなマナザシでざっとみたところ、おおよそ五十篇に近い数にのぼった。われわれが柳田を特異なお話＝エピソード作家とみなす所以である。

たとえば当方が縁あって解説を担当し、そのテキストの片隅にスミッコワラシとして佇むことを許された岩波文庫『孤猿随筆』の中の一篇「狐飛脚の話」を、やはり三度飛脚の如き足どりでたどってゆくと、エピローグ近く、こんな言草に出くわす。

「最初からの目的であった狐飛脚の話が、段々と遅くなるばかりだから、もういい加減に切上げよう。」

散歩党党首の語り口がうながす俳諧的な笑い＝ヲコなる道化の精神の背後から、あのシェイクスピア『マクベス』冒頭の魔女たちの呪文――フェア・イズ・ファウル……の変奏ともいうべき

〝速いは遅い……、遠いは近い……〟の唱え言が聴えてくる。

昔、急用を遠くに知らせるために送った使いを指す飛脚についての話が「段々と遅くなる」と党首がいう時、われわれ平人の党員は、手だれの催眠術師に「あなたはだんだん眠くなる」といわれた時のような気分になり、やがて、党首の散策術の術中にはまる。「いい加減に切上げよう」の次につづくのは、「私の意見を要約すれば、社や祠はどんな小さなものでも、必ず過去のある時期における人間の深い感動の痕跡でなければならぬ」であるが、党首の話の「いい加減」が文字通りの「良い加減」のものに変容することを、われわれは「深い感動」とともに実感せずにはいられない。もちろん、その実感は「小さなもの」であっていい。散策の途中で見つけた社や祠に何とはなしに心ひかれるといったちっぽけな体験をわれわれの党首はことの他大切にしたが、それを荷風散人のように「無邪気でそしてまたいかにも下賤《げす》ばったこれら愚民の習慣」というスタンスで眺めることはなかった。たしかにそれらは党首の心を慰め、「単に可笑しいというばかりではない」オクユカシキ思いをかきたて、「一種物哀れなような妙な心持のする」点で荷風と共通するだろうが、「理屈にも議論にもならぬ馬鹿馬鹿しい処」とはみなさなかった。荷風が用いた、いかがわしいものを神としてまつったほこらを指す「淫祠」なる語を、少なくとも荷風と同じ文脈で柳田が使うことは考えられない。

たとえば『日本の祭』所収の「参詣と参拝」から一つだけ引いておくと、「淫祠邪神の悪い名を負わされて、あるいは国家の煩いとまで歎かれている小さな社の信仰」とあるとおりだ。小さな信仰がそういう扱いを受けているのは、「発見があまりに新しく、また発見者の用意が足らず、もしくは解釈が蕪雑を極めていたために、いまだ一部の崇祀者以外の、承認を得るに足らぬだけである。それがわれわれの熱烈なる祈願の祭に始まらぬものは、今でもまだ例外と言ってよいくらいに少ないのである。」

大正八（一九一九）年の「花火」という短篇の中で、荷風は、文学科教授として慶應義塾に勤務していた明治四十四年、市ヶ谷附近で大逆事件――実際に起きたのは、われわれが注目する明治四十三年であるが――の容疑者を乗せた護送馬車が日比谷の裁判所のほうへ走ってゆくのを見ていながら、その事件に対して「世の文学者と共に何も言わなかった」ことを恥じ、「以来わたしは自分の芸術の品位を江戸戯作者のなした程度まで引下げるに如くはないと思案した」と書きつけた。多くの論者が引用するこのくだりには、われわれが愛惜してやまぬドン・キホーテ精神をみてとることができるにもかかわらず、柳田の説く〝自分を笑う〟種類のヲコなる道化のユーモアがにじんでいるとはいいがたい。「自分の芸術の品位を江戸戯作者のなした程度まで引下げる」という表現には、サンチョ・パンサとの真の出逢いを欠いたまま孤高の散策をつづけるキホーテの姿がとらえられるだけだといわざるをえないのである。

## 2

日韓併合と同じ明治四十三年におきたいわゆる大逆事件は、幸徳秋水、大石誠之助らの社会主義者・無政府主義者が明治天皇暗殺を企てたとして、全国で数百人が検挙され、翌年一月大逆罪のかどで二十四名に死刑が宣告された。このうち十二名が処刑、他の十二名は減刑されて無期懲役となった。

荷風が例にあげた、ユダヤ人なるがゆえに国家反逆罪で終身禁固刑に処せられたフランスのドレフュスをめぐる事件がそうだったように大逆事件も冤罪事件であったが、荷風が弟子を自任していた作家エミール・ゾラを先頭に多くの文学者や知識人が救出運動に立ち上ったドレフュス事件と異なり、日本においては誰もが沈黙を守った。荷風が「花火」の中で「良心の苦痛に堪えられぬ」「自ら文学者たる事について甚しき羞恥を感じた」と書いたのはこのことを指している。

かかる沈黙の中、森鷗外は事件の第一回目の裁判を傍聴し、石川啄木も明治四十四年、ひそかに陳弁書などの公判資料を入手して、『日本無政府主義者陰謀事件経過及び付帯現象』を作成した。死の前年、啄木じつに二十五歳の時である。

われわれは文人の中で誰が最も権力に抵抗しえたかといった俗耳に入りやすい話にほとんど関心を抱いていない。明治四十三年のそれに象徴される日本的現実の壁に衝突した時、心ある文人たちの作物が〈何を〉書いたかということより、〈いかに〉その反動を内面化したか、にわれわれの興味は向けられる。

芸術の香気に満ち溢れた欧米文化の深さと高さを心身に刻んで帰国した直後に、それと比較しての東京のみすぼらしさにふれた荷風の諸作品に向けて、田舎の金持の息子が東京から帰郷して土地の芸者の野暮さかげんを嫌味たっぷりに記しているようだと評した啄木を、若い頃の私は無条件に支持してやまなかった。また、明治期に洋行し実地に西洋で生活する体験をもった鷗外

（十七年六月から二十一年九月までの四年余をドイツで）、漱石（三十三年五月から三十五年末まで二年半をイギリスで）、荷風（三十六年から四十一年まで足掛け六年をアメリカ、フランスで）らの日本文化に寄せる複眼的マナザシを値踏みする際、太宰治の『如是我聞』中の一節――〈……いったい日本の所謂「洋行者」の中で日本から逃げて行く気で船に乗った者は、幾人あったろうか〉という〝色眼鏡〟をかけて考える習性が今に至るも抜けきれていない始末である。

荷風が『帰朝者の日記』（のち『新帰朝者日記』と改題）を発表した明治四十二年に、法制局参事官兼宮内書記官の柳田は、前年の九州への出張の折に得た資料をまとめ『後狩詞記』を、そして翌年に『遠野物語』を自家出版するが、柳田学の誕生をつつましやかに告げるこの二著の決定的な重要性を、われわれは啄木の秀抜な二つのエッセー『食うべき詩』（明治四十二年）、『時代閉塞の現状』（明治四十三年）のキーワードをかりてあらわしたい。

詩人たる資格は三つあると啄木はいう。〈まず第一に「人」でなければならぬ。第二に「人」でなければならぬ。第三に「人」でなければならぬ。そうして実に普通人の有っている凡ての物を有っているところの人でなければならぬ〉〈即ち真の詩人とは、自己の哲学を実行せんとするに政治家の如き勇気を有し、自己の生活を統一するに実業家の如き熱心を有し、そうして常に科学者の如き明敏なる判断と野蛮人の如き率直なる態度をもって、自己の心に起り来る時々刻々の変化を、飾らず偽らず、極めて平気に正直に記載し報告するところの人でなければならぬ。〉

一九七八年初版の岩波文庫『時代閉塞の現状・食うべき詩』の後書から引いたが、「必要は最も確実なる理想」という「時代閉塞の現状」にある簡潔な一行を併せてみれば、病と貧困にあえいでいた啄木のほとんど〝詩（人）のユートピア〟論ともいうべき奇跡の論考の骨格が出そろうことに心づかされる。

この世の中に、「人」ほど不可思議なものはないと「熊谷弥惣左衛門の話」をしめくくった柳田学のユマニスムに、われわれは啄木が発見した真の詩人の資格とされる「人」を重ねる。ほとんど呪詛に近い祈りの形で表白された啄木の詩人像――「実に普通人の有っている凡ての物を有っているところの人でなければならぬ」を、凡人の研究に生涯をかけると言揚げした柳田学の言葉のように錯覚しさえする。

そうか、と私は心づいた気がした。柳田が追尋する「凡人」とは、ここでいわれているような意味での「凡ての物を有っているところの人」だったのではないか、と。

自己の哲学を実行するのに政治家の如き勇気をもち、自己の生活を統一するのに実業家の如き熱心さをもち、常に科学者の如き明敏な判断と野蛮人の如き率直なる態度をもって、おのが心に起る変化を正直に記載する……こうした啄木の詩人像を前にして、現在のわれわれは鼻白んでしまうほどだが、いかにも明治人らしいまっすぐな物言いににじむインテグリティにうたれずにいることがむずかしいのもたしかだ。ここには、時代閉塞の現状を見ることが、ただちに考察へ、考察が省察へ、そして省察の一切が「統合」される……というゲーテ的な「精神の力動性」が脈うっている。

## 3

インテグレーション（統合）と有縁のインテグリティには「正直、誠実」の意味がある。日本近代国家の強権に嚙まれて狂犬病のような症状を呈するに至る詩人啄木は、しかし、それと時期を同じくして、妄想にとり憑かれたドン・キホーテが遍歴の旅に出立するに当り、出逢う必要のある生活人サンチョ・パンサの姿を、少なくともイデーの中に明確に位置づけることに成功したとわれわれはみる。

『時代閉塞の現状』の終結部で啄木は書く――〈我々の理想はもはや「善」や「美」に対する空想である訳はない。一切の空想を峻拒して、そこに残る唯一の真実――「必要」！　これ実に我々が未来に向って求むべき一切である〉と。

空想の天才をしてそういわしめたのが生活人サンチョに相当する他者であったことは疑いないだろう。この出逢いを可能にしたもの、すなわち詩人のインテグリティのアカシとしてもう一つ名前だけでもあげておきたいのが、明治四十二年、娼妓と遊ぶ自らを笑うオカシクもアハレな視点で――ローマ字という蓑笠をかぶって書かれた啄木の『ローマ字日記』（桑原武夫編訳、岩波文庫）である。

柳田論としてのバランスを崩しかねないので、やはり学生時代以来愛読してきたこの岩波文庫から、ここでは一九〇九年四月十七日付のたった一行だけ引く。

〈Naki-tai! Shin-ni naki-tai!〉

柳田の「涕泣史談」を想い起さぬわけにはいかないが、さて、同じ明治四十二年に、日向国——宮崎県椎葉村において「今も行わるる猪狩の故実」に関する『後狩詞記』が自家出版される。むろん啄木の『ローマ字日記』と内容の面で何の関わりもないけれど、それぞれの文業で記念碑的な位置をしめるこれらを書きあらわすに際して両者が身につけた蓑笠の変種にわれわれの視線はクギ付けになる。

時に啄木は二十三歳、柳田は三十五歳である。啄木がこの年七回にわたって「東京毎日新聞」に連載した『食うべき詩』や、『遠野物語』私家版があらわれる翌年に出したデビュー詩集『一握の砂』を柳田がどう読んだかを詳らかにできないまま、同じ〈悲しき玩具〉で真剣な遊びをつづけた体験をもつ法制局参事官が出逢いを果した生活者の「小さな」信仰にわれわれは思いを馳せる。

「泣きたい！ 真に泣きたい！」という声にならぬ叫びを発する啄木が「一切の空想を峻拒して、そこに残る唯一の真実」を発見すべく新たに踏み出そうとしたのは小説なるジャンルであった。novel の訳語である「小説」なる言葉を柳田的に遡行すると、もともと中国で、取るに足らぬつまらない議論、あるいは民間の伝説俗話の記録などを意味するものだったそうだ。

真正の詩の地平から模索された啄木の小説の理想は実現しなかった。かなしい東北の文学史において、キホーテ的情熱とサンチョ的リアリズムを融合する形で啄木の志をひき継いだのは、宮沢賢治の童話と太宰治の小説であるが、それは、ここなるテーマから少しく外れる。

柳田学の誕生を告げる二著の背後に、われわれは特異な〈小説〉のメタモルフォーゼをみる。日本の物語を、荒唐無稽な暇つぶしの娯楽としての「戯作」から、近代の器としての小説＝ノベルへと改変させた作家たちの常道にひそかに反旗をひるがえした荷風散人の戯作者気質にほんの少し寄り添ったが、『後狩詞記』と『遠野物語』以後の柳田の歩みは鷗外、荷風的な道からも外れる。「我々が空想で描いて見る世界よりも、隠れた現実の方が遥かに物深い」（『山の人生』）とつぶやきつつその道を行く飛脚は、飛脚の名を返上するかのように「段々と遅くなるばかり」といった事態をおそれなかった。

『後狩詞記』序の終りにはこう書かれている――「……実のところ私はまだ山の神とはいかなる神であるかを知らないのである。誰か読者の中にこれをよく説明して下さる人はないか。道の教えは知るのが始めであると聞く。」

柳田の「道の教え」がいかなるものであるか、われわれにもまだよくわかったと思えたためしがない。ただはっきりしているのは、それが――「一切の理論は灰いろで、緑なのは黄金なす生活の木だ」（『ファウスト』）との信念のもとに歩みを開始したということだけだ。

# 十二　身捨つるほどの祖国はありや

## 1

柳田学の誕生において産婆の役割を果したといえる東北（の風土と文化）は、神聖常民喜劇の全貌をミタイ、キキタイ、シリタイと願うわれわれの旅の出発当初よりの隠れた最大関心事《プリオキュペイションズ》の一つだったが、未曾有の大災害《3・11》によって、隠れた闇の奥からはっきりと姿をあらわし、恐るべきリアリティと共にわれわれの全存在を揺さぶった。むろんその衝撃の余燼は弱まることなくくすぶりつづけている。

読み・書き・ソロバンならぬヨミ・カキ・solo の世界に逼塞するあさましい著作家は、多くの人々と同様「こんな時に」をむりやり「こんな時だからこそ」と受取り直し、若年時以来、魂のバランスを失いかけた時にすがりつくことを繰り返してきた北欧はデンマークの詩人哲学者キルケゴールの電撃的な遺稿の言葉を引き寄せたのだった。

「そのとき、大地震が、恐るべき変革が起こって、たちまち私は、新しい狂いのない法則に照してあらゆる現象を解釈しなければならなくされた。」（枡田啓三郎訳）

絶望という精神の病と向き合いながら魂の現象学を描出したsoloの思想家の一身上の大事件を指す大地震がいかなるものであったかを問う必要はない。ここで私が天才の言葉にシンクロさせながら確認したいのは、われわれの旅もまた恐るべき衝撃に見舞われた時点で、容易に復興ができない種類の断層とズレによるゼロ地点への陥没現象に直面したことである。「失われた東北」という表現が決して大げさでない今般の大惨禍が、われわれの旅を霊場参りの遍路のそれに変えてしまう事態が生じても甘受すべきだろう。

東北人のはしくれであるにもかかわらず、ヨミ・カキ・soloのかなしい性で東北（の風土と文化）を正面から語る資格を持ちあわせていない当方は、本連載開始当座より、実感をもって寄り添える唯一の魂の拠り所として東北文学の作品のカケラを呪文のように唱えてきたのだが、今、寒い唇にのぼるのは、青森出身の鬼才寺山修司の名歌である。

〈マッチ擦るつかのま海に霧ふかし
身捨つるほどの祖国はありや〉

一九五八年版の幻の名歌集『空には本』の中の「祖国喪失」の巻頭に置かれた一首だが、太平洋戦争が終ったとき十歳だった寺山の原点ともいうべきこの歌集には、「浮浪児」「孤児」「俘虜」「復員」といったような時代の刻印をおびた言葉が散見される。〈かなかなの空の祖国のために死にし友継ぐべしやわれらの明日は〉という一首も含め、「祖国」の文字が、今、やけに胸に沁みてならない理由もまた、《3・11》が、すべての日本列島人に突きつけたゼロ地帯陥没の衝撃と無関係ではないだろう。

大多数や、その正反対の「獄中十八年」の抵抗を誇る政治運動者はともかく、われわれが対比的に思い浮かべずにおれないのは、「背をむけること」を選択した文人の代表格の永井荷風である。

ヨミ・カキ・soloの種族がとるべき時代に対する〝正しい背の向け方〟として、私は荷風散人の態度にぎりぎりの誠実《シンセリティ》さを汲みとりたいと願ったこともあった。しかし今、『断腸亭日乗』の昭和二十年八月十五日の記述——「今日正午ラヂオの放送、日米戦争突然停止せし由を公表したりと言ふ。あたかも好し、日暮染物屋の婆、雞肉葡萄酒を持来る、休戦の祝宴を張り皆々酔うて寝《しん》に就きぬ」を、同日の柳田の『炭焼日記』の簡潔な一行——「十二時大詔出づ、感激不止」と並べて読む時、やはりいわくいいがたい違和感がたちのぼってくる。

もしもこの時代を自分が生きたと仮定して、柳田の「ストイックなまでの自己抑制」の位置に立てるとはとうてい思えないし、またかの小林秀雄が「戦争について」で明言した「銃をとらねばならぬ時が来たら、喜んで国の為に死ぬであろう」の立場にも不安と動揺なしに立つことはおぼつかない。ただいえるのは、敗戦の報に接して荷風がしたように祝宴を張る行動に出るのは不可能だったろうということくらいである。物書きとしてあの時代を生きていたとしたら、と私は想像する——おそらく、時代に与するにせよ背をむけるにせよ、「オクターヴの高い表現」を洩らさずにはおれなかった……つまり文字通り烈しく「音《ね》をあげて」しまったに違いない。

敗戦を予知した八月十一日に、柳田は「いよいよ働かねばならぬ世になりぬ」と書いた。先の十五日の「感激不止」なる言葉共々、その字面だけみると、多くのリベラリストや社会主義者・共産主義者たちの〝いよいよ自分たちの時代が来る〟との感慨を共有しているようにすらみえるが、もちろんそうではない。柳田が刻んだ「感激」は、一義的な底の浅い開放感をともなう喜びとは無縁のものだ。

七十歳を越えた柳田が「いよいよ働かねばならなくなった」という時、自らが打ち立てた民俗学がほんとうの意味で「日本の危機」の処方箋たりうるかどうか、啄木ふうにいえばその「必要」性が試される時がついに今、到来したとの実感が込められていよう。

柳田の「感激」は、現代日本語ではなく、人間の全円的な喜怒哀楽すなわち感動をあらわしえたオオモトの語――オカシ・カナシ・アワレが孕む「原の力」に満ちたものであった。われわれがすでに言揚げした言葉を用いるなら、根源的な大和魂がいよいよ「必要」とされる時代がやって来たとの思いを柳田はあくまで粛々と「感激不止」の四字に封印したのである。

## 3

静謐でつつましやかな「感激不止」――それはしかし、柳田学誕生時から変らぬ大和魂のふるえであった。「経世済民《けいせいさいみん》」の志が柳田の生涯を貫いている事実は多くの識者が指摘するところだ。だが、われわれが注目する柳田的な大和魂のふるえは、小林秀雄が「無常という事」でのべたような「常なるもの」への信仰と切りはなせない性質をもっている。ふるえているにもかかわらず、「常なるもの」を見据えるマナザシは微動だにしないというその逆説の構造は容易につかめない。

世界文学に屹立する『ファウスト』で、ゲーテは永遠のものを見据えるマナザシをあらわすのに〈変転の中の持続〉という秀抜な造語を用いた。柳田国男が、遠野の昔話にみてとり、やがて日本列島（ヤポネシア列島）史の全体像におしひろげていった類まれな視座にも同種のものが孕まれていた。

われわれは冒頭で、柳田学の誕生に東北が産婆の役割を果したと書いたが、これを裏返せば、柳田の方も、普遍日本的な原郷に東北を生まれ変らせる産屋で産婆として振舞ったともいえる。東北の特異な素材と柳田の文体が魂の婚姻をとげた末に『遠野物語』は産み出されたのである。

柳田というハタケを耕すわれわれが、一種不審の念にも近い驚きを禁じ得ないのは、日本の父たらんとした柳田の文体が、戦前・戦中・戦後の大激動期に遭遇しても、断層やズレの兆候すらみせていないことである。この謎を、外在的なものからではなく、柳田の文体そのものに密着して読みとくには、やはり逆説を見据える強力にして精緻な文学のマナザシが必須だと思える。

T・W・アドルノ『キルケゴール――美的なものの構築』（山本泰生訳、みすず書房）は、「哲学者の著作を文学としてとらえようと試みたとき、人はつねに、その真理内容を取り逃してきた」と書きはじめられる。私はキルケゴールを扱った旧著ばかりでなく、今般の柳田耕作においても、アドルノのいう「真理内容を取り逃す」作業にうつつを抜かすことになるのだろう。それというのも、柳田の散文を終始「文学としてとらえようと」する試みこそが何事かだという確信がこれまで揺らいだことは一度もないし、また柳田について書かれた文章で、真に読むに値すると思われたほとんどが優れた文人の手になるものであった事実に眼をつむることはとうていできないからである。

作家三島由紀夫の批評精神が存分に発揮された『遠野物語』評についてすでに瞥見したが、「ファクトである限りでは、学問の対象である。しかし、これらの原材料は、一面から見れば、言葉以外の何ものでもない。言葉以外に何らたよるべきものはない」というそれ自体逆説的な洞察に匹敵する批評を、管見の限りであげれば、『信ずることと知ること』の小林秀雄や、新潮文庫『遠野物語』の解説者吉本隆明などである。

吉本は柳田論を著書にもしているが、そのオープニングはこうだ。

「体液の流れみたいな柳田国男の文体を読みすすんでゆくと、きっとあるところまできて、既視現象にであった気分にさそわれる。あっ、この感じはいつかもあったと思うのだが、かたちがあたえられないうちに、その瞬間が通り過ぎてしまう。この思いはいつも同じだ。この瞬間の既視体験の感じに論理をあたえられたらというのは、ながいあいだの願いみたいにおもってきた。だがここが既視現象みたいなゆえんだが、この瞬間の感じは、反省的な姿勢にはいると痕かたもなく消えてしまう。」

でもとにかくそこからはじめないと、「柳田国男の文体と方法があたえる流れが連続する感じ」を言葉にできないまま、「かれの民俗学的な業績などを分類したりして、白けた論理を運ぶことになる。柳田国男の民俗学的成果など、できれば論じないで済ましておきたい。ただわたしに既視の感じをしいるかれの文体と方法にはかたちをあたえたいのだ」と、吉本は感動的なまでに率直で誠実な思いを吐露する。

ここで詩人にして思想家の吉本が「体液の流れ」という鮮やかな比喩で言い止めている一事が、われわれにとっても重要である。特に「流れが連続する感じ」「既視の感じ」が。

この「感じ」こそは、〈変転の中の持続〉を見据える柳田の大和魂の本質に迫るものである。『遠野物語』解説では「中間連続」という言葉が使われている。『遠野物語』の体験譚について吉本は、「始めは記述者と体験した人が別々のように書き始めるばあいもあるが、途中で記述者と体験者が一体になってしまう。まるで記述者自身が体験しているような文体に変っていくわけだ」と書く。記述者があたかも自分が体験しているようなところへ身を乗りだすこの柳田の文体や思考の方法は、吉本によれば「日本人のもっている伝承、風俗・習慣や性格の特質をひとりでに摑《つか》んでいたといえる」とされる。日本人のいわゆるなあなあ体質、甘えの構造とも不可分の「うやむやに境界がくずれた中間を介して通路ができてしまう」この特質を、柳田は分析はしなくても、自然に実現していたというのである。

吉本はこれを「日本の風土・習慣の弱点になることも、利点になることもありうる」ものとして語っているのだが、《3・11》の激震に遭遇してからのわれわれは、いやこの私は、〈身捨つるほどの祖国〉の愛すべき宿業としてその風土・習慣を全的に受取り直したい気分におちたのだった。

# 十四　常にもがもな

## 1

十七世紀末の奥州を旅した芭蕉は、二十一世紀初頭の《3・11》で壊滅的な打撃をうけた中でも、特に塩竈、松島、石巻にまつわる簡潔な描写を『おくのほそ道』に残している。四百年に一度ともいわれるほどの規模の《3・11》によって全列島人の耳目を日々否応なく引きつづけている、リアス式の三陸海岸に代表されるこの地域の、恵みと裏合せの水害は凶作と並んで、古くからのトラウマを伴う一大関心事であったようだが、当方が学生時代から座右に置く岩波文庫版（萩原恭男校注）や角川文庫版（潁原退蔵・尾形仂訳注）の『おくのほそ道』に付された碩学の研究によれば、歌枕の伝統に従って陸奥を未知の辺境ととらえた芭蕉が実際に旅してまわった近世の同地は未開のイメージから遠いものであったらしい。石の巻をめぐって、「海上に見わたし、数百の廻船入江につどひ、人家地をあらそひて、竈の煙立ち続けたり」と記されるくだりなど、歌枕的感傷による「道の果て」というイメージが感動的にくつがえされたアカシだとされる。

石の巻の直前の、末の松山・塩竈も歌枕である。壺の碑を尋ねた後に到着した塩竈は古来もっとも有名な歌枕の一つで、芭蕉自身が、恋の歌・無常の歌で知られる塩竈の浦と表現している通りだ。〈蜑《あま》の小舟《をぶね》こぎつれて、肴《さかな》わかつ声々に、「つなでかなしも」とよみけん心もしられて、いとゞ哀《あはれ》也〉とつづく『おくのほそ道』のひとくだりをよりよく理解するため、角川文庫の本文評釈を写せば、「漁夫たちの小舟が漕ぎ連ねて帰って来て、とった魚を分け合う声々を聞いていると、古人が「綱手かなしも」とよんだという、その心もおのずと思い知られて、一段と深い感銘に打たれるのだった。」

カナシとアハレが顔を出すこの一節にエコーしているいわゆる本歌取りのモトウタも二つあげておく。

「みちのくはいづくはあれど塩竈の浦漕ぐ舟の綱手かなしも」（古今集、陸奥歌）

源実朝「世の中は常にもがもな渚漕ぐあまの小舟の綱手かなしも」（新勅撰集、羇旅）

百人一首でも親しい実朝の右の歌にいう「かなし」はすでに柳田から学んで確認したように、日本語の「原《もと》の力」をもつカナシ、すなわち嬉しくも悲しくも哀れにもなりうる語である。上の句にある「世の中は常にもがもな」（この世は無常だが、やはりいつも変らずあってほしい）という願いが、どうして「渚漕ぐあまの小舟の綱手かなしも」（渚をこぐ漁師の子舟の綱手を引く様子がおもしろくも物悲しい）とむすびつくのか。初読時も今もそれがよくわかってはいないが、私は前回ふれた寺山修司の〈マッチ擦るつかのま海に霧ふかし身捨つるほどの祖国はありや〉と同類の歌だと勝手に受け取ったのだった。実朝の歌は、上の句に主観、下の句に客観がのべられているが、寺山のは逆になっているという違いがあるものの、あえかながらも痛切な願いや自問と目前の情景とが、一種危うい バランスで統合されているところが共通するというように。

実朝歌の解釈には、常の静穏な日なら渚で漕ぐ漁師の小舟が、今日は波が荒いためか、曳舟《ひきぶね》の綱にひかれてゆく……ととる読み方もある。安藤次男『百人一首』（新潮文庫）によれば、「漕ぐ」は「常」、「綱で曳く」は「無常」にそれぞれ対応し、漕がれていてこそ舟であるから、曳かれてゆく舟は無常の姿だとされる。また高橋睦郎『百人一首』（中公新書）には、この光景を「うち眺める自分とて、いつ運命の曳綱に曳かれないとも限らない無常の身だ」と書かれている。

「この世は無常とは決して仏説というようなものではあるまい。それは幾時如何《いつ いか》なる時代でも、人間の置かれる一種の動物的状態である。現代人には、鎌倉時代の何処かのなま女房ほどにも、無常という事がわかっていない。常なるものを見失ったからである」としめくくられる「無常という事」の著者小林秀雄の、他ならぬ戦時中に近代日本の散文中最高の達成をなした同名の連作六篇の棹尾を飾る「実朝」中の一ページも、ついでに参照しておく。先の一首について小林は「あまり内容にこだわり、そこに微妙で複雑な成熟した大人の逆説を読みとるよりも、いかにも清潔で優しい殆ど潮の匂いがする様な歌の姿や調の方に注意するのがよいように思われる」と書いている。

逆説に通暁する批評の達人が、この歌を前に解釈の腰を折ってしまっているふうの姿に、われわれは「綱手」を前にした実朝と同種のかなしい感情につつまれる、とでもいうべきだろうか。

小林と似て非なる折口信夫の評（『新古今前後』）をみると、「上は萬葉ぶりで、下は古今集で、解釈にも困る……概念的で何もうかんでこない。……何かとんちんかんな歌だ。……こんなのがいゝ訣《わけ》はない」と断じている。

## 2

この折口の評に、われわれは「原の力」を失った現代日本語にいう一義的なカナシサを覚えるのだけれど、その理由をのべる余裕がない。《3・11》によって魂の拠り所を喪失したわれわれは、碩学の解釈に異を唱える余力をもちあわせていない。

今のわれわれに必要なのは、〈「つなでかなしも」とよみけん心もしられて……〉という芭蕉が幻視したのと同種の「綱手」である。「とんちんかんな歌だ」という評の直前で、折口は、〈焔のみ虚空にみてる阿鼻地獄《あびじごく》ゆくへもなしといふもはかなし〉なる一首をとりあげ、またこう書く――「実朝の歌の中で、いゝと言はれてゐたものではないが、関東大震災の後、金槐集の中から見つけだされて、騒ぎだしたのである。吉原や被服廠の惨禍が伝ってくると、うらうちが出来るので、皆感心するのである。（中略）歌そのものも、いゝのか悪いのか訣《わか》らない。」

われわれも、「つなでかなしも」の歌の良し悪しはわからないという他ないが、碩学の批判にさらされるのを承知で、われわれは関東大震災の後に再発見された実朝歌をめぐって人々が行わずにおれなかった「うらうち」作業に寄り添ってしまう。

芭蕉が見据えた「つなで」と、われわれの痛切な「うらうち」作業に必須の「常なるもの」への実朝ふうの願いを、比類のないやり方で「統合」してくれる存在――それが、神聖常民喜劇の作者柳田国男である。

『野鳥雑記』所収の「絵になる鳥」で、柳田は「私の話は前置きが長くて、本文はかえって僅かしかないが」と断り書きしているが、われわれの語り方にもそれがのりうつった模様だ。われわれの散策が、スイッチバック式でなされることをはやくに宣言した記憶もよみがえる。

柳田学が終始生きいきした関心をふり注いだ常民なるものが、折口の実朝歌に寄せた評言でいう「解釈にも困る……概念的で何もうかんでこない」性質の曖昧なキーワードであることに向けては、おそらく批判的指摘がすでになされているだろう。吉本隆明のチャーミングな批評的啖呵を真似て、われわれもそれらすべてを「できれば論じないで済ましておきたい」と書きたいところだ。

太平洋戦争前後になされた柳田の一連の仕事を同時代の誰よりも深いところで受けとめ、批評家として高い評価を与えたにとどまらず、見識ある編集者としての支援をおしまなかった小林秀雄の「無常という事」の中に柳田の名は登場しない。しかし、「うらうち」作業に余念のないわれわれの眼に、小林の「常なるもの」への信仰と、柳田学の基底にある常民（というマボロシ）がいわくいいがたい形でシンクロナイズしているように――「無常という事」の言葉をかりれば「見れば見るほど動かし難い形と映って来る」のである。

晩年の鷗外が考証家に堕したという様な説は取るに足らぬ、と小林は断じる。あの厖大な考証を始めるに至って、彼は恐らくやっと歴史の魂に推参したのである、と。『古事記伝』の著者宣長にも、同じ様なものを感じた小林は、「解釈を拒絶して動じないものだけが美しい、これが宣長の抱いた一番強い思想だ。解釈だらけの現代には一番秘められた思想だ」とつづけ、「思い出が、僕等を一種の動物である事から救うのだ。記憶するだけではいけないのだろう。思い出さなくてはいけないのだろう。多くの歴史家が、一種の動物に止まるのは、頭を記憶で一杯にしているので、心を虚しくして思い出す事が出来ないからではあるまいか」という高名なつぶやきを導く。

小林のいう「上手に思い出す事」の達人として、われわれは常民教開祖を思いうかべる。

## 3

《3・11》に至る数カ月間、私はすでにふれたように柳田の二冊の新刊岩波文庫『野草雑記・野鳥雑記』『孤猿随筆』の準備をめぐって、ヨミノクニをさまよっていた。前者が一月刊、そして後者の姿を見る数日前に《3・11》が出来《しゅったい》した。

柳田のテキストの一見悠長な「考証」の一字一句を「漕ぐ」日々を思いつつ、あまりに荒々しい波に襲われてタナトスふうの闇の彼方へ「引き」さらわれる目前の事実をかみしめた当方は、ようよう余震が収まりかけた頃おそるおそる二著をめくり直し、「感激不止」を体感した。東北が実朝歌の「阿鼻地獄」と化した現実の中でなお、柳田の散文は「原の力」を静かに放出しつづけていた。

小林は「解釈を拒絶して動じないものだけが美しい」という思想を宣長に見出したが、当方の場合、もともとやわな精神が衝撃でバランスを失ったため、「微妙で複雑な成熟した大人の逆説を読みとる」ことを要請する種類のテキストを「拒絶」したにすぎない。

例は数限りなくあげられるが、たとえば『野草雑記』所収の「菫の方言など」の、次のようなどうということもない一節――。

「それから今一つ、平穏無事なる村の生活に老いて行く人々は、子が生れると再び子の心に復《かえ》り、孫が出来ると自分が孫であった頃の、感覚を喚《よ》び起されるのであります。殊に子供の相手は年寄ときまっていまして、その間にはまた大きな鏈《くさり》が繫《つな》がって行くのであります。」

童児の持っている日本語を珍重する理由をのべる柳田の「それから今一つ」といった語りが、解釈不能状態の心に深く沁みた。「平穏無事なる村の生活に老いて行く人々」と繫がるクサリがいっきょに失われた現実を眼の当りにして、「つなでかなしも」に感応した芭蕉の心を自分なりに理解できる気がしたのだった。

《3・11》とまさしく同じ月に世に出た『孤猿随筆』からも、今は一つだけひろっておきたい。「絵葉書や案内書ばかりで遊覧をすませることは出来ない。本には風雅でない事を、とかく書きたがらぬ癖が以前からあったからである」という〈常なるもの〉を見据える一文が冒頭部分に見出される「松島の狐」のフィナーレには、「人と狐との間柄も、東北などでは必ずしも敵対をもって終始しなかった」とある。〈書物を過重する考え〉がもたらす中央集権を折にふれて批判する柳田のペンはここでも「興味ある地方色をその生活の間から、見出すこと」に重きをおきつつ

「不必要なる統一主義」をしりぞけて「千年の地方生活の痕跡」に思いを馳せる。

「自分たちはなお暫くの間、丹念にこのとじ糸の切れかかった人間の大記録を、翻《ひるが》えして見ようと思う。谷底の村と沖の小島とには、かつていろいろの獣を追込んだ如く、意外な古風が閉じ籠めてあって、何かの折には突如として再現する。文化史の研究に向っては、それがまたなく貴重なのである。」

右の一節の後に、当方が小児の心で幾度となくかみしめた田代島——同書に「猫の島」なる一篇で再登場する——の次のようなエピソードがつづく。

「猫がどうしてこの島に住み始めたかは、もう話してくれる者もなかったが、近い頃にも小学校の休み日の日中に、宿直室に寝転んでいた人がふいと起きて見ると、窓の外に窓一杯の顔をした大猫が来てうずくまっていたという。宅の子供までも笑って信じなかったほどの話であるが、この島に住んでいるとそんな猫の顔も見得たのである。そうして古来の書物には説明はもちろん、その事実を記して置こうとしたものすらないのである。」

陸前田代島は、《3・11》で一時、孤立がつづいた離島の一つだ。「古来の書物」の一つの『おくのほそ道』にも、たしかに猫の島のことなど書かれてはいないが、しかし、われわれのみるところ、「千年の地方生活の痕跡」を尋ねることで、「歴史の魂に推参する」柳田学の散策と芭蕉のオクユカシキ旅とは、「興味ある地方色をその生活の間から、見出す」一点において見事にシンクロナイズする。

芭蕉がモノノアワレを封印した「つなでかなしも」と、柳田のいう「とじ糸の切れかかった人間の大記録」は「大きな鍵」でつながっているとわれわれは信じる。その信仰を支える感情の中に、〈常にもがもな〉の願いが横たわっている。

「谷底の村と沖の小島とには、かついていろいろの獣を追込んだ如く、意外な古風が閉じ籠めてあって、何かの折には突如として再現する」という一節は、柳田学の本質を物語るが、「意外な古風」と芭蕉的な「風雅の誠」が通底する現場に、われわれは今後も立ち会うことになるだろう。

# 十五

## 1　とりつくシマ

東日本大震災に見舞われて後、われわれの周囲で「国難」「オールジャパン体制」といった言葉が日常語よろしく用いられるようになった。なかみは今日ふうなのだろうけれど、戦後の民主主義日本とやらが否定した「国家総動員」「挙国一致体制」と何ら変らない標語である。私はまずもってそのことに衝撃を覚え、どこにすがりついていいか、手がかりさえわからぬ感覚——すなわちとりつくシマのない感覚にとらえられた。読み・書き・solo に逼塞しつづけてきた、他ならぬフクシマ出身の口舌の徒のあさましい姿である。

震災の後、知人の十五歳の息子の身体が明らかに「縮んだ」という話を母親から聞いた。海外生活が長く、地震そのものにも不慣れなせいだろうと母親はいうが、文学にまつわる著作の中でしばしば用いる「萎縮」なる言葉がにわかにリアリティをもって迫ってくる気がした。恐れや寒さで体が縮こまったり、動きがにぶくなったりするのをこえ、育ち盛りの子供の身体が文字通り小さくなる現象が目前の出来事として語られたことが、抽象語をふり廻す癖のある当方を驚かせたのだった。

　言葉本来の第一義とはおおむねこうしたことなのだろうと、当り前のことを思い知らされたわけだ。《3・11》後の、とりつくシマのない感覚についても、柳田のいう「原《もと》の力」をとりもどすべく、根源的な地平に遡行させたうえで受取り直す必要があるだろう。

『島の人生』に収められた「島々の話」の「その一」と「その二」は、われわれが注目する明治四十三（一九一〇）年、雑誌『太陽』が初出である。『遠野物語』刊行と同年に書かれたこれらを一読するだけでも、前回ふれた「意外な古風が閉じ籠め」られた「谷底の村と沖の小島」を一つの視座に統合する独特のマナザシが柳田学を支える屋台骨のようなものであったことが伺える。

「一言にして言えば島と山とはよく似ている」と書いた後、魏志倭人伝の「山島に依って居を為す」を引いたうえで、柳田は次のようにつづける。

「なるほど日本は大小数百の山島であった。今でこそ港を造り港田を築いて平地たくさんの海岸であるが、二千年の昔を想えば本土九州もまた是である。我々の祖先は舟で渡って来ながら山民であった。険阻《けんそ》なる山島に居を占むることを、苦にしなかったゆえに国を開き得たのである。しかしこれらの島陰から舟で出入りするのは、峠を越えるよりもいっそう骨折であったろうと思う。些細な交通にも人の合同を必要とするゆえに、自然に往来が大儀《たいぎ》になるはずである。」（「島々の話その二」）

　特に小さい島が、昔の社会生活を保存しているのは以上の理由による。古い日本を知るためには深山とともに島々を求めねばならぬ、という柳田学のメインテーマが、山島なる語への着目からはじまったと考えていいだろう。大正三年に刊行された柳田最初の伝説研究の書『山島民譚集』のモチーフともそれはつながっている。

文庫版全集五巻の解説者野本寛一の、〈格調高くもやや難解な『山島民譚集』という題を易訳すると「日本伝説集」ということになるのだが、これではいかにも浅く、白々しく脆弱な印象となる。青黒く水をたたえる淵のように、古層の民俗をまとった伝説の数々を集成した書物、そして、独自な文語文で記述分析を進めたこの書物を象徴するにはやはり『山島民譚集』が似つかわしい〉という言葉に、われわれは深くうなずく。野本の的確な表現は、柳田学がつづられた散文のほぼすべてにあてはまる特徴を語るもののようにすら、われわれには思えるのである。

柳田学の集大成といわれる『海上の道』所収の「根の国の話」（昭和三十年）には、日本民俗学を志向する自らの立場を「自分のうちの歴史を調べてみる義務を負うた、群島国の学徒」と宣言するくだりがある。

柳田は総じて、文を安易に発表することを戒めるたちの根源的なモノカキだった。発表したものを一本にまとめて刊行する場合も——『山島民譚集』がそうだったが——すこぶる慎重な態度をくずさなかった。しかしそれにしては、あまりに膨大な量の書物を世に出したではないか、と、かつて私自身何度もため息まじりに思ったものだ。ため息まじりのおどろきの主たる原因は、「この質にしてこの量！」というところに潜んでいた。同じ次元で比較することはできないけれど、マルセル・プルーストの『失われた時を求めて』に抱いた畏怖に近い感動以外には類例がみつけられなかったのである。

## 2

十代の後半から二十代の前半にかけて、心の揺れが極端に烈しかった頃とりすがるように読んだ太宰治やキルケゴールに対し、少し距離をとりたいと思いはじめた当方の前に、柳田やプルーストの、上質を保つ長大なる散文世界が近づいてきた。それぞれまったく別種の退屈な外観をもつ宇宙ではあったけれど、人間失格感や死に至る病としての絶望感にうちひしがれていた者に、その体験は新たな〝とりつくシマ〟を与えてくれたのだった。

「勉強がわるくないのだ。勉強の自負がわるいのだ」（『如是我聞』）という太宰治の言葉をかみしめていた当方にとって、学問と名のつく世界は、どのジャンルであれ、何かしらの気後れを伴わずには近寄れないものだった。キルケゴールのように、学問は虚偽で真理は逆説によってしかとらえられないと断言するのもはばかられたものの、学問と一線を画す文学だけがその逆説をとらえうるのではないかという漠然とした思いが、終始当方にとりついていた。

私のとりつくシマは、この思いとカナシイ綱手でつながっているだろう。寄る辺ない感覚につつまれ、〝縮む〟子供として道に迷っている者の耳に、たとえば柳田のこんな言葉が、啓示のようにふってきた日のことを思い出す。

「大きな生徒には勉強ということがあって、心に染まぬことでも骨を折って覚える。小さな子供はこの点は自由だから、気に入ったことでないと言おうともわかろうともしない。それだから何でも目を丸くし耳を尖らせるような話が必要だったのである。」（『孤猿随筆』）〈そを聴きにゆく〉旅に出立したわれわれが啄木的に「必要」とする「話」が、「心に染まぬことでも骨を折って覚える」勉強と、もしほんとうに無縁なものだとしたら……その想像は、ほとんどおとぎ話的・ユートピア的と形容する他ない「自由」に関わる。

たとえ気休めでも小児的な不安を鎮めてくれるこの「自由」の中に当方のとりつくシマが隠れているという直感を、私は結局一度も手離せないまま、あてどない読書人生活をつづけてきたのだった。

たとえば私は、折口信夫の詩と学問を「勉強」しなければならない、と長い間自分にいいきかせたけれど、そこに、「心に染まぬことでも骨を折って覚える」というのとは別種の――柳田の散文の端々に見出される「目を丸くし耳を尖らせるような話」に遭遇しえたといえるほどの体験は、ほとんどなかったことを正直に告白するしかない。

プルーストの小説を長い時間をかけて難渋しつつ読みつづけたにもかかわらず、私はその間、小児的な満足感に幾度となく深々と浸る自分を見出し「目を丸くする」他なかった。しかし、似て非なる外観の、たとえばロマン・ロランの大長篇小説の中に、私は一度もとりつくシマを見出せなかった。

膨大な柳田国男の散文を、私は今では、日本列島――山島・群島を主人公とする特異な史伝体小説とみなすに至っている。むろん、こうした受取り方が、鷗外の晩年の史伝体小説に、小林秀雄のいう「歴史の魂」を感得できなかった私個人のすこぶる小児的な「自由」にもとづくものであることはいうまでもない。

## 3

《3・11》による〈おそれとおののき〉の中、私はキルケゴールのいう反復すなわち根源的な受取り直しを強いられた。不安と動揺が最も烈しかった頃に熱読したものへ回帰する他なかった。柳田というハタケの耕作をはじめる当初より予感していたことだが、言葉の真の意味での「オールジャパン」を見定めつつ日本の父たらんとした柳田の方法を理解するのに、何より自分自身のとりつくシマを見据える必要があると直覚した。

かつてボルヘスは、直径三センチメートル弱の光り輝く球体の中に宇宙空間の総体が見出されるという〈アレフ〉を、一人の狂人の案内で「わたし」が見てしまうという途方もない前衛小説をものしたが、物狂いの資質に恵まれたことを自らみとめる柳田国男の日本考のどの片隅にも、この〈アレフ〉に似たものを、われわれは見出す。当方の好きなボルヘスの短篇をもう一つ引きあいに出したいが、『伝奇集』（鼓直訳、岩波文庫）最後の「南部」の中に、「流れが石を、あるいは何世代もの人間が格言をすりへらしていくように、長い年月が彼をすりへらし、小さくちぢめていた」という一行がある。

古今東西の優れた書物を「すりへらし」つつ読み込んで、ついに短篇という名の迷宮に「小さくちぢめ」ることに成功したボルヘスと同じように、柳田国男は、万巻の書物に通じていたにもかかわらず〈書を捨てよ、列島のヤマとシマへ出かけよ〉と説く逆説をものともせず、日本を「小さくちぢめ」てアレフすなわち根源の形にしたものを、読者にさし出しつづけた。注意深い読者は、柳田の散文の中に、無数のとりつくシマを見出すだろう。

当方の場合、その最大のシマが東北であった。しかも、民俗学とは一線を画す文学のシマを手がかり・足がかりに進もうというのだから師父もおどろき呆れるに違いない。

柳田学とわれわれが偏愛する東北思想詩人の系譜……私はじつは両者の付きが悪いことを承知の上でこのテーマをスイッチバック式に展開してきた。いや、それどころか、東北思想詩人の系譜などと総称できる実体がなく、すべてわれわれが勝手に列車の乗客にして出発進行を決め込んだに過ぎない。石川啄木、宮沢賢治、太宰治、寺山修司――私が心神の震えを鎮めようと若年期から愛読してきたこれらの詩人・作家の実存と作品は、それぞれまったく異なる外貌をもつ世界だ。たとえば、たしかに啄木の短歌に刺激を受けて賢治は作歌活動を開始しているが、その後の創作と実践的行動の両面において、この郷里の大先輩を範としたとはとうていいえない。太宰治が、啄木や賢治を深いところで受けとめたアカシは、少なくとも残された文業の中には見つけられない。寺山修司に至っては、賢治はともかく、啄木や太宰に対する烈しい批判にみちたエッセーを残しており、はじめてそれらを読んだ時、私はとりつくシマがないと感じたほどである。

加えて、世界文学のコードに照して柳田を読むというわれわれのドン・キホーテ的な試みに対し、当の柳田がどんな反応を示すかも当初より大方の想像はついていた。

本稿全体が、以上の矛盾に向けての解答書たらんとしているのはことわるまでもないけれど、今はひたすら、とりつくシマの感触について語ろうと思う。「記憶するだけではいけないのだろう。思い出さなくてはいけないのだろう」という小林秀雄の名セリフがよみがえる。

　われわれの稿が思い出すのは、しかし小林の「無常という事」ではない。二十歳の頃の私のやわな知性は、恥かしいことに、小林の名文を咀嚼できなかった。今般の《3・11》で受取り直して、はじめてその底深さにうたれた始末だ。

　私が思い出したのは、「無常という事」と同時期の非常時に発表された太宰の短篇「鷗」——その内容ではなく、そこに流れていた童女の歌である。

〈私は醜態の男である。なんの指針も持っていない様子である。私は波の動くがままに、右にゆらり左にゆらり無力に漂う、あの「群衆」の中の一人に過ぎないのではなかろうか。そうして私はいま、なんだか、おそろしい速度の列車に乗せられているようだ。この列車は、どこに行くのか、私は知らない。まだ、教えられていないのだ。汽車は走る。轟々《ごうごう》の音をたてて走る。イマハ山中《ヤマナカ》、イマハ浜《ハマ》、イマハ鉄橋、ワタルゾト思ウ間モナクトンネルノ、闇《ヤミ》ヲトオッテ広野《ヒロノ》ハラ、どんどん過ぎて、ああ、過ぎて行く。私は呆然《ぼうぜん》と窓外の飛んで飛び去る風景を迎送している。指で窓ガラスに、人の横顔を落書して、やがて拭《ふ》き消す。日が暮れて、車室の暗い豆電燈が、ぽっと灯る。私は配給のまずしい弁当をひらいて、ぼそぼそ食べる。〉

　もっと引用したいが、がまんしておく。われわれはこういう一節に、宮沢賢治『春と修羅』の高名な詩篇「青森挽歌」の「逆行」の汽車を重ねてしまうが、それを語るのもさし控える。

戦中の非常時に、無力感にさいなまれ、ひたすら「恐縮」することしかできないありさまを描く太宰の文体列車の「車輪の怒号の奥底から聞えて来る」あわれな童女の声——イマハ山中、イマハ浜——を長らく忘れていた。だがそれは、記憶していなかっただけで、思い出そうとすれば、いつでもそこにあるほどなつかしいものだった。

われわれのスイッチバック式列車の旅がはじまってまもなく、イマハ山中、イマハ浜の歌が、太宰ふうにいえば——〈ひそひそ聞える。なんだか聞える〉に至った事実は、決して偶然ではなかったのである。

柳田学の出発点が山で、終着点が海だったことはすでにふれた通りだ。しかしそれは、山の探究を捨てて、海に寄り添う方向へ転じたというような単純なものではない。柳田の広大な海の中で漂流するわれわれに、とりつくシマの一つを与えてくれる吉本隆明の柳田論のひとくだりを引いておきたい。

「ひとによっては柳田は、山人への認識と山人への探究を、生涯かけて静かに曲げていったという認識をいだいている。だがわたしにはそうおもえない。山人と山の神の負荷が、柳田を終生かり立てていて、山の斜面や台地や、山に囲まれた高い盆地に住む人々と、平地の湿地帯に稲作農耕を拡げていった人々を連結する環状の経路を構想させた。この衝迫は柳田のなかで、たとえば神に憑かれた女性の画像に転嫁されて、いくつもの形で追求されたのである。」(「旅人・巡回・遊行」『柳田国男論』所収)

# 十六　サカナをする

## 1

「われわれの祖先がなにを信じ、いかに信じていたかを知ることは痛切なる必要であるが、この書物には今一つ、それにも劣らぬ大きな問題、すなわち古くいうところの言霊思想、日本人はいかに自国の言葉を愛重し、どれほど力をつくして、これを守り立てていたかを、尋ね究むべき任務がある」というテーマが、その「序」（昭和二十一年八月）にうたわれた書『口承文芸史考』の二〇「酒盛作業」をひらくと、次のような一節に出会う。

〈古人が珍客のまえに盃を進めて、「肴をする」といったのは歌うことであり、またその歌のおもしろさを舞うことであった。歌と酒とは二つながら、ともにその用途のまだまだ広いものではあったが、これが相助けて一つの晴やかな光景を演じたのは、専ら珍客の来たって相交わる場合だけであった。〉

『口承文芸史考』は、日本で最初に「口承文芸」なる語を使用し、その意味範囲、資料蒐集の方法、研究目的をのべた論考とされる『口承文芸とは何か』（「口承文芸大意」昭和七年）を収めている。一口にいえば、伝統文化の一形態としての昔話の本質が説かれたものだけれど、門外漢のわれわれはその理論的な枠組みをここに祖述しようという気にはなれない。「われわれの祖先がなにを信じ、いかに信じていたかを知ることは」、門外漢のわれわれにとっても「痛切なる必要」だといえるが、柳田学はわれわれの眼に終始、「なにを」よりも「いかに」のほうを重視していたように映る。

「いかに自国の言葉を愛重し、どれほど力をつくして、これを守り立てていたか」という言霊思想の探究は、柳田学をひたすら文学の視座で読みときたいと念じるわれわれのメインテーマでもある。

言霊（思想）についての学問的に正確な定義を柳田学にもとめようとしても、たぶん無駄であろう。件の総索引を手がかりに当ってみると、やはりという感じだ。

国文学と民俗学を架橋させた折口学をひもとけば、言及の頻度は対照的にかなり多いはずだが、ここでは『国文学の発生』（第二稿）から、断片をひろっておく。折口によれば、言霊は言語精霊というよりはむしろ、神託の文章に潜む精霊であり、言霊の幸《さきわ》うというのはその活動が対象物に向けて、不思議な力を発揮することである。

言霊の幸う国を、柳田の散文は、「いう言葉の花やかに美しいものを珍重した」（「俳諧とFolklore」）と表現している。これが定義とはいえまいが、折口のいう「神託の文章に潜む精霊」と並べれば、微妙なニュアンスの違いがとらえられるだろう。

柳田の筆致には、〈話〉の性質上、国文学や歴史学や言語学のようなれっきとした学問の領域に深入りせざるをえないにもかかわらず、その奥の院の手前あたりで、場違いのところに踏み迷ってしまったといわんばかりにそそくさと素人の領域に引き返す身ぶりが、常にといっていいほどあらわだった。

「上古の神の名に意外の暗示があるということは、前代多数の国学者によって承認せられている。もし他には一つも解説の手掛かりがないというような場合は、あるいは微々たる語音の分析を試みてまでも、いわゆる言霊の神秘を尋ねる必要があるかも知れぬ。」（『一目小僧その他』）

右の文が「なにを」書いているかと問えば、言霊の神秘を尋ねる必要があるとなろうが、それだけでは、柳田の〈話〉が「いかに」展開されているかをめぐるトーンはつかめない。言霊の神秘に「いわゆる」なる一語をつけた機微も、われわれは見逃したくないと感じる。門外漢特有のあさましい読みとりをすれば、学問的な「分析」の試みなどは、できるなら無しで済ませたいといったすぐれて柳田的な存念が右の文のカケラににじんでいるように思える。「もし他には一つも解説の手掛かりがないというような場合」にのみ、学問をひきよせれば事足りる、とまではもちろんいっていないだろうが。

『国語の将来』には、こんなひとカケラがある――「言葉と単なる音響との差別、始めて聴いては何の事ともわからぬ声に、学者が言霊などという力のあることに心づき、気をつけて正しく真似なければならぬ必要を……」

## 2

啄木的な生活詩が要請する「必要」に、柳田学もまた呪縛されていた。われわれの眼は依然その一点に吸い寄せられたままだ。

『方言覚書』の中で、柳田は、「日本人は世界の何れの国民にもまして、言霊の力というものを深く信じていた」と書く。もしわれわれが、その言霊の力とやらが「何の事ともわからぬ」と感じつつも、ある言葉の響きを「気をつけて正しく真似なければならぬ必要」とはいかなる場合なのかに関心を抱く時、次につづく「古い言葉の正しく又有効なことは、相手が家畜ならば一層よく実験しえられた筈である」という一行に軽い驚きを禁じえないだろう。

「前代多数の国学者によって承認」された類の、日本古代神話の扉を開くキーワードが、なんと家畜を相手にする常民の方言に寄り添って語られるとは！

ハナシとカタリについて書かれた昭和六（一九三一）年発表の「世間話の研究」には、「この美しい言霊の国に生まれながら」という川端康成や三島由紀夫を思わせる言葉が登場するが、よくよくかみしめて読んでみると、似て非なるマナザシによるものとわかる。せっかく「美しい言霊の国に生まれながら」、古今の言語芸術に顕著にみてとれる差異に心づかないため「頓狂なる態度」が捨てられないでいるとしたうえで、自らをわらうヲコなる道化の精神を忘れない柳田はこういい収める――「そういう拙者などもおそらくはその迷い子の一人であろうと思っている。」

言霊の国の迷い子――われわれ門外漢の立ち位置をもあざやかに表現してくれた言葉というべきだろう。私個人としては、以前友人がたわむれにつけてくれた〈さまよえる日本人〉と共鳴させてみたいと考えたりしている。

戦前・戦中・戦後を通し、ゆるぎない立ち位置を保有した柳田が、昭和二十八年に発表した「歴史教育について」には、日本が「言霊の栄ゆる国」といわれることをめぐるいささか苦い調子の提言が見出される。

柳田の話は、われわれの通念をやんわりと揺さぶりつつ展開されるものが多い。たとえば、既出の「口承文芸」なる輸入語をめぐって、日本の場合「平凡単調でないある人の心の働きが、ものの言いように現われて聴く者を動かすこと」を指す古来の「アヤコトバ」で用はたりるのだから、ほんとうはそんな語を借用しなくてもよかったのだという。われわれがひんぱんに使う「神話」についても、「それが少しばかり私たちの思っているのと意味がちがう」と語りはじめるし、「童話」についてては「正直にいうとまだ満足な日本語ではない」とのたまう。民俗学と関わりが深いだろうと門外漢でも考える「民謡」は、たしかに『民謡覚書』他の著作を書いているが、この語自体、学者が発明したものにすぎぬといってはばからない。

「歴史教育について」も「レキシという言葉は、もとは日本語ではなかった」と書き出され、われわれの目を丸くさせる。漢語としての歴史なる文字も「稀々のもので、これが百年以来日本でばかり盛んに流行し、しかもやや特殊な概念のもとに、普通語化してしまったということは、注意すべき新現象であると思う」とつづく一節に、日本を百年単位に凝縮させ自家薬籠中のものとして語るシャーマニックな経世済民家の姿をみてとったわれわれはおどろく。

柳田学が「なにを」語っているのかを問えば、日本の歴史という言葉を用いてこたえる他はなく、事実、柳田の散文がそうしている。しかし、ゲーテがエッカーマンに語った如く、「いかにしてという問」を発すれば、われわれが知ったつもりでいるほとんどの「普通語」はたちまち宙にうき、その根底に向かって遡行するオクユカシキ旅にいざなわれるのである。

根底へ向かうこうした旅へのいざないが、「痛切なる必要」によってなされたいくつかの非常時に、やはりわれわれの眼は吸い寄せられる。冒頭にふれた『口承文芸史考』が出た昭和二十一年が、「迷い子」を大量に出現させた困難をきわめる非常時の最たるものであったのはいうまでもないけれど、「歴史教育について」が発表された昭和二十八年も困難の余燼がくすぶっていた時である。

歴史の二字がなぜ、百年の間に普通語化したのかについての「心理的原因」などは「後日の問題」にゆずってよい、と軽くいなした上で、われわれの眼に啄木のイデーとほとんど重なると思われることを断じて柳田はこう書く。

「さし迫っては速くこの邦の生命を新たにしなければならぬ必要の上から、ことに今までの教育方法の弱点を補強するために、急いでこの過去の通俗概念を批判しまた反省するだけは、他に適任者がないとすれば、自分でもなおその労を避けてはいられない。」

「通俗概念」としての歴史への反省のつもりかどうか、「外国のものの受売りではないという見地から、たとえば国史という古い言葉に活を入れて、これで他の種々の歴史と区別しようとする試みがはじまった」とも語る。国史とか国文学という言葉に似つかわしい巨匠の一人として、われわれが思い浮かべるのは折口信夫である。

柳田はこんなふうにいう。国史は「民間の口語にはならず、ただ大学あたりの学者たちの専用語として、むしろやや物遠い感じを与え、しかも近頃はまた流行の外におかれているのは、事によると一時右傾の武器になっていたためかもしれない。」

## 3

酒を飲む時に添えて食べる物、転じて、酒の興を添えるための歌・踊り・話題などを指す「肴《さかな》」の「さか」は酒、「な」はおかずのことだそうである。現代のわれわれに親しいのは、酒席の座興にする意の「さかなにする」だが、かつては「肴をする」もしくは「サカナする」といった。

冒頭の引用で柳田が強調しているように、歌と酒とが相助けて晴やかな光景を演じられたのは、珍客の存在あってこそだった。このあたりの学問的定義をもう少し知りたい者には、折口信夫の『日本文学の発生』がこたえてくれる。中公文庫版全集七巻所収の「異人と文学と」に『源氏物語』の一節とからめた次のような解説がある。

〈盃をさしながら謡ふ、此が後世の「さかなする」と言ふ宴席の即興歌・即興舞に當るものなのである。ほんのつまみと言ふ位のものを出して、酒を勧めるのが、饗宴の初めの式である。だから、勧盃の際には、歌や舞を出しても、さかなの類に感じられる訣なのである。後世には、客席から重々しく立ち上がって「肴せう」など言って、一さし舞ったりする芝居があるが、あゝ言ふのが、順道とは言へぬ。あれでは、如何にも、客が施しにでも来たやうな態度になるのである。饗宴の「客」は極度に、崇められてゐるのだが、あゝまでするのは、厚意を忘れたからである。さかなはあるじのする物なのである。〉

この後、国文学の巨匠は風俗歌の例を引いた上で、そこに出る「さかなは、ほんたうの喰べ物である。が同時に、歌がさかなとなってゐるのだ」とつづける。

柳田が、他ならぬ牛飼いの言葉に見出したように、われわれはこういう言葉に言霊思想をみてとりたいと願う者である。

《3・11》以来、とりつくシマのない不安にさらされがちなわれわれは、柳田学と折口学から学んだ〈サカナをする〉をめぐるこの国の始源の風景を大切にしたいと念じる。

さしたる違いはないといわれるかもしれないけれど、われわれのスイッチバック式列車での饗宴も、〈サカナにする〉ではなく、〈サカナをする〉ことに主眼をおきたいと思う。われわれの語感によれば、前者は「なにを」サカナにするか、後者は「いかに」サカナをするか、といった差異が見出されるからである。

通念をサカナに他者を笑いものにするのは人情の常だが、「通俗概念を批判しまた反省する」根源的な饗宴がありうることを、柳田学は慎ましくわれわれに告げしらせる。そのシュンポシオンにおけるサカナこそは、折口学のいう「ほんたうの喰べ物」である。

われわれの列車の運転手兼車掌が凡愚であってみれば、「さかなはあるじのする物」と学び知ったにもかかわらず、異能を誇る「珍客」たちの歌と舞に圧倒されたまま遍路の旅を終えるだろうとわれわれはカンネンせざるをえない。むしろ喜びをもってこの事態を受入れるのであるが、ただ、「いかに」反省するかについての歌舞の場合、愚鈍なあるじ特有の「とりつくシマ」の無さの感覚も率直に申しのべようと思う。

たとえば先述の国史をめぐる文において、「民間の口語」を重んじる柳田のペンが「学者たちの専用語」をカッコに入れ、知的な「流行」に対して距離をとる態度を絶対的に正しいと感じるものの、「右傾の武器になっていたためかもしれない」という推測の部分で、われわれは若干、首をかしげてしまう。少なくとも太平洋戦争終結までの日本近代において、柳田学自体が「右傾の武器」として利用された事実を、井口時男が優れた柳田論で指摘している一文をかりるなら、「村落的秩序を破壊する急激な近代化へのルサンチマンを動機にしながら、しかし実際には近代国民国家のナショナリズムを根底から支える役割を担った」という事実を、柳田が仮にまったく自覚していなかったとしたら、柳田学のある部分にわれわれはとりつくシマがないと感じざるをえない。戦前・戦中・戦後を通してほとんどブレのない柳田学の立ち位置に驚嘆するわれわれの心情の奥に、そのワカラナサが横たわっていることを隠蔽したままでは先へすすめないという思いがよぎるのだ。

柳田批判者と同じスタンスでこの問題を語りたくはないのだけれど、「右傾の武器」について真率なものいいをした人であればこそ、もう少しの言葉がほしかったというないものねだりをしたくなる。総索引と同じ巻に収録されている年譜の、柳田学誕生を告げる明治四十三年の項には、「八月、内閣の仕事として日韓併合に関する法制作成にあたる」と、そして翌四十四年には、「六月十三日、日韓併合の功で勲五等瑞宝章を授与される」とある。この事実は、柳田学の究極のモチーフにとって、やはりどうでもいいこととはいえない。

昭和二十六年、柳田は文化勲章を受章する。われわれはこれをサカナに何かいう気になれない。われわれが愛惜する平人、凡人、常人の研究に生涯を費やした思想家をことほぐための、サカナをする場にその勲章がまったく場違いのものだと感じ、ひたすら、さびしく思うあまり、柳田が伝える親友国木田独歩の口癖のごとく——〝感涙にむせぶ〟のとは別次元のところで「泣きたくなっちまう」だけなのである。

# 十七

## 峠会

### 1

われわれがスイッチバック式に注視する明治四十三（一九一〇）年、雑誌『太陽』に発表された「峠に関する二三の考察」（『秋風帖』）のフィナーレ「六　峠の趣味」を、柳田は次のように書き出している。

「自分の空想は一つ峠会というものを組織し、山岳会の向うを張り、夏季休暇には徽章《きしょう》か何かをつけて珍しい峠を越え、その報告をしゃれた文章で発表させることである。何峠の表七分の六の左側に雪が電車の屋根ほど残っていたなどいうと、そりゃ愉快だったろうなどと仲間で喝采《かっさい》するのである。さぞかし人望のない入会希望者の少ない会になるであろう。冗談は抜きにして峠越えのない旅行は、まさに餡《あん》のない饅頭《まんじゅう》である。昇りは苦しいといっても、曲り角から先の路の附け方を、想像するだけでも楽しみがある。峠の茶屋は両方の平野の文明が、半ば争い半ばは調和している所である。ことに気分の移り方が面白い。さらに下りとなれば何のことはない、成長して行く快い夢である。」

われわれはすでに、大正八年から九年にかけて発表された「武蔵野の昔」(『豆の葉と太陽』)に見出される「我々散歩党」なる表現に心ひかれ、その平党員として振舞うことを宣言したが、『石神問答』『遠野物語』『時代ト農政』等の刊行と同年になされた「峠会」結成にまつわる一文は、散歩党根本綱領とおそらく深い縁でつながっているだろう。

マボロシの峠会こそは、柳田散文の中でも真に詩的な香りがとりわけたかい『雪国の春』『秋風帖』『豆の葉と太陽』『海南小記』のような紀行文の秀作を生む母胎となったものに違いない。

こうした一連の紀行文を収めたちくま文庫版全集二巻のページを、横断する風の如く眺めてみると、他の巻もそうだけれど特に、文の対象となる土地がどこであろうとかまわないような心持ちにとらえられる。土地ばかりでなく、そこに登場する人々の印象もそうだ。どれも、特異な小説ふうの描写がなされているものの、小説として読もうとすれば、たちまち難渋する。プルーストの『失われた時を求めて』を読む時の、創造的な曖昧さを前にした難読感とやや似ているといえようか。

もちろん、『雪国の春』所収の「豆手帖から」が大正九年八月から九月にかけての東北東海岸への旅、『秋風帖』が十月から十一月にかけての中部及び関西・中国地方への旅、『海南小記』が十二月から翌三月にかけての九州・沖縄への旅を、それぞれ扱っていることは明確であり、対象自体が曖昧ということはない。〈なにが〉書かれているかがボカされているわけではなく、ただ〈いかに〉の視点で眺める時、独特の遠近法を求められているようで途方に暮れる感覚におちる。

柳田読みに少しなれてくると、その遠近法が他ならぬ峠会の会員に要請される種類のヴィジョンであると心づく次第だ。

私は以前に、翻訳でしか読めない凡庸な読書人である身の上をかえりみず、文字通りの蛮勇をふるってプルーストの『失われた時を求めて』を逍遥する長々しい文を草したことがある。その折、何より困難をきわめたのは、巨大な龍蛇のような文の引用だ。ひとたび引用しだしたら、とまらなくなる。どこで切っていいのかわからない。どこでも切り離しようがないという思いにとらえられてしまうのだ。

結局どうしたかというと、神的な龍蛇のパワーをもつ文体なのだから、かの古代の化生神話の如く、たとえバラバラになっても、切り離された断片は再生能力を備えているはずとみなして居直ったのだった。

プルーストや柳田の散文を前にして、要約や引用の必要に迫られるたび、私は、たしかボルヘスの本で知った、〝実物大の地図を作る〟人間をめぐるおそろしくもユーモラスなエピソードを想い出さずにはおれない。

冒頭の、峠会の一文の引用なども典型的なもので、さらにもっともっと……（できれば全部）書き写したい衝動にかられる。

## 2

「峠」を手元の『新明解国語辞典』で引いてみる。山を越えてその向こうに行く人にとって、山道を登りつめて、それを過ぎれば下りになるという所。全盛期や最も危険な時期のような比喩的な用いられ方もするのはよく知られているだろう。後者にあたる英語のクライシスは複数形で「岐路、重大局面」の意となる。

この国が未曾有の「岐路、重大局面」にさしかかっている今、スイッチバック式列車の乗客たるわれわれは、峠会の宿志を注意深く受取り直さねばなるまいが、まずは引用部分の少し前までバックして、「とうげ」についての柳田自身の考察を読む。境の山には必ず山路がある。どうやってこの山を越えようかと思う人の、考えは一つである。左右の麓を廻れば暇がかかる、正面を越えるなら谷川の川上、山の土の最も消磨した部分、当世の語で鞍部を通るのがいちばん楽である。純日本語ではこれを「たわ」といい（『古事記』）また「たをり」ともいっている。（『万葉集』）

国語辞典には「とうげ」が「たむけ」に由来すると記されたものもあるが、柳田によれば、行路の神に手向けをするのは必ずしも山頂とは限らないから、疑いを容れてもよい通説だという。「たわ」及び「たをり」は今日の撓《たわ》むという語と、語源を同じくしていることは明らかであるが、その「たわ」は山頂の線が一所たわんで低くなっていることをいうのか、または山の裾が幾重にも重なって屈曲して入り込んでいるのをいうのか、いずれとも決しかねる……とつづく柳田の考察をふまえてわれわれ自身が加えられる知見は何もない。

無数の峠をもつ柳田散文をスイッチバック式で昇りおりするわれわれがただひたすら実感しつづけているのは、柔軟な撓みをみせる柳田の文体が「幾重にも重なって屈曲して入り込んでいる」ことである。

昔と今を比較して、柳田は書く――昔の山越えは深く入って急に越え、今の峠は浅い外山から緩《ゆる》く越える、と。大小いずれの峠を見ても旧道と新道との相違はすなわちこれである。人の智慧は切通しとなり隧道《ずいどう》となり、散々山の容《かたち》を庭木扱いにしたあげく、汽車のごときに至っては山道を平地にしてしまった……というマボロシの峠会主宰者の考察に、われわれスイッチバック式列車の乗客も、深くうなずく。

峠の考察を公にした時の柳田と同じ年齢の頃、私は散歩党同様、即座に峠会に入会を決めたものの、実際に足で歩いたのは、柳田の考察に出てくる会津の山道のほんの一部のみで、その後はもっぱら「汽車は誠に縮地の術で、迂路とは思いながら時間ははるかに少く費用は少しの余計で行く路があってみれば、山路に骨を折る人の少なくなるのは仕方がない」と柳田がいう通りの、峠の衰亡を見て見ぬふりする者の仲間とならざるをえなかった。

さてしかし、われわれの列車の向う先は俗耳に入りやすい種類のノスタルジーにひたる地平ではもちろんない。通念とはうらはらに、空想の峠会主宰者で後の散歩党党首は、昔は良かった式の回顧的ものいいに終始することは一度もなかった。「昔を知るということと、保守主義すなわち昔を守るということとは、ぜんぜん別の問題」（「地方学の新方法」『青年と学問』所収）――柳田のテキストをノート耕作しながらていねいに読みすすめる中で、何より新鮮な驚きと感動につつまれたのが、こうした峠会主宰者の口癖ににじむ通奏低音めいたトーンであった。当方自身の俗耳にも通念が入り込んでいた故の驚きと感動なのではないかと借問されれば、返す言葉も見当らない。

## 3

峠の一文のさらに前年の明治四十二年、『山岳』に発表された「山民の生活」は、「名山の頂上を窮めようという諸君ばかりの中で、少しく調子の合わん話ではありますが、自分はおよそ山の中腹以下の生活という低いことをお話します」と語りはじめられる。

文体からおして、これはおそらく、峠の一文に「峠会というものを組織し、山岳会の向うを張り……」とある「山岳会」関係の人々を前にした話だろう。「名山の頂上を窮めようという諸君ばかりの中で、少しく調子の合わん話ではありますが」という「低い」トーンの前置きに注意したい。峠会にはじまった柳田の「空想」は、われわれのみるところ、その後も同じトーンにつらぬかれている。空想とことわられているから当然といえば当然だが、柳田の志向する会は、山岳会や野鳥の会や民藝のような現実的存在の向うを張る形で終始展開されたように思える。

柳田国男を、世界文学思想レベルの強度をもつ文人と位置づけたいわれわれにとって、何より重要なのが、その文体の「低い」調子である。山人研究なる当初の志を放棄した云々と批判する者らが、柳田散文の内容ではなく、世界文学的ユートピアの強度をもつその「低い」調子に感動することができないのは不思議でない。かつて井口時男は、既出の柳田論のあとがきで、柳田の思想を「最低の鞍部で」越えようとする振舞いをやんわりとたしなめたことがあるが、およそ山の頂上をめざす者らが、「いかに」山をおりるかというテーマをも視野に入れたイデーを理解するのは困難だろう。

　空想の主宰者は当初より、「さぞかし人望のない入会希望者の少ない会になるであろう」と予想していた。「昇り」は苦しくとも楽しみがあるけれど、「下りとなれば何のことはない、成長して行く快い夢である」というくだりに、比類のない視力を伴うユートピア文学に固有のポエジーがにじんでいるのを視てとるのは簡単ではない。ユートピアを構想する者は（そのユートピアでの）独裁者だというH・アーレントの言葉をかみしめつつ、われわれが〈サカナをする〉ことを夢見る「入会希望者の少ない会」のメンバーの条件の一つに、このポエジーへの信仰があげられよう。

　柳田学のポエジーは、宮沢賢治にとり憑いたモノとよく似た〈野の師父〉との出会いを夢見ていた。しかし、その〈野〉も、俗耳に入りやすいもの——たとえば在野精神のような——とは一線を画す性質のものでありつづけた。たしかに柳田が構築した民間伝承の会や民俗学研究所などは、在野の研究団体とよばれるべきものだったが、主宰者の精神はそうしたジャーナリズム好みの組織の向うを張ることを常に意識していたように思われる。最晩年の民俗学研究所解散宣言はその究極のあらわれ以外ではないはずだ。

「地名と地理」なる一篇において柳田は、例によってアテ字の「野」をめぐり、「少しく調子の合わん話」を披露する。漢語の野という字をあてた結果、今では平板なる低地のようにも解せられているけれども、「ノ」は本来は「支那にはやや珍しい地形」で、もとは野（ノ）というのは山の裾野、緩傾斜の地帯を意味する日本語であった。火山行動の最も敏活な、降水量の最も豊富なる島国でないと、見ることのできない奇抜な地形であり、これを制御して村をおこし、家をたてたのも、また一つのわが社会の特長であった。野口・入野という類の大小の地名が、山深い高地にあるのもそのためで、これを現在の野の意味で解こうとすると不可解になるのである。

右のような話を聴くうち、われわれは柳田学が出発当初より抱いたいわくいい難い〝野心〟のイメージをぼんやりと受取る。〈うたのわかれ〉の後、柳田は高級官僚や高級ジャーナリスト（？）がたむろする一種の〝比叡山〟を静かに下りていった。柳田説に従えば、日本における「ノ」は、このカタカナの形があらわしている通り、山と平地をつなぐカケハシである。おびただしい日本的伝承の欠け端に架け橋を視る柳田の「空想」という名の視力を、日本的な「無意識の自然」ととらえることもできるだろう。

吉本隆明は、すでにふれた柳田論のⅡ「動機・法社会・農」の中で、「柳田の動機の領域が、いちじるしく無意識の自然に似てくるのは、生涯のどの場面でも、柳田を方向づけたもののなかに、かならず資質の無意識が含まれていたからだ。その意味では、農政学も、養子も、抒情詩の断念も、すべて無意識の所産であり、官界からの隠退も、民俗学者としての再生もまた、無意識に促されたものだといってもよかった。柳田はどんなに閲歴を変更したようにみえても、ただの一度も資質の無意識が暗示する領域を脱出したことも、踏みはずしたこともなかった」と書いている。

柳田の閲歴における断層・ズレ・ぶれの無さに対するわれわれの不審・疑義・驚きを説明してくれている一文でもある。ここで吉本が指摘する「無意識の自然」「資質の無意識が暗示する領域」が、〈野の師父〉のふところに重なるのではないかという予感もわれわれにはある。架け橋としての欠け端のシンボルの「ノ」は、民俗学的山野河海の一切をつなぐ存在となりうる。マボロシの峠会会員の棲み処もまたその領域に広がる。

峠の一文から少しく歳月が経った大正十四年発表の「海に沿いて行く」(『豆の葉と太陽』)の中の一節をさいごに引き、柳田がいわゆる保守反動からいかに遠い精神の持主だったかに、〈今は山中、今は浜〉と歌いつつ思いを馳せることにする。

「全体日本には幾つぐらい峠があるものか算えてみようと、空な野望を抱いてみたこともあったが、滋賀県だけでも県界の峠が五十近くあることを知って、早速に断念してしまった」というような前置きの後、柳田はこんなふうに書いている。

「鉄道が世話を焼いて新しい旅をさせてくれる方面は、まだ幾らでも残っている。実際この交通機関がなかったら、西行や宗祇《そうぎ》のようにほとんと生涯の半ば以上を、費銷《ひしょう》してしまわねばならぬほどの大計画を、今ではやすやすと立て得るのみか、いつでも途中で切り上げて何度にも分けて行くこともできるのである。そうしてこの島国には地理の本にも紀行にも、ちっとも見えておらぬ好い山水が、到る処に旅人を待っている。自分は峠の巡礼が完成の見込みが立たなくなった頃から、ぽつぽつと全国の浜づたいを始めている。」

# 十八　孤児根性

## 1

遠い昔に読みかじったキルケゴールの『あれか、これか』という奇抜なタイトルの本のどこやらにあった次のような一文がよみがえる。

「山に登るのと下るのとでは、どちらに多くの力がいるだろうか。険しさが同じ山なら、明らかに後者により多くの力がいる。山に登ろうとする気持はほとんどすべての人に生まれついている。それに反して、たいていの人は山を下ることにある種の不安をいだく。」

もちろん柳田国男のような記憶力の持主でない当方が右の全文を正確に覚えていたはずもなく、断片のよみがえりがあってからいささか苦労して白水社版著作集三巻にあたり、ようやくつきとめたものである。

キルケゴールが〈何を〉いうために引きあいに出したかは例によって問わず、この欠け端ふうの一文にただようトーンから看取される架け橋めいたイデーに漠然とでも思いを馳せた後、前回そそくさとはなれてしまった空想の峠会にスイッチバックしてみる。「徽章《きしょう》か何かをつけて珍しい峠を越え、その報告をしゃれた文章で発表させ」たり、「何峠の表七分の六の左側に雪が電車の屋根ほど残っていたなどというと、そりゃ愉快だったろうなどと仲間で喝采」したりするこのマボロシの会が「入会希望者の少ない」ものになることを主宰者は承知している。

山岳会に代表される現実的な組織・集団の向うを張る主宰者の空想に顔を出す「しゃれた文章」の見本を、私は唐突を承知で、たとえば作家梶井基次郎が昭和五（一九三〇）年に発表した短篇「闇の絵巻」の中に見出す。

「下りとなれば何のことはない、成長して行く快い夢である」と書いた後、柳田は、その快い夢のパノラマを具象的に描出する。

「頂上は風が強く笹がちで鳥屋《とや》の跡などがある。少し下れば枯木たくさんの原始林、それから植えた森、桑畑と麦畑、辻堂と二三の人家、鶏と子供、木の橋、小さな田、水車、商人の荷車、寺藪、小学校のある村と耕地と町。こんなのがまず普通である。だから峠の一方の側が急なら急な方から上り、表と裏とあれば裏の方から昇って、ゆるゆると水に沿うて下って来るように路順をこしらえることを力《つと》めねばならぬ。」

右のようにのべた直後、筑波神社の宝物の唐人の絵巻への言及がなされる「峠に関する二三の考察」のフィナーレはこうだ。「しかし絵なればたかだか二十尺、二十五尺の、絹の上の変化であるが、天然はさらに豊かである、同じ一つの峠路でも、時代及び人の生活、季節晴雨のかわるごとに、日ごとにいろいろの絵巻を我々に示して尽きないのである。」

峠会主宰者の口真似をしたがるわれわれが、自然の豊かさをたかの知れたものだということは許されないけれど、「いろいろの絵巻を我々に示して尽きない」散文の典型として梶井の秀作「闇の絵巻」をあげておきたい。

私は今般の《3・11》で、真っ先に梶井のこの超短篇を想い起したのだった。「闇！　そのなかではわれわれは何を見ることも出来ない。より深い暗黒が、いつも絶えない波動で刻々と周囲に迫って来る。こんななかでは思考することさえ出来ない。何が在るかわからないところへ、どうして踏み込んでゆくことが出来よう。もちろんわれわれは摺足でもして進むほかはないだろう。しかしそれは苦渋や不安や恐怖の感情でいっぱいになった一歩だ。その一歩を敢然と踏み出すためには、われわれは悪魔を呼ばなければならないだろう。裸足《はだし》で薊《あざみ》を踏んづける！　その絶望への情熱がなくてはならないのである」……と引用し出すと止まらなくなるこの短篇の内容そのものが「愉快」な峠会の楽しみと重なるわけではない。

峠会の精神と通じるのは、こうした文ににじむトーンだ。究極の夢・希望・ユートピアへの命がけの飛躍をテーマとしたキルケゴール『死に至る病』を思わせる語り手の「絶望への情熱」にシンパシーを抱くわれわれは、少なくとも「爽やかな安息」への変化の中に〈峠〉をみてとるのである。

## 2

「峠越えのない旅行は、まさに餡のない饅頭である」と主宰者はいった。

これまた唐突だが、梶井の文学仲間であった川端康成の高名な小説『伊豆の踊り子』（大正十一年―十五年）は、「道がつづら折りになって、いよいよ天城峠に近づいたと思うころ、雨脚が杉の密林を白く染めながら、すさまじい早さでふもとから私を追って来た」とはじまり、「まっ暗ななかで少年の体温に温まりながら、私は涙を出まかせにしていた。頭が澄んだ水になってしまっていて、それがぽろぽろこぼれ、そのあとには何も残らないような甘い快さだった」と終る。

作品にきちんと寄り添いもせず、「裸足で薊を踏んづける」ような物いいをあえてするのだけれど、峠越えを扱った最も有名なこの小説の「私」の語りに、われわれは「愉快」なトーンを聴取することができなかった。書き出しと最終行だけからも、文体技巧上のレトリックの面で〝新感覚〟をもたらしたものなのだろうと察しはつくが、「まっ暗ななかで」語り手が実感する「甘い快さ」と、梶井の「闇の絵巻」の話者の「絶望への情熱」を下敷にした「爽やかな安息」は、似て非なるものという他ない。

『伊豆の踊り子』には、レトリカルな峠はたくさん散りばめられているけれど、梶井作品にみなぎる実存（の病）がもたらすクライシスとの「愉快」な闘争劇はまったく見当らない。しかし、それはちょうど、島崎藤村の作品の中に北村透谷の詩魂と批評精神をさがすのにも似た、無いものねだりの類ということになるのだろう。

『伊豆の踊り子』で、物語上の峠越えが済んだ後の、頂上部＝ヤマ場に相当するとおぼしき箇所の会話を一つだけ写す。

〈「いい人ね」

「それはそう、いい人らしい」

「ほんとにいい人ね。いい人はいいね」〉

踊り子を含む右の物言いは単純で明けっ放しな響きを持ち、「感情の傾きをぽいと幼く投げ出して見せた声だった」ので、「私」自身も「自分をいい人だと素直に感じることができた」とある。「二十歳の私は自分の性質が孤児根性でゆがんでいるときびしい反省を重ね、その息苦しい憂鬱に堪え切れないで伊豆の旅に出て来ているのだった。だから、世間尋常の意味で自分がいい人に見えることは、言いようなくありがたいのだった」とつづく一節が、この作品の峠・頂上部分をなしている。

「孤児根性」への「きびしい反省」がどんなものであるかについては何も書かれていない。作中に何度も出てくる「美しい」という形容語は、後の〈美しい日本の私〉なる視座の原型を象徴する一語である。息苦しい憂鬱が〈美しい日本〉の中でありがたくもいやされる構図を描いたノーベル賞作家最初の絵巻である。

『孤猿随筆』所収の「サン・セバスチャン」で、柳田は、いつまでも本題に入らない話をめぐり、自ら「もしもし、鹿の話は大いに結構かも知れぬが、それとサン・セバスチャンとは全体何の関係がありますか。という類の横槍がどこからか入って来ることを、内心予期しながら実はこの話を書いている」などと書き添える。われわれヲコなる者の末裔を自称する者も、「少々御待ちを乞う」「そんな事を言っていると話がいよいよ埒《らち》が明かぬ」「それはややこじつけに近いようだから、反対が出るならすぐに引込めるつもりだが……」といった師父の茶目っ気あふれる語り方を大事にしながら旅をつづけよう。

『伊豆の踊り子』の話者のいう「孤児根性」がどんなものかよくはわからないけれど、主人公を孤児もしくはそれに近い境遇に置くのは物語・小説の最もポピュラーな設定の一つである。川端の実存にとって孤児の境遇が決してフィクションでなかったことをわれわれは聞き知っているし、二十二歳で両親を相次いで失った柳田が疲労の底で患い、銚子犬吠崎で保養をしたというような年譜の一コマを「孤児根性」に重ねたとしてもコジツケではないと感じる。もし「こじつけに近いようだ」と判断されるなら引っ込めてもいいが、孤児根性とコジツケとは何がしかの関係があるかもしれないなどとひとりごちたりしながら、こりずに、『伊豆の踊り子』の「私」とは似て非なる「孤児根性」の持主とわれわれがみなす「闇の絵巻」の一節を、先の引用と対照させるために引く。

〈こうしたことは療養地の身を噛むような孤独と切り離せるものではない。あるときは岬の港町へゆく自動車に乗って、わざと薄暮《はくぼ》の峠へ私自身を遺棄《いき》させた。深い渓谷《けいこく》が闇のなかへ沈むのを見た。夜が更けて来るにしたがって黒い山々の尾根が古い地球の骨のように見えて来た。彼等は私のいるのも知らないで話し出した。

「おい。いつまで俺達はこんなことをしていなきゃならないんだ」〉

## 3

柳田国男は、詩人時代ばかりでなく、民俗学関連の雑誌の主宰者だった頃も、二十近くもの匿名をつかいわけるという八面六臂の行動を常とした。この匿名性は、インターネット時代に特徴的なそれとはほとんど関わりがない。われわれのみるところ、峠会の精神と有縁のスペシャルな孤児根性がもたらしたものである。私の畏敬するキルケゴールも公刊著作のほとんどを変名で出したが、その数多い変名の一つに、彼の実存思想が封印されたアンチ・クリマックスというのがある。クリマックスはクライマックス、すなわち、低俗で安易なクライマックス＝ヤマ場にアンチ！　を唱えるというほどの意味であろう。

すでにふれたと記憶するが、西欧では「歩行者」が「郵便配達夫」などのような「足の丈夫な人」を指し、さらに昔は、徒歩で歩く者は馬に乗って行く人よりも身分が低いのが常だったため、「馬に乗っている人」＝貴族、歩行する者＝平民、庶民の意にもなった。キルケゴールが用いた「日常的な・散文的な」の意も孕む歩行者のイメージが、われわれの脳裡で柳田の峠会に重なってくる。

制度に組みこまれたキリスト教にアンチ！　を唱えた晩年のキルケゴールは、単独者という名の孤児根性を集約させたあげく、〈キリスト教界にキリスト教を導入する！〉と宣言しつつ激烈なまでの闘争を展開した。

柳田自身にはとうてい納得してもらえぬだろうが、最晩節の柳田が、民俗学研究所の解散を決意した後、「日本民俗学の頽廃を悲しむ」という題目で講演したその抗議行動を、われわれは〈民俗学界に民俗学を導入する！〉というスローガンでよびかえることができるとみなす。このスローガンを、冒頭にふれた〈山に登ることよりもいかに下りるか〉のキルケゴール的イデーにむりにでもむすびつけたい存念が、われわれ自身の孤児根性の正体である。

自伝『故郷七十年』によれば、柳田は、高等学校から大学に入る夏、父母が相ついで死んでしまった後、「そのころ東京に見られるようになった馬車、それを乗りまわしている人たちはみなヒゲを生やしたりっぱな人たちだったので、早く私もそうなって、寂しい両親をのせて喜ばせて上げたいと願っていたにもかかわらず」、気持がすっかり変ってしまったという。農学をやることに落着いたけれど、当初は「何をする気もなくなり、林学でもやって山に入ろうかなどとロマンチックなことを胸に描くようになった。」

このロマンチシズムが、『遠野物語』初版序の「願わくばこれを語りて平地人を戦慄せしめよ」という名高い文言を生んだことも容易に理解できる。農商務省の農政課にいた二年足らずの間に、「山林のある所を、日本中どこでも歩くことができたのは、ありがたいこと」と語る柳田は、山人遊行の血筋を自らの血脈に感得するに至ったのであろう。ロマン主義的な空想に支えられていた側面もあるその感得は、しかしやがて、〈山を下りる〉イデーに遭遇したと思われる。

柳田学の集大成『海上の道』と、種々の意味で対照的な宮本常一の『塩の道』に、「日本における馬の使い方、牛の使い方、とくに東日本における馬の使い方を見ますと、馬へは乗るものではなかった。馬へは荷をつける、そういうことはあった。そうして、しかもその馬を人間が引っぱっていく。口取りした馬を、荷をつけて引っぱって行く。人間が乗る場合でも口取りがついていたのです」とある。

日本民俗学の巨人の中で、その名に最もふさわしい仕事をしたとわれわれがみなす宮本の右の断定は、〈庶民の発見〉という宮本民俗学にとって自明の前提でなされたものだ。宮本のマナザシは、はじめから「馬へは乗るものではなかった」とあっさりいいきれる地平に終始した。おそらく宮本は柳田学に対する根底的な批判を抱いていたと思われるし、民俗学の内実に照らす時、その批判は正当でありうる。しかし、庶民を自称する不可能性の思いにつつまれて久しいわれわれは、柳田学のベクトル、すなわち、馬車をのりまわす人々からはなれ、根源的な歩行の人たらんとする孤児根性の持主に寄り添いたい。「舟の上に生涯を浮かべ、馬の口とらへて老いを迎ふる者は、日々旅にして、旅を栖とす」と芭蕉は『おくのほそ道』の発端に書き記したが、自ら「馬の口とらへて老いを迎ふる者」にはなりえぬことを承知していただろう。柳田学はその風雅の誠をうけついでいるとわれわれはみる。

# 十九　コジ巡礼

## 1

自伝『故郷七十年』の中に、「心に残る外国人」について語られた一節がある。柳田はそこで「日本文の手紙をやっても平気で読める人」としてニコライ・ネフスキーというロシア人にふれる。「少し旋毛《つむじ》曲りなので、外国人が訪ねて来ても、本当に日本のことが知りたくて来る人にだけ親しくすることにしていた」と自ら語る柳田にネフスキーを紹介したのは折口信夫であった。「若水の話」で、折口が「日本人の細かい感情の隅まで知った異人」と形容するこの天才的な東洋語学者、西夏語研究者は日本民俗学にも貴重な貢献をしたが、その全貌をここにのべるのは不可能だ。われわれにとって重要な一事のみあげれば、柳田が貴族院書記官長を辞任して東京朝日新聞社客員となった大正九（一九二〇）年に、ネフスキーが柳田同様、記念碑的な東北旅行をしたことだ。すなわちこの年の夏、東北縦断の折、遠野の佐々木喜善を訪問し、佐々木と共にオシラサマの共同調査をおこなった。ネフスキーは日本女性と結婚し、一九二八年には一人娘ネリが生まれているが、後にスターリン時代の粛清で夫人ともども殺された。柳田の自伝の言葉をかりると「一方で、沖縄の言語は内地と同じ言葉の変化だという問題を明らかにし、もう一方で東北の小さい地域の非常に特異な文化現象であるオシラサマを研究していた」となるが、こうした両極を見据えるマナザシは柳田自身が出発当初よりもちえた稀有なものであった。自伝で自負する通り、「琉球のことなどが少しでも日本人の関心に上ったのも、東北地方などの生活が調べる価値のあることだと認められたのも」柳田が牽引した運動体による。

奇跡の外国人ネフスキーについて詳述できないのが残念だけれど、われわれスイッチバック式列車の乗客が一つ前の宿駅で耳にした言葉を用いれば、国際的な孤児ともいうべきかかる人物と「心に残る」交流をもちえた柳田学は、これまた自伝にある通り、「研究的であるとともに、じつはポリティックであり、また国内的であると同時に、国際的でもあった」と、われわれも実感させられる。われわれの関心に沿ってさらにいい直すと、「……であるとともに……であり」「……であると同時に……であった」に象徴される語法の中に、〈ニモカカワラズというカカワリ方〉をめぐるイデーが見出される。

柳田は自らを「旋毛曲り」と評した。辞書で確認するまでもなく、性質がひねくれている意のこの語は、川端康成『伊豆の踊り子』にあった「自分の性質が孤児根性でゆがんでいる」云々の一節を思い起させる。曲っているツムジというのがどういうモノなのか具体的にイメージできないニモカカワラズ、われわれは例によってツムジの根源的な姿にカカワルべく、近世の新語の発生要因と日本人の造語力を考究した柳田の『国語史——新語篇』をひらいてみる。「ツムジという古語は土地によって、今ではいろいろの物に限定せられている。標準語では馬や人間の頭の旋毛、また旋風《つむじ》をツムジカゼという語もあるが、信州松本などには四つ辻をヨツツムジ、すなわち道のツジも元来はツムジであったのである。四通八達という語と相対して、幾つかの線の集合する一点が、以前はすべてツムジであったのを、少しずついい分けて行く必要があったのである。」

この少し後には、マボロシの峠会会員にとって興味深い一行――「山の頂上はツジとはっきりいい、農家の厩などの上を物置にしたのは、特にツシと澄んで呼ぶことになっている」があり、また少し前には、『節用集』以来の「こじつけによって……」という語も顔を出す。

一般に、語源の世界に足を踏み入れる者は程度の差こそあれ「こじつけ」につきあわせられることになる。柳田というハタケを耕すわれわれも例外ではあるまいが、文学を含む近代の諸学問との交わりのプロセスにおいて比類のない仕方で思想の孤児性を強めていった柳田学の「こじつけ」は終始、根源的な故事巡礼もしくは古字巡礼のカタチをとったとわれわれはみている。かかる故事巡礼もしくは古字巡礼の徒の精神に内在するものを象徴しているのが、「幾つかの線の集合する一点」としてのツムジである。

ツムジの元の姿が柳田の説く通りだとして、ではそのツムジが曲っているとはどういうことになるのか。むろんこんな問いは、もはや辞書的に正確な定義にかかわるものではない。柳田は「本当に日本のことが知りたくて来る人」を厳選する自らの振舞いを指し「旋毛曲り」といった。ツムジ曲りでない、すなわち、すなおでひねくれていない手法で書かれた日本探訪記として、既出の『田山花袋の日本一周』のような書物があげられるだろうが、ここでは、柳田と同郷の和辻哲郎の高名な著書『古寺巡礼』を引き合いに出してみる。古寺巡礼の向うを張った――とわれわれが考える柳田学の種々のコジ巡礼の内実を見定めるためにである。

## 2

ジャンルは異なるものの、『古寺巡礼』の語り手は、「旋毛曲り」にあやかろうとするわれわれの眼に、川端の『伊豆の踊り子』の主人公の精神的同類に映る。川端自身の記述によると、『伊豆の踊り子』の旅は大正七年の秋だというから、『古寺巡礼』の和辻が行った奈良近傍への旅と奇しくも同年である。「私の作品としては珍しく、事実を追っている」と、川端は昭和二十七年の岩波文庫版の「あとがき」に記す。

「五十歳を過ぎた私はもう日本国内のどこに旅をしても、二十代の私が湯ヶ島に行った時のように新鮮なよろこびは感じられない」と語る川端の筆致と、昭和二十一年の改訂版に寄せた序にある「この書のうちに今の著者がもはや持っていないもの、すなわち若さや情熱がある……」という和辻の述懐は、われわれの眼によく似たものがあると感じられる。才能のある優れた青年の「若さや情熱」、「美」に対する新しい感覚、そして「哀愁に胸を閉ざされ、窓外のしめやかな五月雨がしみじみと心にしみ込んで来た。大慈大悲という言葉の妙味が思わず胸に浮かんでくる」(『古寺巡礼』)というような文に誘導された読者は、「道を守ることに強い情熱を持った」「自己の福利と安逸とを捨てて顧みない人である」父に比べて「その不肖の息子は絶えず生活をフラフラさせて、わき道ばかりそれている」と反省する語り手が、『伊豆の踊り子』の主人公に対して旅芸人の一座の人々がつぶやいたように〝いい人〟だという印象を抱かねばならぬ状態を強いられる。もしわれわれのように、かかる印象を抱かぬ者は、改訂版で削除された――「僕はもうこの像を見ない人を羨まない」「およそ仏教美術の偉大性を信じない人があるならば、この像を見させるがいい」という文にあらわな如く、著者の軽蔑と憫笑の対象となるだろう。

読者に対するこうした知的な抑圧もしくは強迫の仕方は、日本近・現代をリードする思想的言説につきものであり、ポスト・モダニズムとやらの批評家の書法に至るまで脈々と、外形をかえて受け継がれてきた一種の伝統とさえいえる。一方が、太宰のいう「日本から逃げるつもりで」の位相とはかけ離れた「洋行」体験によって学びとった西欧的手法ですぐれて日本的な精神や美の実相を析出・賛美するのに対し、他方は逆に西欧の最前線の思想的武器を駆使して日本的に閉じられたイデーを憫笑しつつ葬り去る、というだけの違いだ。しかし一見対立するかのようにみえてその実、表裏一体をなすこの伝統をつぶさに批判しうる立場にわれわれは立っていないし、そのイトマも持ち合わせていない。

私は思い出したのだった。典型的な田舎者の当方が、民俗学的共同体の絆からの自発的な解放を無意識裡に（?）求めたあげく、精神文化の〝孤児〟たらんとしはじめた頃のことを……。と同時にじぶんの前に立ちはだかった――日本の精神文化を知るための一連の〝教養〟書物群のほとんどを理解することができず、苛立ちと不安に包まれたまま立往生していた頃のことを……。川端や和辻の著書はその典型的なサンプルだった。

## 3

私は要するに、コジ巡礼のために必須の魂の糧を求めていた――〝旅にしあれば魂《タマ》の葉に盛る〟ふうの糧を。コジが古寺であろうと故事であろうと、はたまた故地であろうと、文学思想上の孤児の魂にとっては、コジツケではなく、同じことだとさえ思いみなしていた。

では、柳田国男の巡礼記は、孤児の眼にどう映ったのか、といえば、出逢った当初からするすると読めたわけではなく、むしろ難読を強いられたことについてはすでに少しはふれた覚えがある。

当方が最初から「心に残る」と実感しえた石川啄木や宮沢賢治や太宰治といった東北言語文化を共有する文人たちとはまったく肌合いの異なるものに感じられたのだが、同時にまた、東北文人たちの作物にさえ見つけられない種類の〝なつかしさ〟を、はじめからみてとったこともたしかだ。

吉本隆明は『柳田国男論』の中で、次のように書いている。

「おもうに東北の詩人宮沢賢治が、当然おおきな言及の場所を与えていいはずの柳田にたいして、沈黙の空白、あるいは空白の沈黙をもってしたのは、旅が芸術だとする柳田の認識に、土着農耕の生活が芸術だとする理念を対置させたからだとおもえる。また自然の景観が生活史だとする柳田の認識にたいして、景観そのものが芸術だとする詩を対比させたからであろう。まだあるといえばいえる。村里の内部においては、世界普遍性を見出すことだけが重要だという宮沢賢治の資質にたいして、世界史はどこもかしこも、民俗の差異いがいのものは存在しないという柳田の認識が、まるで異邦人のようにおもわれたからだった。」（「旅人・巡回・遊行」）

詩人と思想家と二つながらのマナザシの保有者ならではの洞察というべきだろう。

精神の孤児になりかけた頃の私は、「土着農耕の生活が芸術だとする理念」に同調することはもとより不可能だったが、「旅が芸術だとする柳田の認識」の精華ともいうべき『遠野物語』に、どうしてか長い間近寄ってみる気がおきなかった。われわれの風土の〝なつかしさ〟の感覚をはじめて普遍的な価値をもつ文体で描出してくれたそれを、ちょうど柳田が旅をするに当ってきめた原則の一つ——観光地になっている土地にはできるだけ立ち寄らないという方針にならうかのように、ずっと遠ざけていたのだった。

ずいぶん遅れて読んでみた時の感想は、〈なんだ、遠野は、オレの村とかわらないじゃないか〉という平凡なものだった。だが、この平凡な感触こそが、後々、延々と、断続的に柳田国男読みをつづける原動力となったのである。

この原動力を〝憫笑〟する存在として立ちはだかった代表格が『古寺巡礼』というわけだが、さらにもう一つ、折口信夫の佳篇『口ぶえ』中の次のような故郷観をあげておいてもいい。

「祖父も、父も、歌や詩を作り、古典にも多少の造詣は持っていたので、何も知らなかった安良も、いつの間にか、飛鳥や奈良の昔語に胸おどらすようになっていた。大和国高市《たけち》郡《ぐん》飛鳥《あすか》、古い国、古い里、そこに二千年の歴史を持った、古い家。それが、安良の祖父のさとである。彼はこう考えて来ると、からだが鳴りどよんで、不思議な力が、爪さきや髪の末までも、行きわたるのを覚えた。」

主人公の安良が生れてはじめての「とまりがけの一人旅」の行き先を問われて「大和へと躊躇《ちゅうちょ》せずに答えた……」とつづくくだりである。もちろん虚構作品だけれど、「二千年の歴史を持った」さ、と、を考えただけで「からだが鳴りどよんで、不思議な力が、爪さきや髪の末までも、行きわたるのを覚えた」という実感が折口自身のものであったことは明らかだろう。

われわれは、いやこの私は、特権的な土地の神話を背景になされるアカデミック・シャーマンの特権的な語りに宿る「不思議な力」に圧倒される。『古寺巡礼』の語りにも通底するその力の前に、田舎者は、とりつくシマがない感触を覚える他なかった。

これまたずいぶん後になって、中野重治の小説『梨の花』の中に、右の田舎者の感触とよく似た一節を見つけ少しばかり慰められた。しかも初読の時は、なんということもなく読みすごしてしまっていたが、信頼する批評家井口時男の中野論を精読するに及んではじめて〈わかった〉気になれた箇所……。『口ぶえ』の主人公の名は安良で、『梨の花』の主人公は良平——二人とも少年だ。

〈「巡礼」というのも良平は知らなかった。ただ言葉は知っていて、それは村へときどきくる六部《ろくぶ》のようなものだと思っている。しかし「巡礼」というと、村へくる六部のような気味わるさがない。六部はほんとに気味が悪かった〉というような『梨の花』の言葉に対する独特のこだわりは、われわれの本章のタイトルなどにもある種の反省を迫るものかもしれないが、ともあれ、私が〈わかった〉気になれた箇所とは、物語の最終章で、まもなく上級学校に進む良平少年の前に置かれた藤村の『千曲川のスケッチ』にまつわる心持ちが書かれたところである。「仮名が振ってあるからみな読める。読めるが読んで少しもおもしろくないのが不思議だ。どこがどうなのかはわからぬが、おもしろくないうえにへんにいやな気がする。」

# 二十　アメンボウとお嬢さん

## 1

　手元に、現代日本文学全集（筑摩書房）十二巻『柳田國男集』なる古ぼけた本がある。自ら購《あがな》ったものでないということだけ確かなのだが、どんな経緯で当方の書棚に紛れ込んで久しくなったかわからない。奥付をみると、昭和三十（一九五五）年一月刊とあり、当方の生年月と同じなので個人的な感慨の対象となっている次第だ。

　この本に、書物以上に古びて、紋切型の形容でいうセピア色となり、四隅が破れかかった月報が挿入されていた。自分と同年限生きてきた欠け端のさいどの「編集後記」は、時代性を感じさせる一方、柳田学の永遠性をあかすなかなかに味わい深い内容と思われるので全文を引いておきたい――〈文学全集に「柳田國男集」が入っていることに、奇異の感を抱かれる方は少なくないようです。わざわざそれを編集部に言いよこされた方も多数ありました。けれど、こうして立派に出来上った本集を、めまぐるしい時流の喧騒からしばし解き放たれて、冬の夜のふけゆく燈下に、民族の永遠につながる思いをひそめて繙くならば、編集部の意図に、かならず深くうなずか

れる所があるものと信じます。〉

月報寄稿の中、特に興味深いのが「なかのしげはる」と署名された一文である。

私は中野重治の良い読者とはいえない人間だけれど、川端康成や島崎藤村の文業にほとんど感じた試しのない種類の、著作家としての自らに対する倫理に根ざす「きびしい反省」をみとめて感動した経験を一度ならずもっている。ただし、批評家井口時男の言葉をかりれば、それは「ひどく無惨な感動」の性質を帯びたものだったが。

さて右の月報の中の一文の最終行で、中野は「わたしにとって、この人は、特にある弱った日々に、心に恩を受けた方の一人だ」と記す。

これが太平洋戦争下の困難な日々を指すものだとして、その内実を想像することすらできない私は、にもかかわらず、「ある弱った日々」という中野には珍しい——といえるかどうかも当方には判定できないが——文字通りの〝弱音〟に共感を覚える。柳田学が「弱った日々」を生きるすぐれた文人の心に、恩恵を与えたという一事の詳細はわからないままでいいとしよう。われわれの感動は、既述のN・ネフスキーとの交わりにおいて確認したのと同種の、柳田学の懐の広さに関わるものである。中野は、「失業（?）したとき就職のことで柳田さんに頼みに行って、痛棒をあたえられた」と、具体的にもかかわらず曖昧ないい方もしている。「文学というものをおろそかに考えていたことがそこで摘発された」が、「そのときのことは、残念ながら、書く勇気がわたしにまだない」と。

中野の回想によれば、大正時代の終り頃、古本屋でみつけて買った『遠野物語』は、「著者から島崎藤村におくられたものだった」という。中野の、曖昧で「ねちねちした」書き方が、読む者にあらぬ空想をおこさせるのは先にふれた小説『梨の花』同様で、エッセーでも変らない。

中野はまた月報で、「いいジャーナリストがあって、柳田さんに頼んで、何か特別らくなやり方で、昔からのいろんな人のことを記憶のままに話してもらうといいと思う」と書いている。柳田の比類のない自伝『故郷七十年』の誕生には、中野のこうした発言がひと役買ったのではないかと思われる。

『柳田國男集』本体の巻末には、作家井伏鱒二の興味深いエッセーも収められているが、そこにもまた「無類な記憶力の柳田さんに、当時見聞された日本の文学界の詳細を打ちあけてもらったらどんなものだろう」という提言がある。

日本を代表する文人の強い要請で生れたといっていい——ゲーテの自伝『詩と真実』にも匹敵する『故郷七十年』で柳田は、井伏鱒二が「農商務省時代に島崎藤村から、その親戚の子供を役所に入れたいから宜しくやってくれと頼まれると、君はそれでも文学者か、友人にそんなことを頼むのかとかんかんに腹を立てて島崎と絶交した」と知人からの又聞きで記すエピソードについて、より正確な話を書き残している。柳田の記憶では、藤村の兄をめぐる台湾の「山の下げ渡し」への口利きだったそうだが、藤村自身の証言が得られぬ状況で、この話を再現するのはフェアでない気がする。

われわれにとって興味深いのは、「外地にはそんな話はいくらもあったのだろうから、何とかしてやってくれと頼めば出来たかも知れない」が「非常に腹が立った」という柳田の筆致だ。以前より何か根本のところで藤村に対し、腹にすえかねる感情をもて余しており、この一件はそれが爆発する機縁となったにすぎないのではないか。内容自体は、中野重治の就職をめぐる依頼とさして変りがないようにしか思えないのである。

## 2

柳田が中野に与えたとされる「痛棒」の実態はよくわからない。藤村に対する「そんな事を思う様な奴は駄目だ」というような言葉に類するものが中野にも向けられたということだろうか。中野の表現で、「柳田さんという人は、心のひろい、やさしい人であるらしい。しかしわたしは、どこか猛烈な、獰猛なところのある人らしいとも思っているが、これはよくわからない」とある、その精神の両極性を、少なくとも柳田の著作からよみとるのはすこぶる困難である。

激動の時代を生き抜いた長い生涯において、柳田がオクターブの高い心情表白をした例をみつけるのが難しいことについて少しだけふれた記憶がある。自伝でいえば、藤村との疎隔の一件の他、二十年近い官僚生活にピリオドをうったことに関し、「役所の方を怒って辞めているので……」とか、「ぼくはもう政府のためには働かないんだから……」とか、わずかに心情を吐露しているところぐらいしかないのである。

自らを「旋毛《つむじ》曲り」と評した柳田の人格の特性について、われわれは中野の言葉をかり、ここであらためてコトアゲしておこう――心のひろい、やさしい人ニモカカワラズ、どこか猛烈な、獰猛なところのある人だと。

こうしたニモカカワラズの特性のよって来たる、いわば起源の光景を、若き日の柳田の肖像の中にさがしてみる。自伝の中に、次のような一節がある。

〈……高等学校の寄宿生活というものは、大変大きな改革であった。中学をろくにやっていないので絵は描けない。器械体操はしたことがないから、鉄棒にぶら下ったきり、どうすることもできない。だから高等学校入学早々、アメンボウという綽名がついてしまった。そのうえ家にばかりいたので、行動が敏捷でなかったらしく、「お嬢さん」という綽名をつけられたりして、入学して半月ぐらいの間についたこの二つの綽名はいつまでも消えなかった。〉

アメンボウと「お嬢さん」――われわれもこの二つの綽名が「いつまでも」忘れがたいといった心持ちに染まる。

アザ（字）名ともいいかえられるアダ名を『新明解国語辞典』で引くと、その人の性行・特徴などをとらえて、他の人が批評（仲間うち）的な意識で付けた呼び名とある。

柳田につけられた二つのアダ名・アザ名はたぶんに揶揄的なものだが、われわれの「批評的な意識で」受取り直されたそれらは、ニモカカワラズというイデーの特性への架け橋たりうる欠端である。

「体が細くても、みなが思っているほど意気地なしでないつもりだったから、腹の中にきつい気性をもっていることを、なんとかして証明してやろうと思っていたが、一度受けた印象というものは、なかなかものをいうものであった。だからただの同級生は私を柔弱なヤツと思ったかもしれないが、寝食をともにした同室の仲間は、さすがに早くから気心をのみ込んでいてくれた」と柳田はつづけている。

　マボロシの峠会主宰者・散歩党党首の気心を、われわれ平会員・平党員も早くからのみ込んだつもりでいる。やさしくやわらかで平易な外見をもつにもかかわらず、「きつい気性」に支えられた「どこか猛烈な、獰猛なところのある」韜晦にみちたその文体に、われわれが抱く「批評的な意識」とはいかなるものか。

　二十八歳の柳田が法制局参事官に任官した明治三十五年、『病牀六尺』の著者正岡子規が享年三十六歳で没した。当方の記憶に鮮やかに残る『病牀六尺』のエピソードの一つを今、思い出した。さいごの子規は『病牀六尺』を執筆しながら草花の写生にうち込んだ。「草花の一枚を枕元に置いて、それを正直に写生して居ると、造化の秘密が段々分って来るような気がする。」（『病牀六尺』）

　この頃訪ねて来た知友のうちの一人が持参した〈南岳の「艸《そう》花《か》画《え》巻《まき》」〉に子規は異様な執着をもち、それを所有したいと切り出すに至る。願いは叶えられなかったが、子規の重ねての懇望により、生前だけ提供するということになった。当方の印象に強く刻まれたのは、二回にわたってこの顚末《てんまつ》が記された『病牀六尺』の中で、この画巻が「渡辺のお嬢さん」というアダ名・アザ名で呼ばれていたことによるだろう。読みはじめた当初――おそらくは子規のねらい通り――どうしても「渡辺のお嬢さん」が欲しい云々の恋物語と受けとってしまったのだった。

## 3

『故郷七十年』の、カギカッコ付きのお嬢さんというアダ名をみた時、私はなぜか直接の関係がうすい『病牀六尺』の挿話を連想したあげく、柳田の心性の中の「お嬢さん」に思いを馳せるに至った。柳田学を世界文学シュンポシオンの磁場で語りたいという「批評的な意識」にとりつかれたわれわれは、アメンボウともども、「お嬢さん」なるアダ名を、アダになることを恐れず、ドン・キホーテ的妄想につなげる。「柳田のお嬢さん」とは、柳田学に宿る真正のポエジーであり、アメンボウとは、吉本隆明が「体液の流れ」にたとえたその文体の特質に関わるものであるというように。

セルバンテスは『ドン・キホーテ』の中で、――詩はあたかもいたいけな、年端もゆかぬ、しかもきわめて美しい娘のごときもので、他の多くの娘、つまり、すべての学問はこの詩学と申す娘を豊かにし、磨きをかけ、飾ってやる労を惜しまぬもの、従って詩学はすべての学問をわが用に立たせ、すべての学問は詩学を力と頼むべきなのである……という意味のことを主人公にのべさせている。

「柳田のお嬢さん」すなわち柳田学の詩学は他の「すべての学問をわが用に立たせ」たとわれわれはみなす。

詩学をおしいただいた柳田学は、アメンボウ（水澄まし）に似た脚で、日本列島の隅々をすばやく、つつましやかに滑走しつづけた。

私は二〇〇〇年に、アイルランド文学・英文学者の佐藤亨氏との民俗学的な結《ゆい》の作業を経て、シェイマス・ヒーニーの第一評論集『プリオキュペイションズ』（国文社）を共訳刊行したが、同書から、イェイツの詩篇「アメンボウ」（'Long-legged Fly'）をめぐるヒーニーのあざやかな解析の言葉を引かせてもらう。

詩篇を写す余裕がないのが残念だけれど、ヒーニーは「詩の統制が絶対的に働いている完全無欠な」イェイツの作品に登場するアメンボウの性別は雄だという。そのイメージは『創世記』で神の御心が混沌の上を歩いている姿を想起させる。アメンボウは詩の中で脳神経のように思考する。脳神経同様に、騒々しくはあっても客観的実在性を持つ歴史上の出来事、つまりは非情な行為に満ちた止むことのない時の流れを容認している。すべてを認めると同時に、沈黙の瞬間が有する絶対性と歴史の流れに乗じたり逆らったりする精神の力を肯定してもいる。ミケランジェロを例にとれば、精神は行為するものとなり歴史に対して、肉体的と言ってもいい圧力をかける。その圧力のかけ方を象徴するものこそアメンボウであり、その姿がみるものの目にありありと映る。（第二部「音楽の生成」より）

われわれも、柳田学の中に詩心が混沌の上を歩いている姿に似たものを視る。それは、『創世記』とは一見かけはなれた、次のような世界でとらえられる。

〈その田人たちが苗を取り終って家路に向い、やや田の水の静かになる夕暮方などに、この虫は出て来て水の上を遊んだのである。それ故にまたこの虫の名は、おのずからして「水澄まし」と

呼ばれることとなった。〉
柳田の著作の中でも最も有名なものの一つ『蝸牛考』から引いた一節である。

詩学をおしいただいた柳田の散文のほとんどに、われわれはヒーニーのイェイツ詩の解釈——「創造的精神は沈黙の上にまたがる」のと同種のイメージを抱く。「すべてを認めると同時に、沈黙の瞬間が有する絶対性と歴史の流れに乗じたり逆らったりする精神の力を肯定してもいる」その散文は、「行為するもの」として歴史に圧力をかけた。しかし、そのかけ方は、アメンボウ（水澄まし）のそれであった。

柳田の散文は、読む者に対し、知的抑圧から遠い圧《アツ》のかけ方をする。散文という字のイメージ通り、テキストに向う読者の心に必然的にかかる圧をむしろ散らすのである。「沈黙の上にまたがる」その姿勢こそは、われわれが見定めんとするニモカカワラズというカカワリ方を暗示しているのではないか。読者に対しても、アメンボウのような圧力のかけ方をする——あらゆる〈精神・主義〉の類いが強いる抑圧・強迫から奇跡的に免れた柳田の文体の特徴は終生かわることがなかった。疑問を次々と増殖させるのが常の——圧力がかかっているにもかかわらず抑圧感がないその散文を一つ読み終るたび、われわれの〝気が済む〟のは、水澄ましのような何かによるものだろう。井伏鱒二は先述のエッセーの終りをこう結んでいる。

「柳田さんは日本人の衣食住について今まで採取された夥しい知識でもって、日本民俗の疑いを具体化する疑問符を書いた最初の人ではないだろうか。日本列島の全地域に膀がる大きな疑問符を書いたようなわけではないだろうか。」

# 二十一　懐しき高麗犬

## 1

日本列島の全地域にアメンボウのように膀がって「大きな疑問符を書いた」柳田国男を、すでにふれたわれわれのイメージでとらえ直せば、一寸法師的であるにもかかわらず、アメンボウというアダ名・アザ名をもつダイタンボウ的でもある、となろうか。

一寸法師的にちっぽけな土地――かつて列島のいたる所に存在した「大字」「字」の付いたスモール・プレイス＝「古字」の故事を発掘するコジ巡礼者であったにもかかわらず、巡礼者のアメンボウふうの脚は、常に、巨人ダイタンボウにしか可能でないやり方で日本列島という身体の全部にかけ渡されていた。かのM・プルーストの文体がそうだったように、平凡さを追尋するという旗をかかげたこの非凡な巡礼者の脚の先には、顕微鏡的&望遠鏡的な光学器械がとりつけられていた。

当方の生れた昭和三十（一九五五）年に第一巻が出て、翌年完結した『総合日本民俗語彙』（全五巻）は、コジ巡礼者柳田の監修で民俗学研究所が手がけた最大の事業だけれど、この書のタイトルにある「総合」という一種曖昧な言葉を本当の意味で体現しえた思想家こそ、顕微鏡的&望遠鏡的な視力の持主柳田国男である。『柳田國男事典』(勉誠出版)によれば、それまでの国語辞典にも、方言事典にも出たことのない〝野の言葉〟三万五千語をあつめた『総合日本民俗語彙』出版の折、毎日新聞は和辻哲郎の書評をのせたうえで「生活用語の集大成」との見出しをつけているという。

「大字」や「字」のついた土地に棲息する〝野の言葉〟の集大成としては他に『分類民俗語彙』があるが、この二書の嚆矢となったものが、柳田民俗学の出発点『後狩詞記』だ。すでに確認した通り、言葉への根源的な関心が、柳田学誕生の原動力といえる。その関心はすぐれて巫女的な性質をもっていたとすぐにいい直したくなるものだった。

巫女とは、媒介者である。巫女、すなわち物狂いに寄せる柳田の関心それ自体が、巫女的であるといえばトートロジーになってしまうだろうが、既述の〈おもしろう狂うてみせ候へ〉――は、柳田の散文のトーンを説明しうる。

柳田は「編者云」の形で『後狩詞記』に注をつけ、「この本はむやみに景気がいいが、実はまた私の著書ではなく、日向の椎葉村の村長の口授を書写、それにある旧家の猟の伝書を添えて、やや長い序文だけを私が書いたもの」(『ささやかなる昔』)とのべている。編者であることを強調したこの注の中に、われわれは日本近代文学の系譜に類例を探すのが困難な、物狂い＝巫女の姿を視てとる。

このシャーマンは、何よりも、眼前の事実にナツカシイ何かを感得する。ナツカシの原義にある通り、シャーマンはナツカシイものと、その「傍をはなれたくない」と感じる他のものとの媒介役を果す。

口授の書写と長い序文――これは、柳田の散文の巫女性の特徴について語られたものとみなしてもいいのではないか。佐々木喜善からの採話をもとにした『遠野物語』が、「一字一句をも加減せず感じたるままを書きたり」とことわられているにもかかわらず、巫女的変成によってなされた創作のムードを濃くただよわせている事実も想い起される。

口授の書写。そう、それは語られたものであるにもかかわらず書かれたものなのだ。両者が真の対話的精神によって〈結《ゆい》〉直され、〈もやい〉直されたものがオモシロイ物狂い柳田国男の作物なのである。

秋田出身の現代詩人吉田文憲は、『柳田國男事典』所収の一文で、〈独歩が武蔵野の名所ならざる風景にある詩を見いだしたように、柳田もなんの変哲もない黄昏の「野辺」の風景にある普遍的ななにかを見いだしている。「野辺」とは、どこか。それは近代と境界を画する「をぐらき」場所である〉と書いている。

名所ならざる風景に見いだされた詩、なんの変哲もない黄昏の「野辺」の風景に見いだされた普遍的ななにか――は、たとえば『古寺巡礼』の著者和辻哲郎が見いだす類の〈日本精神〉とは似て非なるなにかだといわねばならない。

## 2

吉田文憲があざやかに言い止めた、近代と境界を画する「をぐらき」場所は、新体詩人松岡＝柳田国男の出発点であった。吉田はさらに、「柳田における遠景化された視線」という評言でそのシャーマニックなマナザシをとらえているが、「もはや彼自身が遠景化された匿名の一主体と化している」こうした視線が、なにによってもたらされたのかと問うことが大事だという吉田の言葉を、われわれも深く受止めたいと思う。個人的であるニモカカワラズ、無名性をもつことで普遍的なものとなりえたM・プルーストの話者のまなざしを柳田に重ねることができるはずだが、ここでプルーストを引き合いに出すのはさしひかえておく。

吉田は——柳田の農政学への転身が、ほんとうに「歌のわかれ」であり、文学への訣別だったかと言えば、これはなかなかに微妙な問題……とも書くが、われわれのみるところ、「をぐらき」場所から出立した新体詩人が幾度かの死に遭遇したのはたしかだとして、その都度、ほんとうに新しい「総合」詩人として〝生れかわり〟をとげたというべきものだった。

『故郷七十年』の終章近くにこんな一節がある。

「じつをいうと書物ばかりで研究している者は本当には判っていないのである。日本人の信仰のいちばん主な点は、私は生れ更りということではないかと考えている。魂というものは若くして死んだら、それっきり消えてしまうものでなく、何かよほどのことがない限りは生れ更ってくるものと信じていたのではないか。昔の日本人はこれを認めていたのである。かえって仏教を少しかじった人たちや、シナの書物を読む階級が、はっきりしなくなったので、文字のない人たちは認めていたのである。」

「若くして死んだ」新体詩人というような比喩は柳田の文意をゆがめてしまうおそれがあるけれど、ちょうど松岡国男が柳田国男として生れかわったような仕方で、「総合」詩人が誕生したという「信仰」をわれわれは抱いているのである。

余談を重ねるなら、三島由紀夫のライフワーク『豊饒の海』は柳田の右の揚言に触発されて書かれたのではと私は推測したことがあった。

右の一節からもわかるように、柳田はさいごのさいごまで、「書物ばかりで研究している者」への批判的姿勢をくずさなかった。だが忘れてならないのは、書物のわざわいとまで柳田がいうその毒を、同時代の誰よりも大きなダイタンボウふうのスケールで総身にあびたのが他ならぬ柳田自身だったという逆説的な、あまりに逆説的なニモカカワラズをめぐる事態である。

柳田は「昔の日本人」と「文字のない人たち」をさりげなくむすびつけるものいいをしている。そういう曖昧ないい方以外に逆説を免れることができないかのように。

井口時男著『柳田国男と近代文学』のひとくだりをかりよう。

〈……柳田のいう「無始の昔」とは、客観的な歴史上のどこかに定位できる時間のことではない。それはまさしく「無始」なのであり、始まりもなく終りもなく、「常」にあるもの、そしてありふれたもの、いま・ここにおいて誰もが「只少しく心を潜めるならば、必ず思ひ至るであらう所の」ものである。だからこそ、そのよみがえりは「なつかしさ」の感情を誘う。その「なつかしさ」を読者に喚起できるかどうかに柳田の文章の成否はかかっているのだろうし、逆にいえば、その「なつかしい」記憶を共有するものが「常民」なのである。〉(「内景としての「日本」」)

与えられたスペースの都合でごく一部しか引けないのが残念だけれど、『明治大正史世相篇』中の「無始の昔以来人類を其産土に繋いで居た力」をめぐって展開される井口の洞察は見事というしかない。ここで「なつかしさ」の感情を誘うよみがえり——とあるものが、われわれの「生れかわり」信仰とつながっている気がする。

中野重治ふうにいえば、頭がいいというより「頭が強い」批評家の簡潔な一行——「なつかしさ」を読者に喚起できるかどうかに柳田の文章の成否はかかっている……を、われわれのいささか弱い頭に刻み込んだうえで、生れかわりを経た詩人・歌人の姿を、やはり自伝の中にさがしてみる。

故郷の家の裏の竹藪をへだてた北の道端に位置する空井戸のある薬師堂——「いつまでも忘れえない思い出の場所でもある」この氏神を偲んで柳田が作った歌はこうだ。

〈うぶすなの森のやまもも高麗犬は懐しきかももの言はねども〉

なぜ「高麗」の犬が日本的なうぶすなの森に必須のものとなったのか——ありふれたものにまつわる「なつかしさ」の起源を問うことに熱心だった柳田が、わきおこって当然のこの素朴な疑問を共有しなかった事実を、われわれは残念に思うが、それをつきつめても無いものねだりになるだけだろう。

## 3

「無始の昔以来人類を其産土に繋いで居た力」という中の、「無始の昔」とか「人類」といった言葉に、井口時男は注意をうながし、次のようにつづけている。

〈冬空の下で嗅ぐ焚火の匂いは、かじかむからだをぬくめてくれた火というものについての遠い昔の記憶につながっているのだし、夕餉の時刻に漂うかすかな飲食の匂いは、腹を空かした子供が無心に物をほおばるときの何の欠如もなく充たされていた幼い官能の喜びを呼びさますだろう。しかしそういう充溢の体験は失われて二度と還らないのではない。どんなに複雑化した生活にあっても、食うこと、眠ること、住むことにまつわる基本的な環境の享受は、ひそかに反復されて生活の基底を形成している。柳田が挙げているのは確かに〝農耕的な〟風景の記憶の諸断片だが、人の身体は都市の人工的な環境のさなかにも、あるいは貧寒きわまる山村生活のひとこまにも、同様の親和の跡を記して生きている。〉

われわれは井口のものいいに触発され、こんなふうに書きたくなる。そのウブスナにつないでいた力の一つともいうべき記憶に向けて柳田が詠んだ前掲の歌は、たしかにありふれた景物への「なつかしさ」にすぎないだろうけれど、「生活のひとこま」を共有するわれわれ読者の心に「親和の跡を記して生きている」と実感させられるのはどうしてなのか。ものいわぬ高麗犬の懐かしさをうたうそれが、たとえば田山花袋の『温泉めぐり』の書き出し──「温泉というものはなつかしいものだ」と比較した場合、いかなる差異があるといえるのか。

　われわれの旅のはじめの方で、啄木の〈ふるさとの訛なつかし／停車場の人ごみの中に／そを聴きにゆく〉という高名な歌に寄り添ったことを思い出す。「なつかしさ」の質を問う時、われわれはおそらくT・S・エリオットが言揚げした〈聴覚的想像力〉をもって〈そを聴く〉必要があるのだろう。

　もちろんこうした言挙に頼ること自体、柳田にいわせれば、書物に毒された者の度しがたい振舞いになるのは承知しているので、急いで、その聴覚的想像力とやらは「文字のない人たち」がすがりついた巫女のもつ能力――すなわち、いま・ここにおいて誰もが「只少しく心を潜めるならば、必ず思ひ至るであらう所の」ものといいかえておいてもかまわない。

　新体詩「夕づゝ」に歌われた「やつれはてたる孤児」柳田の歌のわかれ……その間の事情をうかがい知ることのできる田山花袋の小説『妻』の一節を、われわれも引く。

〈『僕はもう詩などに満足しては居られない。これから実際社会に入るんだ。戦うだけ戦うのだ。現に、僕はもう態度を改めた！』

『詩を罷《や》めなくっても好いじゃないか』『それは君などは罷めなくっても好いさ。君などはそれが目的なんだから……。けれど僕は文学が目的ではない。僕の詩はディレッタンチズムだった。もう僕は覚めた。恋歌を作ったって何になる！　その暇があるなら農政学の一頁でも読む方が好い』〉

「僕はもう態度を改めた！」「もう僕は覚めた」というセリフは、一見、狂気から覚め、ただの善人アロンソ・キハーノに戻ったドン・キホーテを思わせるが、われわれの眼にはそうではなく、日本列島の全地域に、アメンボウのように跨って「大きな疑問符を書いた」柳田キホーテの出発の光景と映る。

吉田文憲は先の一文を〈われわれはここで柳田の新体詩を語るときも、その感傷的な調べや巧みに装飾された和歌の修辞を一旦は剥がしてみる必要があるのである。柳田の新体詩の「峻拒」は、じつはなによりも彼自身がそのような神話剥がしの視線を行使していることを語っているのではなかろうか〉としめくくっている。

「神話剥がしの視線を行使」するスペシャルな巫女などといえばいかにもちぐはぐな印象だが、柳田キホーテの新体詩「峻拒」の背景に、われわれは、騎士（道）物語批判のモチーフを付託された『ドン・キホーテ』と同じイデーのうごめきを看取したいのである。

『後狩詞記』が生れる前、つまり椎葉村に旅する以前、内閣文庫等の文献を通し日本の伝承文化をアタマで理解していた書物の人は、明治四十一年の九州旅行、特に椎葉入りによって、文献以外に、今現在、民間に息づく伝統文化の存在に強い衝撃をうける。自動車無線電信の文明と併行して猪狩の慣習が、他ならぬ今現在、生きている事実に深い感動を覚えたとふりかえる柳田の姿に、われわれは、騎士物語に描かれたものを現実の中に求め、これを一つ一つ照合する作業に従事する人物をつくりあげたセルバンテスを重ねる。

最も重要なのは、「これから実際社会に入るんだ。戦うだけ戦うのだ」と宣言した「やつれはてたる孤児」がまもなく、ドン・キホーテが出逢うサンチョ・パンサに相当する存在、すなわち

〈食らうべき詩〉を常食とする「常民」との結・もやいのイデーの中に生きるようになるという一事である。

# 二十二　韜晦《とうかい》の小島

## 1

〈……の話〉というタイトルを冠して旅をつづけているにもかかわらず、ハナシをめぐる日本語学的な考察に本格的に寄り添うことができないでいる。われわれはそうしたていたらくを自ら笑ってしまおうと思う。笑ってごまかすのではなく、自らを笑う振舞いそれ自体を、アルジがするものとしてのサカナとみなそうというのである。われわれが師父の『笑の本願』のような著作から学んだユーモアにおいて何より肝要なのは、他を笑う（サカナにする）とじぶんを笑う（サカナをする）との間に差異線を引きつづけることである。

フロイトは「ユーモア」（一九二七年）の中で、すべての人がユーモラスな態度をとれるわけではない、それはきわめて稀で貴重な才能だと書いている。

もちろんわれわれがその貴重な才能の持主だといいたいわけではない。ただ、フロイトが単に滑稽なもの（機知）と区別してのべた真のユーモアの困難さに思いを馳せ、「じぶんに与えられたユーモアの快感を享受することができない人も多い」という指摘を受取り直しつづけたいと念じているだけである。

柳田学を旅する〈私とわれわれ〉が以前から眼をそばだてた——「文学の予言というものが我々にならばできる。私にできるとまではむろん言わぬが、試みることだけは許されている」という一節を含む「笑の本願」は昭和十（一九三五）年に発表された。

その終り近くで、「師翁」「祖翁」すなわち芭蕉の俳諧をめぐって柳田はこう書く。

「そうして我々の祖翁は、決して形式ばかりを説法した人ではなかったのである。遺文は断片でありまた本旨《ほんし》が隠約《いんやく》している。我々は多くの業績について直接にその素志を掬《く》むより他はない。無始以来の笑いの本願は、彼においてようやく成就《じょうじゅ》したのである。人生には笑ってよいことがまことに多い。しかも今人《こんじん》はまさに笑いに餓《う》えている。強い者の自由に笑う世はすでに去った。強いて大声に笑おうとすれば人を傷つけ、また甘んじて笑いを献ずる者は、心ひそかに万斛《ばんこく》の苦汁《じゅう》を嘗《な》めなければならぬ。この間において行く路はたった一つ、翁はそのもっとも安らかなる入口を示したのである。それには明敏なる者の、同時に人を憫《あわ》れみ、かつその立場からこの世を見ようとする用意を要し、さらにまた志を同じくする者の強調と連結とを要する。」

この後、柳田のペンは「最近の俳人社会の実情」を一瞥し、「仲間理屈《りくつ》にうなずき合っていたのでは、果してなつかしい昔の俳諧は復活するであろうかどうか。この点ばかりは何分《なにぶん》にもまだ私には笑えない」と文を結んでいる。

当代の俳諧について自分はこれを論ずる資格がないし、またそう手短に見通しうる問題でもないようだという前置きでなされた「笑の本願」のしめくくりは、柳田学のニモカカワラズというカカワリ方を明かす典型である。「資格がない」にもかかわらず、柳田は「発句というものにどれだけの俳諧があるだろうか」と最後に問う。「二折《おり》四段三十六句の一巻《ひとまき》は、連合してある一つの効果を挙げようとしている」と。個々の一句の任務は分担にある。それがもし、「始めから終りまで笑わせ続けようとしたならば、第一騒々しくて新たな興味も何も起るわけがない」。しかし、にもかかわらず、それが「冷淡であり、また尋常一様のものであっても、一座の空気を次第に高調させ、感覚の波瀾《はらん》を起伏《きふく》させる機縁が得られない」。

「この兼合《かねあ》いはいたってむつかしかった」と柳田はいうが、われわれも同感だ。いやその「兼合」――ニモカカワラズというカカワリ方を実践できる人間は、フロイトの指摘通り、「きわめて稀で貴重な才能」の持主であり、むしろ数少ない例外的な存在というべきだろう。

「無始以来の笑いの本願」が芭蕉において「ようやく成就した」と、柳田は、「凡人の研究」にいそしむ自らの立場を忘れたかの如く、非凡な才能への讃辞をつづる。われわれからすれば、芭蕉の「遺文」が断片的で、その本旨が「隠約」(＝あからさまに表現しないこと)していると書いた柳田の文もまた、おびただしい分量にもかかわらず、芭蕉同様の「隠約」――われわれの実感に添った語を用いるなら「韜晦《とうかい》」にみちているように感じられる。

『新明解国語辞典』を引くと、「韜」は隠す、「晦」はくらます意で、自分の才能や本心を何か他の事で隠すこと、広義では姿・行くえをくらます意にも用いられる、とある。

欠け端と架け橋を兼ねる、その絶妙の兼ね合い――真正のユーモアに支えられた柳田学の根源的な韜晦性はそこに由来するとわれわれはみているが、「多くの業績について直接にその素志を掬む」べく、個々の言説の内容・形式をよみとろうと努める時の混乱は避け難いとみとめざるをえない。

## 2

岩波文庫版『野草雑記・野鳥雑記』『孤猿随筆』の書評（『望星』二〇一一年六月号）を、批評家山城むつみは、次のように書き出している。

「柳田国男の文章は、彼が何を言っているかではなく、何を言わずにすましたかに耳を傾けると倍おもしろくなるようだ。」

助走ばかり長くて本文の余地がなくなるふうのヲコなる柳田のハナシは、「しかし、そういうところでこそ」核心にさしかかっている、とつづく「そういうところ」を、山城むつみの批評用語でいいかえればクリティカル・ポイントとなろうか。この地点に立ち止まり、「本文には書かなかったことをささやいてくれる」まで、ただじっと待つ――「それが柳田国男をおもしろく読む秘訣だと思う」という山城の「単純な」指摘は、柳田民俗学がわれわれに告知する〝心付き〟の何たるかを文字通り一言で語っているものといえよう。

何を言っているかを性急に読みとろうとすると、マボロシの峠会主宰者のクリティカル・ポイントはかえってぼやけてしまう。キルケゴールが特別の思いをこめて用いたラテン語でいえばディスクリーメン・レールム（危機的分岐点、転回点）は、柳田の日本学にあって、すこぶる曖昧なかたちで顕現するが、しかしわれわれのみるところ、両者に共通点がないわけではない。天才的という凡庸な形容語をあえてかぶせたくなる〝韜晦能力〟こそそれである。

キルケゴールがゲーテの実存と文学からひき継いだインコグニト（おしのび・微行）性は、イデーの〈内容＝何を〉をぼかし、〈様態＝いかに〉を強調する。ベンヤミンがどこかで書いていたように、〈何を〉と〈いかに〉を画然と区別することは現実的には不可能なのであるが……。

柳田民俗学の内容を、〈様態＝いかに〉とつながる「文体と切り離されたところで問題にするアプローチに興味を持てずにいる」と山城は書いているが、われわれもまったく同感だ。

ゲーテやキルケゴールを呪縛したインコグニト性を、柳田学にあてはめれば、すでにふれた――自身が遠景化された匿名の一主体と化すようなマナザシに重なるだろう。

先述の「蕉翁」の俳諧に寄せた「連合してある一つの効果を挙げようとしている」云々の〝むつかしい兼合い〟をめぐる柳田のハナシは、〝むつかしさ〟と〝なつかしさ〟両《ふた》つながらに脚をかけて跨るアメンボウならではのものだ。

「連歌以来の約束」について柳田はこうつづける。

「これは与次郎が向うへ行く姿を見て、あの人の腹の中にはどれだけの物の哀れがあるやら知れぬというて、泣いていた老婆の物語も同じように、聴かぬうちから先々のおかしさ面白さに、心をときめかす底《てい》の様態を見せていなければならなかったのである。もっと風雅な譬《たと》え方をすれば、ちょうどこの頃の四方の梢《こずえ》のごとく、近くによって見ればまだ芽の萌《きざ》しさえないのに、誰にも春だなと感ぜずにはおられぬような、言葉には示せないほのかな何物かがふくまれているべきわけである。」(「笑の本願」)

われわれは正直なところ、こういう文章を読んで溜息をつかざるをえない。唐突に引き合いに出された「与次郎」は、他の柳田の著作によって、広く「咄《はなし》の者」——現代のハナシカという職分の原の形とされる——「民間の咄職の最も人望多き名前」だと辛うじてわかるものの、その「腹の中」の「物の哀れ」をおしはかって「泣いていた老婆の物語」とは何のことか、門外漢にはさっぱりわからない。仮に「何が」がわかったとしても、「聴かぬうちから先々のおかしさ面白さに、心をときめかす底の様態」という「いかに」を汲みとることは至難のワザである。

## 3

〈柳田国男の話〉を理解するために必要なのは、どうやら、「聴かぬうちから」アワレとオカシ両方に架け渡された「様態」に心ときめかす能力のようなのである。

「言葉には示せないほのかな何物か」を共有しうる「風雅の誠」——蕉風俳諧がめざしたその境地は、まさに山城むつみのいう「何を言わずにすましたかに耳を傾ける」霊的な能力なしには到達できない。柳田国男の話に「耳を傾ける」われわれが獲得したいと願う「聴術」もまた、この能力をめぐる「様態」=「いかに」を指すもの以外ではないだろう。

問題は、こうしたキワメツキの韜晦能力を、はたして平人・常民が身につけうるかどうか、いやそもそも、なぜかかる韜晦が必要なのか理解しうるかどうかだ。われわれの溜息もその不可能性にかかわっている。

柳田の見果てぬ夢のドラマ――神聖平人喜劇の主人公たちは、自分の才能や本心を何か他の事で隠したり、姿・行くえをくらますふうの事態を、本来的に必要としないはずだ。隠さねばならないほどの才能やイデーをもて余す人間を、われわれは通常、平（凡）人とはいわないのである。

柳田学が追尋する常民は、オカシとアワレの融合した比類のない視座によってのみとらえうる。柳田好みの言葉を用いれば、それは〝俳諧化された〟民衆・庶民である。

明治四十三年刊の歌集『一握の砂』のオープニング「我を愛する歌」の第一首――〈東海の小島の磯の白砂に／われ泣きぬれて／蟹とたはむる〉を、われわれはここで、〈韜晦の小島……〉と書き直してみたい心持ちにつつまれる。

「我を愛する歌」の第二首は〈頬《ほ》につたふ／なみだのごはず／一握の砂を示しし人を忘れず〉である。

『折口信夫研究』創刊号（二〇一一年五月）によって知ったことだが、折口は「啄木を悼む歌」を五首残している。その最初の一首はこうだ。

〈東海の小島の磯になきし子よわれまた経たりその心もち〉

歌人として出発した柳田が『一握の砂』を「いかに」読んだかを知る資料は持ちあわせていな

いものの、『折口信夫研究』創刊号の特集・資料〈釈迢空・折口信夫書き入れ『一握の砂』〉は、いわば二次資料として参考にできそうである。

岡野弘彦書写によるこの「書き入れ」には、『一握の砂』中の作品に対する折口の「評価」「評言」が付されている。詳細にふれることはかなわぬが、たとえば〈東海の小島の……〉や、〈ふるさとの訛なつかし／停車場の人ごみの中に／そを聴きにゆく〉というもっともポピュラーな作品がともに、マル二つの評価をあたえられていることは興味深い。

柳田とは似て非なる韜晦能力を誇る折口がこれらの歌を全的に肯定していようとは、率直にいってやや意外だった。

もう一つあげておくと、〈高山のいただきに登り／なにがなしに帽子をふりて／下り来しかな〉の一首に向けた折口の「評言」は次のようである。

「石川氏の詩の大なるは此處に在り藝術家は勿論普通ならその意識にのぼすことなかりし平凡にして且瞬間に心を過ぎる翳を把捉たるにあり　新藝術のむかふべき方の暗示を見る。」

すでにふれた実朝歌への評言とはうってかわった、真の「藝術家」のみが保有しうる炯眼というべきであろう。

「平凡にして且瞬間的に心を過ぎる翳」をとらえうるのは、しかし、凡俗のなせるわざではあるまい。

東海の小島の磯で蟹とたわむれる青年が「何を」めぐって泣いているかはわからなくてもよい。むしろわからないように韜晦しているといえるのだから。「新藝術のむかふべき方の暗示」

を一語で表現しうるのが韜晦である。

歌人釈迢空の〈われまた経たりその心もち〉という感情を、少なくとも歌人時代の松岡国男が共有した可能性は大きいとわれわれはみる。

〈頬につたふ／なみだのごはず〉の後に、啄木は〈一握の砂を示しし人を忘れず〉と付けた。この付け合いをみて、われわれは、柳田が芭蕉に託した問い――「なつかしい昔の俳諧は復活するであろうかどうか」を想い起す。同時代の俳句界の実情をめぐって、「何分にもまだ私には笑えない」と書きおさめた時、柳田は真のユーモアがいつの時代でも寥々たる存在であることを身にしみて痛感していたに違いない。

東海の小島とは、すなわち日本の別名である。山島への注目で生まれた柳田学は、終始、ヤマとシマとの「兼ね合い」を大切にしつつ歩みをつづけた。「群島学徒」は、小島の白砂で蟹とたわむれつつ、〈一握の砂を示しし人を忘れず〉と誓う。

青年のたわむれは韜晦にみちるが、啄木没後百年を過ぎた今に至るもその内実はわからない。しかし、それが「いかに」して誕生するかの機微を暗示することは可能だ。Naki-tai, shinni nakitai と『ローマ字日記』に書く啄木の次の一首――折口がひとつだけマルを付けている――が私は好きだ。

〈なみだなみだ／不思議なるかな／それをもて洗へば心戯《おど》けたくなれり〉

# 二十三　ほうとする話

## 1

前回の宿駅＝シュタツィオーン——あるいは〈峠〉といいかえてもよいが——にスイッチバックし、「笑の本願」のエピローグ部分のひとくだりを反芻してみる。

「人生には笑ってよいことがまことに多い。しかも今人はまさに笑いに餓《う》えている。」

この「しかも」なる語は、われわれが繰り返し寄り添ってきたニモカカワラズという実存的接続辞におきかえられるものだ。笑ってよいことが多いニモカカワラズ、笑いに餓えている、と書いた後、「強い者の自由に笑う世はすでに去った」と柳田は今の世を観察してつづける。だが、この観察は、当時の現実をふまえてなされたといえるだろうか。「笑の本願」は、日本方言学会を創立し、『妹の力』『野草雑記・野鳥雑記』などを刊行した昭和十（一九三五）年に発表されたが、単行本として出されたのは戦後の昭和二十一年——『先祖の話』も同年——である。

「強い者の自由に笑う世はすでに去った」という一行は、〝国破れて山河在り〟の実感に包まれた只中で読まれるにふさわしいものだったが、十年前はそうではなかったはずだ。太平洋戦争勃発の二年前に世に出た『孤猿随筆』には、「今は幸いにして昔を粗末にしない世の中にはなっているが、それへ出てくるのはただかみしもを着たような人ばかりで、多数の純朴な者の心を捉えていた、悠々たる美しい夢は既に皆、こなごなに砕けてしまった後なのだから淋しい」とある。

かみしもを着たような人と多数の純朴な者とが対置されているけれど、具体的にどういうものを指すのか皆目わからない。柳田が「何を言わずにすましたか」「何を言わずにおいたか」のサンプルとなるような物言いである。

柳田学の門前の小僧たらんとする門外漢のわれわれは、文字通り含蓄に富む柳田の文章の門前で幾度も途方に暮れる。柳田民俗学という学問の内実については、できれば何も言わずにすましたいと念じたりもしたのだったが、ベンヤミンが座右の銘としたホフマンシュタールの言葉——「けっして書かれなかったことを読む」姿勢を忘れたくないと思う。

われわれの三十六回の宿駅探訪は、笑いの本願が彼において成就した、と柳田が言う蕉風俳諧の一つの形式——「連合してある一つの効果を挙げようとしている」三十六句の一巻——をもどく巡礼である。「言葉には示せないほのかな何物か」を、柳田は「隠れた約束」といいかえ、さらに「約束と言おうよりもむしろ態度、あるいは心がけ」……それを「風流」と解してもよい、とつづけ、「言葉には示せないほのかな何物か」に、言葉を与えようと努める。

啄木が噛まれて死んだ国家主義の〝強権病〟がピークに達し、日本全土を蝕んで末期症状を呈しはじめた昭和十年、「強いて大声に笑おうとすれば人を傷つけ」る事態を、柳田の中の〝お嬢さん〟——永遠の詩人魂は鋭敏に察知した。強権を背景にのさばる強い者の笑いに背を向けて

「笑いを献ずる者」は苦汁をなめねばならない。そんな今の世にあって、真のユーモアを奉じる者（とはいっていないが）の「行く路はたった一つ、翁はそのもっとも安らかなる入口を示したのである」。反復して読んでみるものの、われわれにその「安らかなる入口」は容易にみえない。「明敏なる者の、同時に人を憫れみ、かつその立場からこの世を見ようとする用意を」怠っているつもりはないのだけれど、われわれにみえるのは、「安らかなる入口」とは異なる、炭鉱の入口に置かれた籠の中のカナリアの姿だけである。まもなく巨大な落盤事故に遭遇する〝日本炭鉱〟の入口で、〝お嬢さん〟詩人は、「隠れた約束」をめぐる「風流」なハナシを語りつづけた。しかし「目前の出来事」「現在の事実」の前に、その声はいかにも弱いものでしかなかった。「笑の本願」をのべてからわずか数年のうちに、「悠々たる美しい夢は既に皆、こなごなに砕けてしまった後なのだから淋しい」と書かざるをえなかった所以であろう。

## 2

〈……人が寄合うことがハナシの起りであったことだけは、私はほぼ間違いがないと思っている。こういう問題こそは感情を害せずに、かの徒然草に「我はさやは思ふ」と言ったように、トギとして静かにカタリ合って見たいものである。〉

昭和十年、自宅に民間伝承の会を創設したのと時を同じくして『民間伝承』第一号が刊行された。右は、昭和十三年一月に同誌掲載の「御伽噺と伽」の最終部分だ。この小文は、「折口氏の意見が発表せられた機会に、もう一度私の解しているところを明らかにしておこう」という前置きではじまるが、その折口信夫の「国文学的な」解説を詳述する気にもなれず、ただ、カタリとハナシは本来的に別のものだということをふまえておくくらいしかできそうにない。

柳田のそれも明確な定義からは遠いもので、右の引用の直前はこうである。「カタラウは元はただ合同の意であったのが、これには何か物を言わねばならぬことになり後には限定して男女の契りのみに、というようにもなっているが、一方にはまた巧言で人を騙ることもカタリ、古い文芸の伝承もカタリとなっている。これをおのおの別の語原に拠るように、考えることは多分むつかしかろう。」

折口の『日本文学の発生』によれば、カタラウは「言語によって、感染させて、同一の感情を抱かせる」こと、すなわちカタル・カタリは「古代人の信仰」における「魂の風化を意味」するものとされる。柳田が「折口氏の意見」と呼んだ昭和十二年発表の「お伽及び咄」をひもといても「どうも世の中には訣らぬことばかりで、つかまりさうで居て、はっきりと捉へられないものが沢山ある。お伽とか咄とかいふことも、ほんたうには訣ってゐないのである」という書き出しのみが明確で、本文は「つかまりさうで居て、はっきりと捉へられない」印象である。

柳田は、わからぬことをわからないと言う勇気を教えるのが教育の眼目だと説いた。この柳田の教えを深く心にたたんだ作家に、すでに瞥見した中野重治があげられるだろう。中野の文には、乱用気味といってもいいほど「わからない」の一語が頻出する。たとえば既出の「月報」文にこうある。

「……折口信夫さんの記憶（あれは記憶というのとはちがっているかも知れぬが）が妖怪じみているのに対して、柳田さんのは、晴れた日の（雨のあとの）昼に山を見るように、ひだなどがよく見えるままで明るい、ああいう性質のもののように思う。しかしそのへんのところは、わたしにわかりもしないが。」

折口と柳田の資質・文体の差異が、さりげないカタリを装いながらの非凡な詩的直観によってとらえられた一文といえよう。中野はこの後、さらに「柳田さんという人は、心のひろい、やさしい人であるらしい。しかしわたしは、どこか猛烈な、獰猛なところのある人らしいとも思っているが、これはよくわからない」と、短い文章の中で再度「わからない」をつぶやいている。

われわれも「どうも世の中には訣らぬことばかりで……」と口真似しつつ立往生する。アカデミズムの「国文学」に心ひかれたことが一度もないにもかかわらず、なぜ「妖怪」じみた折口信夫の学問が例外であったのか、また、柳田学とよばれるものがなぜ学問から遠く離れた地平で成立しえたのか、その根源の理由は、この稿の最後まで「はっきりと捉へられない」だろうという予感もする。それでもわれわれは、「人が寄合うことがハナシの起りであった」とする師父の言葉を反芻して、「感情を害せずに……静かにカタリ合って見たい」と願うのである。

「感情を害せずに」の一語の背景に、よくは「わからない」ものの、昭和十三年当時の、〃ものいえば唇寒い〃世情がうかがわれる。折口説の「古代人の信仰」の内実がわからぬまま、柳田のいう――男女の契りや騙りや古い文芸の伝承にいうカタリを融合させたハナシを復権することは「わからなさ」を増幅するだろうけれど、「感情を害せずに」という師父の言葉にこもる、「明瞭でありながらやはり控え目であり、澄みきっていてしかも目立つことはなく……」の特徴をもつポエジーがわれわれに「感染」する。

この感染のさまをどう形容すべきか、これまたよく「わからない」が、折口の膨大な論考の中で、「感染」する如くいち早く当方の心眼をうった一篇のタイトルをかりて語ってみたい。

## 3

そのタイトルとは、「ほうとする話」。

「祭の発生」という副タイトルつきのこの論考は昭和二年六月頃に書かれた。「ほうとするほど長い白浜の先は、また、目も届かぬ海が揺れている」という一読忘れがたい書き出しの二段落ほどが、やはり昭和二年の八月頃執筆とされる「若水の話」の冒頭とほとんど同じであるが、両者の内容の比較をするのはここでの目的ではない。

折口は柳田の書き方について「随筆的喜びをもって書いた」と語った。「ヂレッタントだという風な形」がどこからきたかをめぐって「学者ぶった事をするのは恥がましいという、謙虚な心持ちから」と語った。随筆的喜びの化身は、〈……の話〉というタイトルに潜む。正真正銘の学者であった折口自身が、「学者ぶった事をするのは恥がましいという、謙虚な心持ち」を心底共有していたかどうか、われわれにはわからない。

たしかなのは、〈……の話〉をする時に、折口が通常の随筆的喜びを異形のものに変成させるシャーマン＝巫女＝物狂いの方法に身を寄り添わせたことである。

その方法は、やはり柳田から受け継いだものといえるが、当方の感触からすると差異も大きい。折口的神がかりに薬物中毒ふうのムードがあることは私などもうすうす感じとっていたが、折口自身が柳田との対談の中で、「民俗学に関する情熱の盛んな時代には、コカインがあれば書くというようなことで、書くときは四十八時間くらいつづけて書いた。その後口吻がばたりと絶える」などとあっさり語っていることに驚かされた。

折口は生涯を通し、口述筆記によって作品を作りあげる方法をとっていたという。「言語によって、感染させて、同一の感情を抱かせる」カタリの本義をこれによって体現しようと考えたのだろう。

大正二年、大阪の中学校の国語教員だった折口が、大阪の民俗に関する「三郷巷談」を柳田主宰の『郷土研究』に投稿して掲載されたのを機に柳田とのつきあいがはじまった。この時、柳田が「折口信夫」を「口を折り世をしのぶ」の意の大家のペンネームではないかと思ったというエピソードは興味深い。匿名を二十近くも使いながら「執筆者の少ない分を……いささか文体を違えた文章で」うめるような作業を強いられた柳田自身、「口を折り世をしのぶ」ゲーテ的〈インコグニト〉の大家でありつづけたといえるからだ。

〝韜晦の小島の磯になきし〟者同士のこの劇的な出遭いは、しかし、あのフロイトとユングのそれと同様「感情を害せずに」の願い通りには展開しなかった。「三郷巷談」につづいて、「髯籠の話」を教え子の一人に口述筆記させ、やはり『郷土研究』に送ったが、最初の齟齬がこの一篇をめぐって発生する。しかし、われわれはその詳細に立ち入るほどの関心を抱いていない。『故郷七十年』のあっさりとした一行――「折口君の読みにくい原稿が届いたのも、それを私が書き直したという評判が立ったのも、そのころのことである」を胸にたたんでおくだけで十分だ。

又しても率直ないい方をする他ないのだけれど、私は、出逢いの当初から現在に至るまで、折口の文を「読みにくい」と感じることなく読み通せたためしが一度もない。独特の言葉遣い、カナのふり方、外国語を傍線付きのひらがなであらわすこと等々、シャーマンめいたチャーミングな創見がちりばめられているにもかかわらず、たちまち読みが頓挫してしまい、また別の機会にページをめくる。……というようなあさましい読者でありつづけた事実を隠し了せるはずもないだろう。

一方、柳田の文を韜晦にみちているにもかかわらず「読みにくい」と感じたことはなかった。プラトンは『饗宴』でソクラテスを、すぐれた音楽と同じ力を「楽器のかわりに、日常の言葉を用いて」発揚した人と語らせているが、私は柳田の話に同じものをみてとった。

折口読みの歳月に向けて、私は、まさしく「ほうとする」。この語の正確な意味について折口は書いていない。『日本国語大辞典』で「ほうと」をみると、「勢いよく物を投げたり、突いたり、飛んだりするさま」の他、「溜息をつくさま」や、「ぼうっと」「ほっと」に同じ、などとある。たとえば川端康成の短篇「招魂祭一景」からの例は「ほうと心が明るくなった」である。『岩波古語辞典』の「ほうどする」は「うんざりする。困り果てる」である。

「ほうとする話」の中で、折口は、「蓋然から、だんだん、必然に移ってきている私の仮説の一部なる日本の祭りの成立を、小口だけでもお話してみたい。芭蕉が、うき世の人を寂しがらせに来たほどの役には立たなくとも、ほうとして生きることの味いくらいは贈れるかと思う」と書いている。

管見の限りでは、昭和十年に再版が出た『遠野物語』に寄せた折口の解説文が、やはり、「六角牛の翠微《すいび》を望んで、しばらくはほうとしていた」とはじまる。この文の終り近くでは、『遠野物語』のはしがき部分にみられる柳田の「高雅な孤独を感ぜしめる反語は、二十何年前、私どもを極度に寂しがらしたものである。その民俗学の世界にも、先生一代のうちに、花咲く春が来て赤い頭巾を著て、扇ひろげて立っておられる先生の姿を見る時が、ここに廻り合わせてきたのである」と記される。

昭和十年は柳田の還暦の年であり、「赤い頭巾」云々はそれをふまえたものだろう。〈わが国の「心」と「土」とに、最も即したこの学問の長者のために〉ザシキワラシをはじめとする『遠野物語』のモノノケが幽かにささやき合い、喜びの響きをもらす時、寒戸の婆も、風にのってやって来る。「故人鏡石子も、今日ごろはひそかに還って、私どもの歓喜に、声を合わせているのではないかと思う」という結びに、われわれも「ほうとする」。詩的な孤心と民俗学的な宴がとけ合う「悠々たる美しい夢」へのコトホギを共有できるからである。

しかし「ほうとする」心情に含まれる「ほうどする」（困り果てる）要素を、私自身が折口読みにおいて払拭できたことはなかったというしかない。その根源的な理由が、柳田と比較した場合――われわれがほんとうに「ほうとする」のに必要な真のユーモアの含有度という問題に帰着するのではないかと、ようやくぼんやりわかりかけてきた気がする。折口の文に対し、柳田の「笑の本願」の最終行を真似て、平人の平語ふうにひらたく「何分にもまだ私には笑えない」といってもいい。この笑いは、啄木歌の――ほんとうの「なみだ」で洗った後に生れる「戯《おど》け」とつながっているだろう。

われわれの「心」と「土」とに、最も即した学問として民俗学に寄り添ってはいるものの、はたして民俗学に対し、私自身が次のような文に抱く共感と同じ「ほうとする」感触を保持しうるのかどうかもわからないとついでに付言しておこう。

〈……実際に、この土が私にとって、何らかの仕方で文字どおり助けになってくれることに気づいて、私は驚いた。それは滑りやすく、そこには何の手がかりもなかったが、ただの冷たい土ではなくて、そこはかとない温かみが、その内部から私にむかって、また私の内部からもそちらにむかって、おたがいに通いあっているのだった。そこには、手足では生みだしようもないものの、しかし、持続し、固着する、そうしたひとつの結びつきが存在していた。〉（平野嘉彦訳『カフカ・セレクションⅠ』ちくま文庫）

# 二十四　サンチョ・パンサの原像

## 1

昭和二十一（一九四六）年、この世に生をうけて五十日で逝ったわが子への「手向《たむけ》」のためにしたためた「萩の花」の中で、宮本常一は次のように書いている。

「私は一〇年近い前から旅に生活の半ばを埋めている。村々の人たちの暮しの中にある伝統的なものを求めて歩いているのである。芭蕉や西行の脱俗もなければ、菅江真澄のように漂泊に徹しているのでもない。人なみに妻もめとり、子も持ち、しかもその妻子をおいて歩いていることが多いのである。黙々として土を耕し種をまき、また子を育て、わずかながらも自分および自分の周囲によい生活をうちたてようとしている人たちの姿を、心ある人たちに知ってもらうためにまのあたり見、また聞きもして、これを伝えようとするのが私の旅の目的であった。」

しかし、こうした自分の考え方や生活については思い悩むことが多い、と宮本はつづける。「平凡なる人間の愛情深い生活はそれぞれの家庭への忠実なる奉仕に始まる」はずなのに、「私にはそれがない」。

戦後人びとの心がすさむ中、故郷の山河に退いた人も多かった。「純真に自然に育った魂こそやがてまた国土を明るくあたたかく育ててくれる力になるのであろう」と宮本もまた考えたのだった。しかし、「老いたる母に仕え妻や子をいつくしみつつ共にいることのできる生活をたのもしいものに思った」にもかかわらず、放浪の生活はやむことがなかった。その生活で出来ることは、「しょせん私一人の心を満足させる一種のディレッタンチズムにすぎないといってもいい。しかし時の流れのようなものに押されて私は再び出て来たのである」。

われわれは、日本民俗学の名に最もふさわしい仕事をした人として宮本常一を思いうかべる。民衆の風俗習慣に流れる〈常〉なるものを、宮本はその名の通り、〝常に一番〟重要であると位置づけ、「まのあたり見、また聞きもして、これを伝えようと」努めたのだった。

もし日本民俗学に宮本常一無かりせば、と想像してみた時、われわれはたとえば思う――それはちょうど、サンチョ・パンサが登場しない『ドン・キホーテ』の物語世界に似るだろう、と。

極端にいいかえると、宮本民俗学が出現しなければ、柳田が基盤をつくった日本民俗学が、民衆の（ための）学問がもってしかるべき大衆性を獲得することは不可能だったのではないかとすら思える。宮本の代表作『忘れられた日本人』をはじめ、『ふるさとの生活』『庶民の発見』『家郷の訓《おしえ》』といった一連の主要著作だけみても、柳田・折口・南方（熊楠）のいずれの巨人にも見いだせない種類の大衆性が躍動している。

『ふるさとの生活』に寄せた序文「旅と文章と人生」の中で、柳田は「この本を書いた宮本先生という人は、今まで永いあいだ、もっとも広く日本の隅々の、だれも行かないような土地ばかりを、あるきまわっていた旅人であった。どういう話を私たちが聴きたがり、聴けばおもしろがりまたいつまでもおぼえているかということを、この人ほど注意深く考えていた人も少ない」と書き、宮本民俗学の核心を例によってさらりと一言ですくいとってみせる。

「どういう話を私たちが聴きたがり、聴けばおもしろがりまたいつまでもおぼえているかということ」――それは、われわれの旅において明らかにできていない柳田的「聴術」の何たるかと深く関わるものであろう。

『ふるさとの生活』は読者として小・中学生を念頭に書かれたものだという。柳田の序文も、本文の平易な語り口調の文章もそれをうかがわせるとされるが、刊行から六十年をこえる現在、この本が子供のよみ物たりうるかどうかを考えると、われわれは「ほうと」、ため息を漏らさずにはおれない。しかし、それはおくとして、柳田が『孤猿随筆』自序でいう「聴術」も、子供がなぜ獣の話に本能的に興味をもつのかという問いにからんで言及されたものだった。若き日の小学校教師の経験に基づき、「ふるさと」に関する知識や理解を深めることが子供の人間形成にとっていかに大切であるかを生涯にわたって主張した宮本民俗学は、「庶民の内側からの目覚めを克明に記録」することを通し、われわれの中の生活者の耳を、獣の話を聴きたがる子供のそれのようにそばだてる「術」を本能的に身につけるに至ったといえよう。

[illegible]低からの目覚め」を体験した稀有な庶民――彼が自ら名のった言葉をかりれば[illegible]」であった。

## 2

[illegible]の百姓のセガレである当方が若かった頃、たとえば宮本の名を大衆性のレベルで一躍高からしめた「土佐源氏」（『忘れられた日本人』）のような一篇に感動したのは、セルバンテスのいう「自然の法則」に近いものだった。当時の私にとってそれは、自分がどんな話を「聴きたがり、聴けばおもしろがりまたいつまでもおぼえているかということ」の典型的なサンプルのように思えた。「大島の百姓」が書いた「萩の花」なども、私はこれを読みつつ、その内容というより漂っているトーンをめぐって、『ドン・キホーテ』で島の領主になったサンチョが村に残した妻テレーサ・パンサへ宛てた卑俗であるにもかかわらず気高く美しい――セルバンテスの常用語にいうディスクレートな（気持ちのよい）手紙を思い出したのだった。

本を読みすぎて常軌を逸する行動にふみ出す主人ドン・キホーテと出遭うべくして出遭い、惨たんたる冒険にみちているにもかかわらず愉快な遍歴の旅を共にするに至る従者サンチョ・パンサは、作品の進展につれ、目に一丁字もない百姓であるにもかかわらず、主人や出遭う人々とのおびただしい対話によって、名状しがたい民衆知の化身に変ってゆく。もちろん、この変化は相互性であり、主人のドン・キホーテの方も、単なる狂人にとどまることなく、次第に超俗的夢想家の質を変えてゆく。

現実の宮本常一は、柳田もいっているように「よく本を読む人だから」、「大島の百姓」をサンチョ・パンサ呼ばわりすることは無理があり、非礼でもあろう。にもかかわらず、われわれは『庶民の発見』の中の、たとえば次のような文字通り庶民的つぶやきにサンチョならではの面貌をみてとる。

まず「はじめに」で、宮本はいう――「私はたいへんなおしゃべりである。しかし庶民の過去についてはいくらしゃべっても、しゃべり足らない気がする。すでに不明のままに過去のなかへ埋没しつつある庶民の歴史について見る目を柳田国男先生と渋沢敬三先生にひらいていただいてから二十五年の歳月がながれ、ひたすらに農山漁村をあるいて来、その見聞と調査とを世に報告しようとしてきたが、やはり自己の力には限界があった」。

庶民の「なかには人間的なかしこさもあり、またおろかさもあった。が、それを今日いう批判精神なるもので、冷酷に否定することは私にはできない。そのまえに彼らをおろかさにおかなければならなかった条件をとりさることがなされなければならぬ。もとよりそれは農民の内側から私[illegible]めが必要である。この場合、なぜおろかさの中にいなければならなかったかを、みんなでにも多すぎる。[illegible]から出発することが、おろかさをせめることよりも、さらに重要であると思う。えるだろうし、だからものを多分に持っている。そして、どうしていいかわからないことがあまり仲間もふえるのではないかと思う」。たかたちでものを言っておけば、みなさんからいろいろ教えてもらわれわれはこの一節に、やはり、島の領主となったサンチョが、政治的・法律的な難問に直面して悩む際の心情を重ね合わせてしまうのである。

小学校教員時代、宮本は教員住宅に毎晩のように押しかけてくる子供たちと「村を中心にして一〇キロくらいの範囲を歩きまわった」という。

「小さいときに美しい思い出をたくさんつくっておくことだ。それが生きる力になる。学校を出てどこかへ勤めるようになると、もうこんなに歩いたりあそんだりできなくなる。いそがしく働いて一いき入れるとき、ふっと、青い空や夕日のあたった山が心にうかんでくると、それが元気を出させるもとになる」（『民俗学の旅』）と、宮本は子供たちによくそんなふうに話したそうだが、同じ趣旨でも、柳田や折口の場合ここまでシンプルなものいいにはならないだろう。中味は、啄木歌の〈ふるさとの山はありがたきかな〉に帰するものでも、柳田・折口のカタリは、はるかに〝韜晦度〟が高い性質をおびるはずだ。折口の「国文学の発生」の視座に寄り添って、われわれなりにヲコなるいい方をすれば、東海道中ならぬ韜晦道中膝栗毛に必須の蓑笠は「人格を離れて神格に入る手段」とされるが、宮本民俗学においては、そんなおごそかなものではなかったろう。〝韜晦の小島〟は彼と関わりが薄い。

東海道中膝栗毛の膝栗毛の意味が、私はわからなかったけれど、これは「徒歩で旅行することを、しゃれて言った言葉」（『新明解国語辞典』）だそうである。

散歩党党首柳田が主宰したマボロシの峠会の会員の中に宮本が含まれるのかどうかわからないが、少なくとも民俗学者と名のつく者で、宮本以外に膝栗毛の内実をリアルに生きる旅を続けた人をみつけるのは困難だろう。

## 3

『忘れられた日本人』に、奔放な旅の経験者を指すらしい「世間師」という言葉がある。戦後の坂口安吾が自称した「巷談師」と並ぶ味わい深い語だと思う。小学校の子供たちに語った先の一節の直後で、きわめつきの世間師宮本はこう自問自答する。

「私自身にとって歩くというのはどういうことだったのか。歩くことが好きだったのである。歩いていていろいろのものを見、いろいろのことを考える。喉がかわくと流れの水を飲み、腹がへると木の実や食べられる植物をとってたべた。人にあえば挨拶をした。そのまま通りすぎる人もあるが、たいてい五分なり十分なり立ち話をしていく。それがたのしかった。その話というのはごくありふれた世間話であった。要するに人にあい話をするのが好きだったのだろう。同時にまた人の営みを見るのが好きだった。」(「小学校教員時代」『民俗学の旅』所収)

まさしく、徒歩で旅行をする膝栗毛を絵にかいたような世界である。柳田や折口の旅がどんな風になされたか詳細を知っているわけではないが、おそらくは〝騎乗の人〟のそれとなる他なかったと想像される。宮本の旅こそは、芭蕉のいう「馬の口とらへて老いを迎ふる者」の地平にもおりてゆける性質のものだった。渋沢や柳田との出遭いによって「一つの視点を持って」日本全国を歩きはじめた頃のいでたちが、「富山の薬売りに似ているのでよく間違えられた」と『民俗学の旅』にあるが、柳田や折口の場合には考えられないことだったろう。

柳田との交流がはじまった頃の――一瞬、坂口安吾の「石の思い」を連想させもする一節も引いておきたい。

「病気がよくなると野や山をあそびまわった。草の中に寝ころんで空を流れる白雲を見たり、沖の島の上で夕日を長いあいだ見ていたり、浜へ出て海へ石を投げていたりするのを見た村人たちは私が気がくるったのではないかと思ったらしい。村の中にそういうことをする者はいなかったのである。そして私が気が変になったという噂が村中にひろまり、小学校の子供たちは私を見ると逃げ、石など投げるようになった。弁明しても仕方がないので時の流れにまかせることにした。ある日おなじように野の道を歩いていて、大便がしたくなったので、今本という丘の松林の中へいって用を達した。松の木の下に小さい瓦の祠があった。それから間もなく村の中に私が病気の回復を祈るために今本の稲荷様に参っているという噂が流れはじめた。」（「柳田、渋沢、沢田先生にあう」前掲書）

日本民俗学というドン・キホーテの従者として、本格的な遍歴の旅に出る直前のサンチョ・パンサの面貌をありありとみてとることができよう。カフカは、自由人の従者サンチョにふれたノートの中で、騎士物語をあてがうことによって、「のちに彼がドン・キホーテと名づけた彼の悪魔を、自分からみごとにそらすことに成功した」という謎めいた言葉を記している。

「気が変になったという噂」の渦の中、宮本サンチョは「弁明しても仕方がないので時の流れにまかせることにした」と語るが、冒頭の「萩の花」中の言葉を重ねれば、宮本が「悪魔を、自分からみごとにそらすことに成功した」極意のようなものが垣間みえてくる気がする。

なぜ愛すべき妻子を郷里に置いたまま放浪の旅をするのかをめぐって、宮本は、柳田や折口が用いたのと同じ「ディレッタンチズム」なる一語を出しながらも、「弁明」はせず、ただ「時の流れのようなものに押されて……」と書いていたのだった。

『庶民の発見』の「あとがき」で、宮本は、「この書物の書評が新聞などに出ているのをよんだ中に、所詮これは百姓の言い分から一歩も出ていないではないかというような言葉があった」ことにふれ、こうつづける——「つまり文化人としての垢ぬけがしていないということであったと思う。その言葉が私の心にとまった。私はこの書物を書いたころは兼業農家として百姓をしていた。そういわれることはあたりまえであるとともに、私が文化人というものにならなければならない理由は何もない」。

苛立ちまじりの自負は、ここでも弁明から遠いサンチョ的独語のトーンをひびかせる。

われわれは本章で、折口学に対するのとはまったく別の理由から、宮本民俗学の世界に安住できないことにまで触れる予定だったのだけれど、もともとうまくいえる自信がないのに加え、右の愛すべきサンチョ的つぶやきに接し、さらに気持ちがなえてしまった。今はとりあえず、カフカ的な意味での「土」との結びつき＝連帯意識に寄り添うわれわれもまた、「文化人というものにならなければならない理由は何もない」の思いを共有するという一事の確認にとどめておく他ない。

# 二十五　庶民と常民の間

## 1

　真意のほどはよくわからぬが、柳田国男ができれば使わずに済ませたいと（無意識裡にも？）考えていたいくつかの言葉がある。すでに少しだけふれた「ふるさと」同様、「庶民」などもその一つに含めていいかと思われる。件の総索引をあたると、もちろん「庶民」の語はみつかるものの、「常民」の使用例と比較して、その数は少ない。両者の間に、柳田学がある種の〈峠〉を視ていたことは明らかだけれど、それぞれのはっきりした定義付けをおこなってはいないようである。

　折口信夫の文庫版全集別巻総索引をひもとくと、庶民や常民といった語自体にあまり関心をもっていないことがぼんやりと伝わってくる。

　宮本常一のこれらの語に対する姿勢を知る手がかりをもちあわせていないが、彼の場合、おそらく庶民の一語で事足りたはずで、柳田が思い入れ深く用いた常民との質的な差異を問う必要を感じなかったといっていいだろう。

だがマボロシの峠会のメンバーたらんとする者にとって両者の間の質的な差異を見きわめること――逍遥する哲学者キルケゴールの言葉を用いるならディスクリーメン・レールム（危機的分岐点、転回点）を見定めることは、ささやかだけれど重要な一事となる。

「庶民」「民衆」が育んだ「ふるさと」への郷愁をかきたてる宮本民俗学にあっても、危機的分岐点で足をすくわれる事態と無縁でなかったとわれわれはみる。一九五〇（昭和二十五）年記の『ふるさとの生活』「あとがき」で、「この学問をはじめられた柳田国男先生も、また先生の教えをうけて国文学の研究をしている折口信夫博士も、共にたいへんな旅行家です。またこうした研究にたずさわっている多くの人々も、みんな旅行や、村の実際の暮らしのありさまをしらべて、その研究や考え方をふかめていったのです。そこに、実感による比較がおこってくるのです」と書いた宮本は、その十年以上後の『庶民の発見』「あとがき」（一九七五年記）で、前回ふれた通り「私が文化人というものにならなければならない理由は何もない」といい放つに至る。

二つの「あとがき」の間に、折口が、そして柳田が逝った。「いつまでもどこまでも百姓の仲間の一人として、その代弁者であるべきだと思っている」と、後者の『あとがき』で自己の立場を確認する宮本の内奥には、「実感による比較」にこだわる自らの方法こそが日本民俗学の本道なのだという自負がうごめいていたに違いない。

新聞書評などが「所詮これは百姓の言い分から一歩も出ていない……」といった時、「柳田学や折口学とくらべれば……」の含みがあったのかどうかさだかでないけれど、この時点の宮本の中に、柳田・折口亡き後の日本民俗学の後継たらんとしつつも、それらと一線を画す道の自覚があったことは確かだ。

われわれが宮本常一にけむたがられるおそれのある危機的分岐点をみるといったのは、宮本の自負と自覚の表明――「いつまでもどこまでも百姓の仲間の一人として、その代弁者であるべきだと思っている」につづく次のような一節に対してである。

「しかし百姓としては仲間に対して必ずしも忠実であるとはいえない。つとめをやめたら郷里へでもかえって百姓をしながら余生をおくろうと思っていたのが、年をとって就職したために十年もおくれてしまった。もう一年半もすれば自由になれるから、それからは静かに考えたり、見直すべきことも見直したいし、百姓もしてみたい。」

柳田や折口から決して漏れ出ることのない種類の「ヤレヤレ」もしくは「ほうと」する思いの表白である。

宮本は一九六四年、五十七歳で武蔵野美術大学非常勤教授に、翌年に専任教授となる。はたして、「もう一年半もすれば自由になれる」という「大島の百姓」の「余生」に向けた願いが実現したのかどうかは、追跡しないままにしておいてもいいけれど、ここでわれわれが否応なく重ね合わせずにはおれないのが、主のドン・キホーテの約束通り島の執政官の地位を与えられた後のサンチョ・パンサである。

サンチョがせっかく手に入れた地位を捨てて島を去る時の名セリフを私は愛惜してやまぬが、それはこうだ――「道を開けてください、皆さん。私の昔の自由に戻らせてください。私は執政官のために生まれたんじゃありません」。

## 2

当方の愛読書『ドン・キホーテ』への言及が、「日本の小さきドンキホーテ」(「這箇鏡花観」)というように柳田散文に見出されることについてすでに確認した覚えがある。ついでに、件の総索引にしたがって、他の言及例を断片のままあげれば、まず「同類は遠くドン・キホーテ……」(「鳴滸の文学」)。ここにいう同類とは、ヲコの者＝道化者を指す。柳田の言葉では「化物退治譚の、古い頃からの俳諧化」の同類とされる。次に、笑いとは何かを考察する『笑の本願』所収の「笑の文学の起原」には、「セルバンテスのドン・キホーテなどの如く、一人の可笑人物の実歴譚、すなわち巡島記式とも称すべきものがあった。膝栗毛の新意匠は正しくこれ……」とあり、さらに少し先では「ドン・キホーテのサンチョ・パンザ」にふれ、「笑を伝え興味を濃厚ならしめるために、見物と主役との中間に立って註釈をする者が、必要であった……」と書かれる。

神聖常民喜劇の作者柳田国男の世界文学レベルの洞察力をうかがい知るに足る断片というべきだろう。

折口の文庫版全集総索引に、セルバンテスやドン・キホーテ、サンチョの項目をみつけることはできない。くわしく調べたわけではないので断言ははばかられるが、おそらく宮本の著作群にも登場しないのではあるまいか。

「上層文化についてはできるだけさけたい」——宮本のこの言葉の出典を明記できないのだけれ

ど、折口の「国文学」研究の立場と対照的であることは誰の眼にも明らかだろう。しかし、今われわれが眼をこらすのは、上層文化と庶民文化の対峙というわかりやすい構図にではない。その〈間〉＝ディスクリーメンに立って「註釈」する存在が、「笑を伝え、興味を濃厚ならしめるために」必要なのだとする視座に、われわれの関心はふり向けられなければならない。

折口学にわれわれ好みの笑いをもとめるのは無いものねだりということになるのだろうが、一方、宮本サンチョなる呼び名さえふさわしいとかつて当方が考えた「庶民の発見」者の著作の中に安住しえなかったのはどうしてなのか。

答えは簡単ではないけれど、あくまで極私的事情をはっきりさせるため一つのたとえ話であらわすなら、宮本常一の著作を読みつづけていると、私の場合、あたかもサンチョ・パンサが主人公の『ドン・キホーテ』とつきあっているような心持ちとなる。折口の神がかった散文世界に、サンチョ・パンサとの出逢い無しの『ドン・キホーテ』をみてとる事態とちょうど逆である。

神聖常民喜劇すなわち柳田民俗学は、おそらく同時代最大級の読書人＝「日本のドン・キホーテ」が、書斎から出立するところからはじまった。

平民主義という一点で柳田と通底するスタンスをもつ巨人に幸田露伴がいるのを承知しつつも、あまりに深く大きい学殖の世界に踏み迷うのをおそれ、故意に近づかぬままになっていることをここに告白しておくが、露伴や鷗外と並ぶ同時代最大級の読書人の一人、夏目漱石は、日露戦争終結後の一九〇六（明治三十九）年発表の一篇「趣味の遺伝」で、「余の如きは黄巻青帙《こうかんせいちつ》の間に起臥して書斎以外に如何なる出来事が起るか知らんでも済む天下の逸民である」と書いている。当時高級官僚だった柳田の出発点も漱石と大同小異のものであったはずだ。われわれの独断と偏見によれば柳田の散文と似て非なるオモムキをたたえる和辻哲郎の『古寺巡礼』は、和らぎと休息とを求める近代人の心を動かす「古人の抱いた桃源の夢」をめぐって「自分たちと全然縁のない昔の逸民の空想だと思っていた」と前置きした上で、こうつづける――「われわれはみなかつては桃源に住んでいたのである。すなわちわれわれはかつて子供であった!」。

かかる「桃源の夢」「逸民の空想」への同化の思いは、たしかに柳田学が共有する「見果てぬ夢」と似た部分がある。しかし、似て非なる部分のほうが大きいのである。その非なる部分に横たわるのが、目前の現実へのドン・キホーテ的な思い入れの深さだ。恋い姫ドゥルシネーアも怪物風車もキホーテにとって現実そのものだった。現実にうちのめされるたびに、彼の夢は破れるどころか、カナドコでうたれる鉄のように強くなるが、この間のドラマの証人として、「見物」=読者と主人公の中間に立ってリアリスティックな註釈をするのがサンチョ・パンサである。サンチョとは「聖人」という意味だそうだが、まさしく聖なる喜劇の証人にふさわしい。

書物の中でくり広げられる「化物退治」の物語を、ドン・キホーテは眼前の現実において一つ一つ再現せずにはおれないが、その照合・検証作業に必須なのが聖なるパンサ=太鼓腹の証人である。

『ドン・キホーテ』のオープニングには、主人公の郷士の住むところをめぐり、「ラ・マンチャのさるところに」とある。その昔スペインで流行した騎士道小説の舞台が「英国の~」「コンスタンチノープルの~」といったエキゾチックな地名ばかりだったのに比し、セルバンテスは、グラナダやセビリアのようなエキゾチックとはいえないまでも由緒のある――日本でいえば若き和辻哲郎や折口信夫を感動させた京都・奈良のような――地名さえ使わず、荒涼単調で、非文学的な感じがただよう「ラ・マンチャのさるところ」を設定した。三島由紀夫ふうの騎士・貴顕のムードをだいなしにする田舎くさい土地を選んだのである。

柳田キホーテが書斎を出立した後、眼前の現実として選んだ探査の場所も、京都・奈良とは正反対の非文学的な、しかも大字、小字のつくような土地だった。

## 3

先の「趣味の遺伝」と併行して書かれた『吾輩は猫である』に「主人も寒月も迷亭も太平の逸民」などと出てくる「逸民」なる語は柳田の総索引には見当らない。漱石の『彼岸過迄』で用いられる「高等遊民」は、芥川の箴言集「侏儒の言葉」によれば「夏目先生から始まっている」という。遊民（游民）は『礼記』にある古いものだろうが、これに「高等」をつけると、「俗世間を離れて、隠れ住む人」の逸民に重なる遊民の新しいニュアンス――「高等教育」をうけていながら、職業につかずに暮らしている人――が強調されるというわけだ。

一九一〇（明治四十三）年執筆の啄木の「時代閉塞の現状」には、〈かくて日本には今「遊民」という不思議な階級が漸次《ぜんじ》その数を増しつつある。今やどんな僻村《へきそん》へ行っても三人か五人の中学卒業者がいる。そうして彼らの事業は、実に、父兄の財産を食い減《へ》らす事と無駄話をする事だけである〉と書かれている。これに永井荷風『すみだ川』第五版序の「然しわが生れたる東京の市街は既に詩をよろこぶ遊民の散歩場ではなくて……」を加えれば、日本近代文学における「(高等)遊民」の代表的な使用例が並んだことになる。

漱石の高等遊民は、「書斎以外に如何なる出来事が起るか知らんでも済む天下の逸民」「太平の逸民」の延長線上にある。逸民・遊民が〝高等化〟すると、「神経衰弱」という「時代閉塞」と有縁のシンドロームを病むに至る。鷗外の「かのやうに」にも、後期漱石文学の主人公にとり憑いた「神経衰弱」なる語が登場する。晩期漱石の〈則天去私〉や同じく晩期鷗外の〈諦念〉の如き実存の標語はこのシンドロームに対する処方箋だったといえる。それぞれまったく異なるやり方ではあったものの、時代的な病を強固な個人主義によって超克しようとしたのである。

西欧文学との出逢いがもたらしたこの個人主義の洗礼を、啄木も荷風も、そして柳田もひとしく受けたはずだが、その受取り直しのプロセスは似て非なるものとならざるをえなかった。

ゆるぎない個人主義的な内面のトリデを築く余裕をもちえぬ若き啄木におそいかかった国家主義的な強権病に対して、日本近代文学を代表する才能の中で、意外にも強い関心を示したのが鷗外だった。啄木のような〝永遠の青年〟に言葉の真の意味での好奇心を抱きつづけたのである。詳細にふれることはできないが、近代日本のディスクリーメン＝〈峠〉というべき一九一〇(明治四十三)年前後に鷗外がたてつづけに発表した「普請中」「ル・パルナス・アンビュラン」「ファスチエス」「沈黙の塔」「食堂」のような諸作は注目に値する。たとえばさいごにあげた「食堂」には、驚くべきことに、晩年の(といっても二十代だが)啄木がのめりこんだ無政府主義の由来・沿革をめぐる解説がなされているのである。

むろんこうした関心・好奇心は、後にポジティヴな「諦念」の中に姿を隠してしまう。鷗外の後継者をひそかに自任した荷風のいう「詩をよろこぶ遊民の散歩場」云々の言葉は、一見、同じく鷗外のふところから巣立った散歩党党首のそれを思わせるが、峠会会員兼散歩党党員のわれわれとしてはやはり似て非なる……の文言を繰り返さざるをえない。

「父兄の財産を食い減す事と無駄話をする事だけ」の「遊民」という不思議な階級の増加について啄木が記した一九一〇年――その前年の一九〇九年、啄木同様やはり柳田学とは付きが悪い作家太宰治が生れている。

文芸批評家田中和生の手になる韜晦にみちた『新約太宰治』（講談社、二〇〇六年）から、われわれが注視してきた近代日本の〈峠〉にまつわる簡潔な一節を引かせてもらう。

「一九〇九年は、明治維新から四十二年走りつづけてきた近代国家日本の、大きな曲がり角だった。世界では欧米諸国による帝国主義的な植民地化が進められていたが、日露戦争に勝利した日本もまた、それらに追随するようにして朝鮮半島から中国大陸への侵略をはじめていた。総理大臣をしりぞいて韓国の保護国化を進めてきた伊藤博文が暗殺されるのは、その年の十月である。以後、翌年の日韓併合という名の韓国の植民地化までは一本道であるが、それは一九四五年の敗戦までつづく、近代日本の方向を決定づける出来事だった。」

一九一〇年十二月に刊行された啄木の『一握の砂』中の一首――〈誰そ我に／ピストルにても撃てよかし／伊藤のごとく死にて見せなむ〉が思い起される。

翌一九一一年六月記の高名な詩篇「はてしなき議論の後」（『呼子《よぶこ》と口笛《くちぶえ》』）は、〈われらの且つ読み、且つ議論を闘わすこと、／しかしてわれらの眼の輝けること、五十年前の露西亜の青年に劣らず。／われらは何を為すべきかを議論す。／されど、誰一人、握りしめたる拳に卓をたたきて、／'V NARÓD!' と叫び出づるものなし〉とはじまる。「民衆の求めるものの何なるかを知る」青年の「はてしなき議論の後」、しかし誰も、「人民の中へ！」と叫ぶ者がいない……という啄木の詩的な叫びを、たとえば若き太宰治はプロレタリア文学なる時代の新意匠の中で受取り直すことになる。だが、日本近代文学において、ほんとうにほんとうのナロードの中へ入っていった者は存在しない。皮肉なことに、一九一〇年当時、内閣の仕事として日韓併合に関する法制作成にあたった柳田国男が、彼の創始した日本民俗学だけが、庶民と一線を画す常民という名のナロードの中へ潜入しえたのである。

庶民と常民の間に柳田が視ていた〈峠〉を曖昧にしか感受できないわれわれは、世話物という庶民芸術ジャンルを大成させた近松門左衛門が「芸といふ物の真実のいきかた」についてのべた一行——芸といふものは実と虚との皮膜《ひにく》の間（中間の微妙なところ）にあるもの也……を想い起す。虚にして虚にあらず、実にして実にあらず。まさしく、辞世の文に自ら「市井に漂て商買しらず、隠に似て隠にあらず、賢に似て賢ならず、ものしりに似て何もしらず……」と記した劇詩人にふさわしい芸道論だが、柳田の常民談義の端々にも、われわれはいわくいいがたい皮膜の間を見出すのである。

# 二十六　見ぬ世の人

## 1

「庶民のわたしが、庶民の立場から、庶民の歴史を書いてみたい」（『庶民の発見』）というような宮本常一のまっすぐで信頼にみちた「庶民」なる語の使い方や、折口信夫の「妣《はは》が国」「常世《とこよ》」から訪れるという「まれびと」なる語の、神秘的な意匠にくるまれているものの確信にみちた用い方と比較する時、柳田国男の「常民」は一種曖昧な含みをもたされた常用語である。その含みは、柳田学を象徴する如く、比類のない〈統合〉のイデーによってもたらされたものだといいかえたところでトートロジーの類にしかならないだろうか。

柳田学が案内するオクユカシキ旅は、ひたすら常民の〈そ〉を聴け、とわれわれにうながす。しかし、われわれには〈そ〉がなかなかつかめない。柳田が『民間伝承論』の中で、採集された民俗資料あるいは民間伝承の分類について、ヨーロッパでの先行例を批判的に紹介しつつ提案した三分類を思い起す。第一は、目に映ずる資料としての有形文化、第二は耳に聞える言語資料等の言語芸術、第三は、最も微妙な心意現象とされる。われわれが比類のない〈統合〉のイデーといったもののサンプルを、この三分類の中に見出すことができるはずだが、しかし、たとえばさいごの心意現象としての常民をとらえるとはいかなることなのかは容易につかめない。「聴」なる漢字は、白川静『常用字解』によれば、「耳と目と心とを要素とする字」だそうである。分類の第二の「耳に聞える言語資料」の場合をさらに〈統合〉したもの――〈そ〉が「耳と目と心とを要素とする」柳田的聴術といっていいだろうか。

初期において、たぶんにロマン主義的なまなざしがとらえた山人やサンカと区別されるものとして位置づけられた常民は平地民、ひいては被差別民以外の平民と重なる。歌のわかれの後、「われわれ常民」というような記述が見出されるようになるが、それが〝あるがままの庶民〟を含みつつも、何か別の要素と融合をとげた、虚実皮膜ふうの存在であるかの如く受けとめてしまうのは私だけだろうか。

露伴・鷗外・漱石以後の近代日本文壇を見限ったすえにうちたてられた柳田人文学という新しい文学――われわれが常民の〈そ〉を聴きにゆく磁場を仮にそんなふうに呼んでおきたいと思う。

『口承文芸史考』所収の「文芸とフォクロア」を、柳田は、岩波講座の自分への割当ては、「土俗学より観たる日本文学」となっていたが、そんな見出しではとても書けそうな気がせぬので、急に改めて「口承文芸大意」とすることに相談をしてきめた、と書き出している。

「名前なんかなんでもかまわぬようなものだが、今日わが邦で土俗学だの民俗学だのといっているものは、まるで高度計を忘れてきた飛行機同然な乗物である。そんな上から物を観たところで、第一問題の大きいか小さいかもわかる気づかいがない」とつづくこの一文が発表されたのは昭和七（一九三二）年である。柳田は自らが創始者となる「民俗学」という名称に対して長い間迷いを抱いていたようだが、この一節にもまだその余韻が感じられる。鷗外・漱石にまさるとも劣らぬ才能が、「名前なんかなんでもかまわぬ」と考えていたはずもない。書物のタイトルなどに寄せた柳田の思い入れがどれほど深いものであったか、愛読者なら誰でも知っているだろうが、書物にとどまらず森羅万象にわたる事物の名前をめぐって柳田が展開した思索は、たとえばプルーストの『失われた時を求めて』（鈴木道彦訳、集英社文庫）所収の「土地の名・名」におけるそれに匹敵するほどの世界文学思想的な強度をもつとわれわれはみる。

われわれが柳田学にみる世界文学思想レベルの強度は、声高で硬質の主義主張から限りなく遠く離れた、柳の枝の如くしなやかにたわむ柔らかく低いトーンをもつ文体の強靭さを指している。

畢生の大作でプルーストは、――大貴族というものは、農民と同じように、われわれがそれから物事を真に学ぶことのできる唯一の存在である、という意味の言葉を記す。若い時にこの言葉を読んだ私は、そこで大貴族と農民が並置されている一点に強い印象を抱かされたのだった。

思うに、柳田国男の常民は、プルーストの大貴族に相当する存在だったのではないか。大作中の「ゲルマント公爵夫人」で、プルーストは〈物の「名」が、われわれに現実の場所をさしながらそれと同時に、われわれがそのなかに流しこんだ未知のものの像《すがた》をもちらつかせて、この二つのものを同一化させることを強いるあまりに、どうせそこには見いだせないがやはりその名から切り離せなくなった魂をもとめてある町に出かけたりする年齢、そういう年ごろには物の名というものが一つの個性を与えるのは、寓意画のように町や川にばかりではない〉と書く。「名がいろいろの特色で彩色したり不可思議な魅力でみたすのは物質界ばかりではない」とつづけるプルーストが、この後案内するのは「社交の世界」であるから、われわれは急いでひき返さなければならないのだけれど、「一つ一つの有名な城、邸、館《やかた》には、森に妖精が住み水べに水の精がいるように、その貴女《おくがた》がおり、その妖精がいる。しばしば、妖精はその名の奥に隠れつつ、それを養う私たちの想像力のうごくままにしたがって変容していく」という一節に幻視されるドン・キホーテの原像に注意する必要がある。右のプルースト自身の文に、ドン・キホーテの名は登場しないにもかかわらず、だ。

## 2

ゲルマント公爵夫人の館を訪れるプルーストの話者は、カフカの『城』のKがそうであるように、すぐれてドン・キホーテ的である。時代も国も異なるが、ゲルマント邸での社交界の描写が、ドン・キホーテ主従が公爵夫人邸の客人となる物語の世界文学版本歌取りであることは疑いないだろう。

プルーストの話者は、大貴族の社交界という現実の場所にいながら、「未知のものの像」にとり憑かれるドン・キホーテ＝物狂い＝風狂の化身だ。現実の場所と未知のもの——「この二つのものを同一化させること」から彼の狂気が発生する。

大貴族から物事を学ぶプルーストの話者を逆立させたといっていいのが、失われたニッポンの〈峠〉を求めつづけた柳田学における常民の探究である。

三島由紀夫は未完の遺作評論『日本文学小史』において、かつて愛した民俗学に、精神分析と同様、「いひしれぬ不気味な不健全なものを嗅ぎとった」と断じ、「個々の卑小な民俗現象の芥箱の底へ手をつっこんで、つひには民族のひろく深い原体験を探り出さうといふ」その試みによって、人は「すべてがわかった」気になるだけなのだと批判したが、しかしわれわれのみるところ、「すべてがわかった」という気にさせるあらゆる通念を根源的に疑うデカルト的懐疑を日本学に徹底させた日本近代最大最良のユマニストが柳田国男だ。いやユマニストがすでに通念の垢にまみれた語だとするなら、『ドン・キホーテ』中の〈ウマニスタ〉といいかえておいてもいい。意味は同じだとしても、物の「名」の奥に隠れた日本的にオクユカシキ「妖精」は、たとえばオシラサマやザシキワラシがそうであるように、常民の想像力と不可分の「変容」を得意とするからである。

「いずれにせよ、私たちがその名をもつ実在の人物に近づくと妖精の影はうすくなる。今度は名がその当の人物をはっきり照らし出し、妖精らしいものがその人にまるでなくなるからだ。その人から遠ざかれば妖精はよみがえることができる。が、そばにじっといつまでもおれば妖精ははっきりと死に、名とともに死ぬ」と、プルーストの話者はまた、あまりにドン・キホーテ的な話をつづけているが、われわれ小作人は、その広大な田園にこれ以上踏み迷うことが許されない。

さいごにプルーストの大作中の言葉をもう一つだけかりれば「牛をのみこんだ大蛇みたい」な文体を共有する日本の〈ウマニスタ〉柳田国男の中にも、「変容」してやまぬ「妖精」＝「お嬢さん」を見据えるドン・キホーテ的な詩学への思いを汲みとることは容易である。

柳田の常民像の曖昧さは、ボルヘスのいう豊かさと同義の多義性に由来する。

それはすでにふれた〝韜晦の小島〟での泣き・笑いとむすびついているため、すこぶる「晦冥」（＝空がまっくらになることの意の漢語的表現）なものである。柳田の常民の「奥」には「妖精の影」が見出される。しかし、「実在の人物」が強調されるそれに近づくと、「妖精ははっきりと死に、名とともに死ぬ」。

『野草雑記』のオープニングで、柳田は少年の日を追憶していう――「……山に入らぬと色々の鳥は見られない。里にいるのは無数の雀ばかり、鳶《とび》と烏《からす》の他には空を横ぎるものがなかった。雁《がん》も水鶏《くいな》も時鳥《ほととぎす》も、すべて歌俳諧と版画とによって知ったのである」と。若き柳田＝松岡国男の文章の師にあたる鷗外も「サフラン」という随筆を「名を聞いて人を知らぬということが随分ある。人ばかりではない。すべての物にある」と書き出し、子供の時から「凧《たこ》というものを揚げない、独楽《こま》というものを廻さない。隣家の子供との間に何らの心的接触も成り立たない。そこでいよいよ本に読み耽って、器に塵の附くように、いろいろの物の名が記憶に残る。そんな風で名を知って物を知らぬ」ありさまをのべている。現実の物と、「未知のものの像」との二重性を生きるまさしくドン・キホーテ的な事態である。

鷗外の場合、「想像力のうごくままにしたがって」文業を深化させていけばよかったが、柳田の場合、鷗外に匹敵する非凡な記憶力を武器として、詩人松岡国男の「変容」――すなわち〝生れかわり〟のドラマを生きねばならぬ運命にあった。『山の人生』のオープニングにかかげた「空想で描いて見る世界よりも隠れた現実の方が遥かに物深い」という宣言は、常民像の晦冥さ――三島のいう「すべてがわかった」気になることの対極に位置するワカラナサと関わる、きわめて逆説的なものだった。この宣言を、『ドン・キホーテ』的にいいかえるなら、書物経由の「空想」を一つ一つねばり強く現実と照応させる振舞いだけが、真の「試み」＝〈エセー〉の名に値する、となるだろう。

ウマニスタは、根源的な〈エセーイスト〉であることが多い。モンテーニュの『エセー』はその筆頭にあげられるが、ボルヘスやプルーストや柳田の散文はすべて〈エセー〉なのである。『ルネサンス』の著者ペイターによれば、「神秘的」（mystic）という言葉は「閉じる」意のギリシャ語に由来し、本来口に出して言えないことを熟考するために「口を閉じる」を指したが、プラトン派に至って、内的により多くのものを見るために「眼を閉じる」意味にも転じるようになったという。

われわれの〈そ〉を聴きにいく――聴覚的想像力練磨の旅においても、ロマン主義でおなじみのものとは一線を画す、「耳と目と心とを要素とする」こうした本源的に「神秘的」な振舞いが必要とされるであろう。

根源的〈エセー〉の一つ『詩という仕事について』（鼓直訳、岩波文庫）の中で、ボルヘスは、言語が「学士院会員もしくは文献学者の発明品ではない」ことにふれたくだりにおいて、「それはむしろ、時間を、長い時間をかけながら農民によって、漁民によって、猟師によって、牧夫によって産み出されてきました。図書館などで生じたものではなく、野原から、海から、河から、夜から、明け方から生まれたものなのです」と語っている。われわれが柳田民俗学に見出す「神秘的な」視座を説明してくれていると思えてくるような一文だ。

## 3

内的により多くのものを見るために、口と眼を閉じた後のクライ世界に立ちあらわれるのが、日本における最初の〈エセーイスト〉の手になる『徒然草』に顔を出す「見ぬ世の人」である。わずか二行の第十三段のうちの最初の一行——「ひとり、燈のもとに文をひろげて、見ぬ世の人を友とするぞ、こよなう慰むわざなる」を、佐藤春夫の現代語訳をかりて書きかえておくと、「ひとり灯下に書物をひろげて見も知らぬ時代の人を友とするのが、このうえもない楽しいことではある」。(河出文庫『現代語訳徒然草』)

段の終りの「この国の博士どもの書ける物も、いにしへのは、あはれなること多かり」(わが国の学者たちの著書も、古い時代のものには心にふれることどもが多い)は、「今やうは無下に卑しくこそなりゆくめれ」(現代風は、むやみと下品になってゆくようだ)という第二十二段の言葉とつながっているだろう。

かつて、兼好はモンテーニュが生れる二百年も前に「モンテーニュがやったことをやった」と書いたのは『無常という事』所収の「徒然草」の著者小林秀雄である。『徒然草』が書かれたという事は、新しい形式の随筆文学が書かれたという様な事ではない。純粋で鋭敏な点で、空前の批評家の魂が出現した文学史上の大きな事件なのである。僕は絶後とさえ言いたい」と断じた時、その唯一の例外が「僕」が今書いている『無常という事』だと小林がひそかに思っていたかどうかわからないけれど、小林の戦時中の連作を「純粋で鋭敏な点で、空前の批評家の魂が出現した文学史上の大きな事件」と位置づけることにわれわれは同意する。

伝統とは結局、古典のことという立場をゆるぎないものとした上で、小林は戦後の歩みを開始していった。われわれの旅のテーマからは外れるので深追いはできないが、〈常〉なるものをめぐる小林の批評精神がたとえば「骨董という常にそれを玩弄するものを全人的に験さずにはおかない狂気と平常心の入りまじった世界の機微」を語る方向などに傾斜する時、われわれはそこにドン・キホーテ的物狂いとは異質の沈潜をみてとり、例のとりつくシマのない感じを抱かされるのではあるが。

昭和二十六年発表の「真贋」のオープニングだけで、われわれの後期小林秀雄に対する違和感の一端を語るのにじゅうぶんである。良寛の「地震後作」と題した詩軸を「得意になって掛けていた」ところにやってきた良寛研究家でもある吉野秀雄との対話――。

「地震というのは天明の地震だろう」「いや、越後の地震だ」「ああ、そうかね、越後なら越後にしとくよ」「越後地震後作なんだ」「どっちだって構わない」「いや、越後に地震があってね、それからの良寛は、こんな字は書かない」

このやりとりの後、「純粋な喜びは果敢無《はかな》いもので」、糞ッいまいましい、又、引っ掛かったか、とつぶやいて小林は掛軸をバラバラに切ってしまう。切るのに用いた刀も骨董の名刀で「越後だよ、全くよく切れるなあ、何か切ってみたかったんだが、丁度いいや」と小林が洩らす。「二人は酒を呑み、いい機嫌であった」とつづき、枕の話は終る。

かの『方丈記』に描かれた――「山は崩れて、河を埋み、海は傾《かたぶ》きて、陸地《くがち》を浸せり。土裂けて、水湧き出で、巌《いわほ》割れて、谷に転《まろ》び入る。渚漕ぐ船は、波に漂ひ、……」という「世の常」ならぬありさまが眼前の事実となった《3・11》後の不安の只中ということも手伝い、私は、越後の地震後の良寛の字がなぜ変ったのか、の一事が気になって仕方なかったが、ニセモノと本物をめぐる小林の文脈にとってそれはさしたることではないようである。私はこのエピソードについてしたり顔でこれ以上語ろうとは思わない。ただ、ここにあらわれた名刀と、「徒然草」で小林がふれた「利き過ぎる腕と鈍い刀」との無残なまでの差異に、ため息をもらさざるをえないのである。

見ぬ世の人（見も知らぬ時代の人）を友とする振舞いは、「いにしへ」（古い時代）を尊び、「今やう」（現代風）をおとしめる方向に傾く。『後狩詞記』や『遠野物語』で、眼前の事実を強調した柳田国男も、このディスクリーメン＝〈間〉に佇んで、日本における空前のウマニスタ――トマス・モア『ユートピア』の言葉をかりれば〈魂のため、真理探究のために人文学（リテラエ・フマニオーレス）に専心する人間〉――の道を切り拓こうとしていた。

われわれの自前の〝聴術〟にあって、〈見ぬ世の〉は、〈見果てぬ〉の響きにも重なる。見ぬ世ったからこそ「すべてがわかった」と気にさせることは決してないだろう。の人との対話は、見果てぬ夢を手放さない。その見果てぬ夢は、われわれをして「すべてがわかった」気にさせることは決してないだろう。

ドン・キホーテが、床屋の金だらいにマンブリーノのかぶとを重ね視た如く、柳田国男はトマス・モアのいう「大衆のおろかな想像」にさえ、おかしくもあわれな常民の信仰を視てとろうとした。たとえ、〈常にもがもな〉を希求する常民がスペシャルな見ぬ世＝ユートピアにしか棲息しえぬとしても、そこに〈変転の中の持続〉（ゲーテ）や〈不易流行〉（芭蕉）のイデーの化身を見定めんとしたのであった。

# 二十七　幽冥教

## 1

『後狩詞記』の自家出版より以前、のちに竜土会と呼ばれる会合に柳田が出席し、多くの文人との交わりを繰り返していた明治三十八（一五〇五）年、石川啄木が書いた詩篇「卯月の夜半」の第一連はこうである。

「眠れる人はさめてこそ／まことの暗を知るべけれ。／さめたる人は眠にぞ／まことの光したしまむ」

われわれはここで、三十六歌仙もしくは富嶽三十六景を気取って展開するわれわれの〝巡島記〟のはじめのほうでふれたと記憶する若き新体詩人松岡国男の「夕ぐれに眠のさめし時」――「うたて此世はをぐらきを／何しにわれはさめつらむ、／いざ今いち度かへらばや、／うつくしかりし夢の世に、」を再度口遊んでみたくなる。

〈柳田の民俗学は「いざ今いち度かへらばや、うつくしかりし夢の世に、」という情念の流れのままに探索をひろげていったようである〉と書いたのは吉本隆明の『共同幻想論』だった。

近代という「をぐらき」世にめざめた者が「今いち度かへらばや」と願う「うつくしかりし夢の世」がどういうものを具体的に指すのか詩人は明示していないが、「まことの暗を知る」さめたる人が眠りに見出す「まことの光」には、前近代といっても足りない前世ふうのアウラがまじっているだろう。

前世ふうのアウラとして想い起されるのが、たとえば兼好法師の怪しうこそ物狂ほしい「つれづれ」なる時間のそれだ。「つれづれ」という言葉は、平安時代の詩人等が好んだものの一つであるが、誰も兼好のように辛辣な意味を見つけ出した者はなかった、としたうえで小林秀雄はこう定義づけた――〈兼好にとって徒然とは「紛るゝ方無く、唯独り在る」幸福並びに不幸を言うのである〉と。

小林が「辛辣な意味」といったのは「唯独り在る」ことが幸福であるにもかかわらず不幸でもあるからだ。兼好以前にも、そして以後にもかかる「つれづれ」を見すえた者は無いと小林は断じたが、しかしすでに指摘したように、柳田は「これを単に退屈というだけではなく、淋しいまたは腹がへったという意味」の方言「徒然《とぜん》」あるいはトゼネエを「眼前の事実」として耳に収めた。物足りなく淋しい感じ――のいわば常民版ともいうべき「腹がへった」というリアルな意味を高踏的な「徒然」につけ加え、一種の神話剥がしを敢行しえた柳田国男のマナザシをこそ、われわれは「辛辣」と形容したい気がする。物狂おしい「つれづれ」にとり憑かれた柳田ドン・キホーテの耳が、啄木的「食《くら》うべき詩」の化身であるトゼネエにうたれた時、サンチョ・パンサ的なるものとの出遭いをはたしたとわれわれはみなすのである。

冒頭の啄木の詩篇と同年の明治三十八年、三十一歳の柳田は、怪談的なるものへの関心を最初にもりこんだ談話「幽冥談」を発表している。そこで柳田は、宗教の自由は憲法が認めているが公益に害あるものは認められないと前置きし、「伝道の困難なもので公に認めることのできない宗教」という意味の「幽冥教」にふれる。

散歩党や峠会にまさるとも劣らぬオカシくもアワレな宗教名である。ほうとする話を期待してやまぬわれわれの気が済む「幽冥教」教祖は、さらにこう語る。

「ゆえに幽冥談をするのに、ほかの人の見方と僕の見方と考えが違っているというのは事実である。ほかの人は怖いという話でも、どこか昔話でも聞くような考えで聴いている。僕はもっと根本にはいって因って来たる所を研究しようという傾きを有っているのです。」

柳田学成立以前の頃の話だが、「ほかの人の見方と僕の見方と考えが違っている」事実がすでに独特の道化味をまじえつつも強調される。昔の小説家の空想の産物も含め、「なるべく広く読んで、その中の直覚的の本当の物、面白く読ませる小説的に書いたものでない珍らしい物だけを、現に写しとりつつある」という。

五年後の『遠野物語』の書き「写し取り」作業の前史といっていいものだろうか。

アウラとか前史とか、よく知りもしない外国経由のイデー語を濫用することにわれわれは一種の居直りをきめている。かかるありさまに対し、誰よりも厳しい批判の眼を向けつづけたのが柳田国男であると知っているにもかかわらず、である。

では今頃になって、遅ればせながら、ベンヤミン的アウラの定義めいたものの一つを引けば——

「見つめられた物の中に目ざめる視線の遠さ」となる。

われわれはこの定義を、冒頭の啄木と松岡国男の詩行に重ねようとするのである。

## 2

「僕はもっと根本にはいって因って来たる所を研究しようという傾きを有っている」と語る民俗学成立以前の柳田のマナザシは、やはりベンヤミンのキーワードの一つ〈根源〉を用いて説明すると、他ならぬ私の気が済むのでそうさせてもらう。

〈そ〉は、事物を眺めるところから単純に浮びあがってくるようなものではないとベンヤミンはどこやらで書いていたはずだ。〈そ〉は、事実と見えるものの前史と後史にかかわっている、と。「幽冥談」には、「この世の中には現世と幽冥、すなわちうつし世とかくり世というものが成立している。かくり世からはうつし世を見たり聞いたりしているけれども、うつし世からかくり世を見ることはできない」とある。

歴史の〈根源〉をめぐってベンヤミンが目前の事実の前史と後史にかかわるといっていることと、幽冥教教祖の「うつし世とかくり世」とを一緒にしてしまうのは、たぶん〝ドン・キホーテ沙汰〟の一種にかぞえあげられるだろう。

「山の人生」で提示された「空想」と「隠れた現実」の対峙なども、あえてドン・キホーテ的にごちゃまぜにして受取り直すため、ついでに、空想と想像力との違いについて、これはたしかべンヤミンの本経由によるボードレールのポー論中の言葉だったと記憶するものを引く。すなわち真の想像力とは、事物同士の内面的かつ密かな関係と、照応《コレスポンダンス》と、類似《アナロジー》を感知する神的といってもいいほどの能力を指す。

驚くべきなのは、こうした内面化の能力が、ボードレールにみられるように、「永続性を保ちながら、急速に古びたものになること」という逆説を生きる本当の詩人にしか宿らないことである。

コレスポンダンスとアナロジーには該当しないだろうが、たとえば折口信夫の「翁の発生」の――「すくなくとも我々の観念にあるおきなは、ただの老夫ではない。芸道化されたおきなを、実在のおきなに被せたものなのであります」という言葉や、ベケットの『勝負の終わり』の――「古い問題が好きだ。ああ、古い問題に、古い答え、それがいちばんだ！」というセリフなどが、脈絡なく、われわれの脳裡を去来する。

子どものような老人としての、あるいは「お嬢さん」を孕んだオキナが、事物の境もしくは〈峠〉を凝視しつづける時、アウラ付きの〈根源〉がたちあらわれるようだ。『日本の伝説』の中で柳田は「境は、最初の神々が御定めになったように、教えていた人が多かったのであります」とのべている。柳田の「かくり世」は、折口の「常世」とアナロジー関係にあるとはいえるが、しかし「たとえば甲と乙と相対坐している間で、吾々が空間と認識しているものがことごとくかくり世だ」（「幽冥談」）というような教祖の言い草は細心の注意を要する。

柳田は折にふれ、〈そんな古い時代の研究は私の任ではない〉という主調音をもつハナシを繰り返したが、民俗学以前の談話「幽冥談」からしてすでにそうだった。「かくり世はうつし世より力の強いもので、罰する時には厳しく罰する、褒《ほ》める時にはよく褒める、ゆえに吾々はかくり世に対する怖れとして、相対坐しておっても、悪い事はできない、何となればかくり世はこの世の中に満ち満ちているからである。」

怪談的なるものをめぐるハナシに、ひとたび〈根源〉の光――啄木詩篇にいう「まことの光」があてられると、たちまち倫理的《エシカル》なものがたちあらわれる。「幽冥談」当時の柳田は、ユートピアの相貌をおびる「かくり世」からのアウラについて、「書物なしではその深い事をお話することはできないが」とのべる。読書人＝キホーテならではの立場に踏みとどまっていたわけだが、「現世」＝「うつし世」と「幽冥」＝「かくり世」との交通が「まるっきりなくはない」としたうえで、「人の心の純なるもの、ごく性質の無邪気な、その心をもっぱらその方に努めておったものは、自ら進んで交通することができる」という一節などは、騎士物語を読み込んで種々の幻術に精通するべく「その心をもっぱらその方に努めておった」キホーテの口からもれてもおかしくない言葉である。

常民の霊魂から成る「かくり世」が「うつし世」より力の強いもので、罰する時には厳しく罰する、褒める時にはよく褒める……と語る柳田の姿は、子どもの時から自分にとり憑いて離れぬ「ダイモン的なもの」について語るソクラテスに似ている。柳田にとってのダイモンは、うつし世とかくり世との境――虚実皮膜ふうの間に棲みなす神である。

啄木の「卯月の夜半」の第二連と第三連はこうだ。

「卯月の夜半の花の窓、／夢の樹陰に身はさめて、／（ねむりか、あらず、永劫の／ゆめの中なるさめ心地）」

「天地つつむ花の香の／うるほひふかき影の世や、／さめてさめざる一瞬に／光と暗を忘れける」

## 3

啄木のいう「永劫のゆめの中なるさめ心地」を知る者だけが見定められる「うるほひふかき影の世」を、われわれの教祖のいう「かくり世」に重ねても許されるだろう。「かくり世」のあることを確信して、そこからのアウラを（とはいっていないが）怖れているために自ら、儒教で言えば独を慎む、すなわち道徳を守るのである、と教祖は語る。それができないのは、「幽冥を信ずる力」が弱いからにすぎぬ、と。『日本国語大辞典』の「慎独《しんどく》」を引くと、出典は『大学』、「自分ひとりだけで他人の目がない時でも、身を慎み、道にそむかないように心がけること……」とある。

柳田学を貫く「道」は、この「慎独」と、「紛るゝ方無く、唯独り在る」幸福並びに不幸をめぐる兼好法師の「徒然」との「間」＝ディスクリーメンに架け渡されているとわれわれはみる。

ベンヤミンはボードレールの詩篇をめぐる文の中で、「祝祭日を重大で意味深いものにするのは、前世の生との出会いである」と解説した。

ベンヤミンのいう前史と後史もよくわからぬまま、われわれはさらに彼が言揚げした〈原史〉や〈翻訳者の使命〉などを幽冥教開祖が発見した「道」に重ねる。詳細を忘れてしまったにもかかわらず、私は以前に書いたベンヤミン論において、童のような心で聴きおさめたハナシの数々に満足したことを覚えている。

たとえばまず、――多くの言語をひとつの真の言語に積分するという壮大なモティーフが翻訳者の仕事を満たしている、とベンヤミンは語る。こんな翻訳者の課題をはじめて聴いた私は、驚いて「目を円く」する他なかった。

死や誕生や結婚や成人などに結びついて民俗学的儀式――通過儀礼《パサージュ》に思いを馳せたベンヤミンは、近代の生活ではこうした「節目」は次第に目立たなくなり、体験できないものになってしまったと語り、こうつづける。

「われわれは、別の世界への敷居を越える経験にきわめて乏しくなってしまっている。おそらく眠りにつくことが、われわれに残された唯一のそうした経験だろう（したがって目覚めも同様である）。敷居を越えることで夢が形態を変化させるように、会話でのやりとりの変化や愛における役割変化も敷居ぎわを大波のようにゆれ動いているのである。」

岩波現代文庫版『パサージュ論』第三巻（今村仁司・三島憲一ほか訳）から引いたが、読みとりにくい断章をさいごまで眼をこらすと、この欠け端は、娼婦たちの好きな「夢の門の敷居」のハナシとわかり、柳田学をめぐる通念と無縁のように思われるが、そうではない。

境界線と区別される一種の領域である敷居には、柳田のいう境の神もしくは峠の神が棲みなすだろう。断章の終りを引く。〈変化や、移行や、満潮などの意味合いが、「溢れる」［schwellen］という言葉には含まれている。語源研究はこれらの意味合いを見逃すべきではない。しかしその一方で、この言葉がそうした意味合いを持つようになった直接の構造的、儀式的な連関を確定することが必要である。〉

われわれのスイッチバック式列車もまたベンヤミン的な〈パサージュ〉の軌道をたどるものだ。〈そ〉は、「夢見ながら覚醒を目指して進む」のである。

列車の中で、われわれは——ああ古いものが一番だ……とベケット劇の登場人物のセリフを鼻唄のようにつぶやいたが、「幽冥を信ずる力」への信仰を保持すれば、ベンヤミンの——「まったく書かれなかったものを読む」。この読み方が最古の読み方なのだ……という言葉と共振するだろう。

ベンヤミンが洞察した「敷居ぎわ」の世界でひときわアウラを放つのは、「女、子ども、老人」にまつわるものである。日本近代において、これらを比類のない「積分」＝「統合」する文体でからめとったのが柳田国男だった。

柳田の「低い」調子の文体は、山の上りではなく下りにみられる「成長して行く快い夢」を見事にとらえた。それを可能にしたのがベンヤミンのいう「蒐集家の老人的な性質と浸透しあっている、その子供的な性質」であるが、われわれはもう一つ、「お嬢さん」というアダ名に象徴される巫女的な物狂いの性質を加えておきたい。

この物狂いの歩みを、吉本隆明『共同幻想論』の一節をかりて表現すれば——「夕ぐれに〈眠〉

からさめたときの薄暮のなかを、くりかえし徴候をもとめてさ迷い歩くのににていた。〈眠〉からさめたときはあたりがもう薄暗かったので、ふたたび〈眠〉に入りたいという少年の願望のようなものが、かれの民俗学への没入の仕方をよく象徴している。」

幽冥教開祖は、自在に「敷居ぎわ」を往来する。「かくり世」は遠いところにあるのではなく、きみと私と対座する「今・ここ」にも顕現すると彼は説く。私の散文は、と彼は「鼻唄考」でいう——「いつまでも古風な仕事唄の類であった……」と。

しかしその古風は、プルーストが作品に課した「眠りながら眠りを検討することの不可能性」にも似た難行の風を呼び寄せてやまぬものであった。ベンヤミンは、「専門的講演を、なぜ子どもたちのためにもやってはいけないのか」（『子どものための文化史』）と語ったが、柳田の〈子ども向け〉になされた専門的講演を想い出さずにはおれない。

ドン・キホーテ的難行の数々をわが身に課したウマニスタの魂の原型に思いを馳せるべく、われわれは啄木がやはり明治三十八年に書いた詩篇「妹よ」の欠け端を——幽冥教の唄として口遊む。

「野の石抱くさすらひの／悲歌に血吐きし孤児《みなしご》も、／心の空に雲遊び、／心の枝に風光り」

# 二十八　本業の夢想家

## 1

『島の人生』自序で、柳田は、「この一冊の中には、近藤富蔵という人の名が何のつきもなく数処に出現することを、奇異に感ぜらるる読者がきっとあるだろう」と書いている。二十三歳で八丈島に流され、八十四でこの島に還って死ぬまで六十余年の最大部分を小さな一島の中に送ってしまった近藤富蔵は、「長命して時が多く、書くより他の楽しみがなくて、やたらに書き残したものが偶然に久しく伝わっているにかかわらず、この一人の生きてそうして書いていたことが、何を意味するかは自分も心付かず、外からはもちろん省みなかった。この点がほんの少しばかり、『島の人生』の著者と似ている」と。

近藤富蔵がどんな人物かわれわれは全くわからないのだけれど、おびただしい分量の書きものが残されているにもかかわらず、それがいかなる意味をもつのかについて本人も「心付かず、外からはもちろん省みなかった」点が「ほんの少しばかり」柳田自身に似ているというところに、オカシサとアワレさをかきたてられる。

近藤富蔵は柳田にとって、もちろん「見ぬ世の人」である。「ひとり、燈のもとに文をひろげて、見ぬ世の人を友とするぞ、こよなう慰むわざなる」とある『徒然草』の一つ前の第十二段は、こうはじまる。

「同じ心ならん人としめやかに物語して、をかしき事も、世のはかなき事も、うらなく言ひ慰まんこそうれしかるべきに、さる人あるまじければ、つゆ違はざらんと向ひゐたらんは、たゞひとりある心地やせん」（同じ心を持った人としんみり話をして、おもしろいことや、世のなかの無常なことなどを隔てなく語り慰め合ってこそうれしいわけであるが、同じ心の人などがあるはずもないから、すこしも意見の相違がないように対話をしていたならば、ひとりでいるような退屈な心もちがあるであろう。）

柳田が、――こういう問題こそは感情を害せずに、かの『徒然草』に「我はさやは思う」と言ったように、静かにカタリ合ってみたいものである、と「御伽噺と伽」に書いたことにすでにふれたが、それが出てくるのがこの第十二段だ。「我はさやは思う」は、諸家の解釈に従えば「自分はどうもそうは思わぬ」などと言い争って、相手をとがめるニュアンスのようである。「同じ心ならん人」（同じ心を持った人）などがあるはずもない、と前半でいっていることをうけ、後半で、腹をわって論争できたら心も晴れるだろうが、現実には、釈然としない思いをのべる、その言い方が自分とは違う人が多く、そういう人とはおざなりの話をしているうちはともかく、「まめやかの心の友」（真の心の友）とはまったく別のもののように感じられるのは実にわびしい……と文をむすんでいる。

結局、「まめやかの心の友」は、「見ぬ世の人」にもとめる他にない、ということで次の第十三段につながるわけだが、われわれは柳田国男の「見ぬ世の人」との対話の仕方に、啄木の詩篇にいう「永劫の夢の中なるさめ心地」をみてとる。見ぬ世は見果てぬ夢の世にひとしいが、しかし〈そ〉が発するアウラは、あくまでめざめた「今、ここ」に届くものとしてとらえられる。啄木のいう「うるほひふかき影の世」すなわち「かくり世」に棲みなす「まめやかの心の友」の声は、「今人」であるわれわれの耳に届きうる。もしもわれわれに〈そ〉を聴き収めるための聴術の何たるかがわかるならばである。

柳田は『島の人生』にあらわれる近藤富蔵についての言及が書物自体と「何のつきもなく」といっているが、われわれの〝巡島記〟においても、柳田学とあまりつきがよくない西欧の作家への言及や啄木をはじめとする東北原詩人列伝というべき記述が頻出することを「奇異に」感じる読者がいるだろう。

近藤富蔵をめぐって柳田は、「生きてそうして書いていたことが、何を意味するかは自分でも心付かず、外からはもちろん省みなかった」と語ったが、近藤の実存に柳田が見出したものにわれわれも〝とりつくシマ〟をみてとる。

われわれのテーマは、柳田学を世界文学レベルのシュンポシオン（饗宴）においてカタルことにある。たとえ、虚構に浮き身をやつす輩と一緒にしてもらっては困ると柳田自身に迷惑がられようとも、だ。たとえば――「ある物語」を聞きとるためには耳が必要だし、その耳の成熟には永い時間がかかる、というカフカの言葉に柳田的聴術を見出したりする。柳田学をサカナにするのではなく、それを用いて世界文学的なサカナをすることを夢見ているのである。

# 2

特異な稗史小説家の柳田が「生きてそうして書いていたことが」世界文学思想の〝閾〟でいかなる意味をもつのかを問いつつ、一方われわれは、自分に親しいシマでそれを受取り直したいとも願った。そのシマこそ、東北の〝原詩野〟に他ならない。

柳田というハタケの小作人たる私が、かつて、その膨大な著作群の中に「東北文学の研究」（大正十五年）なるタイトルの一書を見出した時、約束のシマを与えられたサンチョのように胸おどらせたが、それはつかのまのことだった。中身は近代以前の『義経記』『清悦物語』といった古典籍をめぐるもので、当方の予想とはかけはなれていたからである。

私がとりつくシマを見出し、その原詩野でサカナをすることができると実感した近代東北文学の初源は、たとえば、明治四十（一九〇七）年二十歳の啄木の手になる「林中書」のような一書の中にある。当時、渋民尋常高等小学校尋常科代用教員だった啄木が母校盛岡中学の校友会雑誌に、「一交友――夢想家」の匿名で寄稿したこの書で、啄木は自己紹介していう――〈職業は、夢想を本職とし程近い○△小学校の代用教員を副業に勤めている。本職の方からは一文の収入もないが、副業によって毎月大枚八円という月給を役場の収入役玉山与作君から渡される。名前はたくさんにある。（中略）皆他人から頼みもしないのに附けられた名ばかりであるが、時々必要に応じて自分の附けた名もまたたくさんある。「夢想家」もその一である。戒名はまだ無い〉と。

「Doctor of Dream」――この「捨つるに忍びぬ記念標」こそは、われわれウマニスタ志願の文芸小作人が唯一身に帯びたいと思う肩書である。

「日本は依然として東海の一孤島で居る」という前提に立って、漱石の猫を思わせる諧謔まじりの飄々とした語りを展開するこの長い書簡体エセーには、文芸小作人が柳田というハタケの耕作過程で確認した真の〝泣き笑い〟を随所に見出すことができる。

柳田が自らと「ほんの少し」似ていると語った近藤富蔵とは対照的に、石川啄木の人生は驚くばかりに短いものだった。しかし、本業夢想家のあまりに短い実存には、アウラ付きの〈根源〉が数多く封印されている。最も重要なのは、文字通りの空想家を短い歳月の中でドン・キホーテ的夢想家に鍛え上げていった「生活者」という必要性である。無惨なツナ手綱が夢想家を拉し去ったその時点で、啄木は早熟の天才詩人というヤマから下り、揺ぎない生活者の地平に向かおうとしていたのである。

「余は石塊である、が同時に日本人中の一人である。日本人であるからして、これ以上に日本を罵る事はようせんのだ。が、日本人であると同時に、また地の一塊の上に嘯いている一夢想家である。世界の人である。」

一夢想家は「哀れなるコスモポリタンの徒」でもあった。彼のいる「地の一塊」を、われわれは柳田学に学んだ「シマ」とみなす。既出の『島の人生』自序で、柳田は、「島」はかつて「今の言葉でいう部落また大字」を指したと書いている。かかる古字＝ツムジをたんねんに巡礼しつづけた群島学者の立ち位置と、「林中書」の一夢想家のそれが「ほんの少し」似ているとわれわれは考えたいのである。

柳田はついには「一国民俗学」の立場にふみとどまったが、それが根源的なコスモポリタンの方法によって選択されたものであることに注意せねばならない。日本近代において柳田ほど真に国際的な視座をもつウマニスタは存在しなかったとわれわれは見るが、日本人であると同時に、そうであるにもかかわらず「世界の人」だとする本業夢想家の視座とよく似たものと映ってしまうのである。

では「林中書」の主たるテーマは何か。その問いも、柳田的ユーモアを招き寄せる。

「これからいよいよ本題である」と啄木はいうが、にもかかわらず、すぐ「予は予定を変更して、以下この本題のためにわずか数枚の紙を費やそうと思う」と、柳田的なはぐらかしをおこなったあげく、「万事形式の整然たるを尚ぶ今の日本において、竜頭蛇尾な、幽霊のような、破格な文章を書くのも、なかなか一風流な方法で、かえって面白いようにも感じられる」とのたまうに至る。

## 3

「本題」とは、日本の教育についてであった。夢想家によれば、その真の目的は、「人間」を作る事である。決して、学者や、技師や、事務家や、教師や、商人や、農夫や、官吏などを作る事ではない。どこまでも「人間」を作る事である。ただ「人間」を作る事である。これでたくさんだ。智識を授けるなどは、真の教育の一部分に過ぎぬ。

右の持論が、二年後に書かれる「弓町より――食うべき詩」中の三つの「詩人たる資格」――〈詩人はまず第一に「人」でなければならぬ。第二に「人」でなければならぬ。第三に「人」でなければならぬ。そうして実に普通人の有っている凡ての物を有っているところの人でなければならぬ〉というウマニスタ節につながっているのはみやすいだろう。

われわれの「本論」である柳田の教育論を対置させ、それがやはりよく似た調子のものであることをのべるだけの余裕がほとんど残されていない事態もまた柳田が愛するヲコの沙汰というべきだろうか。

国際的な孤児根性の持主たりえた「哀れなるコスモポリタンの徒」は、また書いている。「現在における予は、疑もなく生活の戦場の第一戦に、脆くも一敗地にまみれた残兵の一人である。そして数月以前からこの林中に隠れて、来るべき第二戦第三戦のためにおさおさ準備怠りなく夢想している男である。」

一敗地にまみれる歴史を繰り返してきた東北のフィールドで、以後、本業の夢想家のあとを継ぐ者があらわれた。われわれとしては、「第二戦」に宮沢賢治、「第三戦」に太宰治をあげたいところである。

第四戦とみなす寺山修司は、中でもとりわけ柳田学とつきが悪い。私はかつて寺山の挑発的言動をキッカケにして短詩型文学に入れあげたことがある人間だけれど、今は正直に、寺山の歌人以後の華麗なポストモダニズムふうの言動についていけなかったことを記しておく。〈書を捨てよ、街へ出よう〉という挑発は十分に魅力的だったものの、彼が面白いとする「街」の事象の大半に私は〈詩〉を感得できなかった。

同じ次元のハナシといえるかどうかわからないが、たとえばファンとして熱心に読み込んだ坂口安吾の日本文化論や、大量の日本的世相をめぐるエセーなどにも、痛快なもの・愉快なものをみてとり拍手したことがあったが、柳田の『明治大正史』の〈世相篇〉に貫流する〈詩〉と比較すると、とりつくシマのないものに映るのをいかんともしがたかった。戦後の大衆文化を先取りしていたといわれる「日本文化私観」中の高名な一節――「伝統の美だの日本本来の姿などというものよりも、より便利な生活が必要なのである。京都の寺や奈良の仏像が全滅しても困らないが、電車が動かなくては困るのだ」に、啄木的な「必要」の詩学をみてとることが今でもできるにもかかわらず、このエセーで安吾が「京都の寺や奈良の仏像」と対比してポエジーを感じている事象に、完全に同調できない自分を見出すという他ない。

たとえばまた、私は若年時吉本隆明の〈大衆の原像〉に深く吸引されて以後、吉本の著作群に親しんだけれど、いつの頃からか〈マス・イメージ〉に全面的に寄り添う傾向が強まるに至って、やはり、小林秀雄の骨董談義や三島由紀夫の天皇談義に対するのと同様の、とりつくシマの無さを感じるようになった。

さてとめどない脱線話をもどし、私の好きな寺山修司の遺稿詩篇「懐かしのわが家」の全部を次に引く。

〈昭和十年十二月十日に

ぼくは不完全な死体として生まれ
何十年かゝって
完全な死体となるのである
そのときが来たら
ぼくは思いあたるだろう
青森市浦町字橋本の
小さな陽あたりのいゝ家の庭で
外に向って育ちすぎた桜の木が
内部から成長をはじめるときが来たことを

子どもの頃、ぼくは
汽車の口真似が上手かった
ぼくは
世界の涯てが
自分自身の夢のなかにしかないことを
知っていたのだ〉

われわれはここに、本業夢想家の「永劫の夢の中なるさめ心地」の表白をみてとる。詩人松岡国男の〈うたてこの世はをぐらきを何しにわれはさめつらむ……〉のささやきは、この詩篇ともやい舟のようにつながっているだろう。その一事を確認すれば、たとえ両者に否認されようとも、童っぽいわれわれの気が済むのである。

松岡国男にとり憑いた本業の夢想家は柳田国男の死に至るまで死滅しなかった。太平洋戦争後、国破れて夢も散り果てた昭和二十二年に行われた中野重治との対談「文学・学問・政治」で、松岡&柳田国男はこう語っている。

「どうも全体に、……まず破壊というような態度になって、建設的な意図がちっともあらわれていない。だからユートピアでもいいから、こうなるのだという夢の材料を、もう少しわれわれのような年をとって想像力でもって将来の日本のことも考えてる者に、安心のできるようなプランを示さなければならない。」

# 二十九 全篇皆序文

## 1

一八四四年、ニコラウス・ノタベネという仮名でキルケゴールが出版した『序文ばかり』――時と場合に応じて、個々の階層の人びとのためにかかれた娯楽的な読物――は、八つの序文ばかりで成り立つ書物である。偽名著者のニコラウス・ノタベネは、八つの序文の前に、さらにそのための序文をしたためるといういたずら好きの道化師振りをあらわにするが、その「はじめに」の中にこんな文言がある。

「美的な感覚の発達した作者はだれでも、書物をかく情熱はまったく感じないが、自分のかいたものであれ、他人のかいたものであれ、そんなことはおかまいなしに、とにかく、ある書物に対する序文をかくことに、まったく夢中になってしまうような瞬間をもったことがたしかにあるにちがいありません。そのことは、序文というものが書物とは本質的にことなっており、序文をかくことが書物をかくこととはまったく別のことである、ということを意味しています。」（熊沢義宣訳『キルケゴール著作集』十巻、白水社）

序文狂ともいうべき「美的な感覚の発達した作者」として、われわれの脳裡に真っ先に浮かぶのは〈バベルの図書館〉館長ボルヘスだが、美的感覚に乏しい当方なども自らの書物を書く情熱に比して、「ある書物に対する序文をかくことに」対する情熱がはるかに高い類のヲコなる種族の仲間とみなされたいと念じている人間である。

セルバンテス『ドン・キホーテ』や、ボルヘスが本文よりも面白いと断じるモンテーニュ『エセー』に付された序文、それに『徒然草』の序段など、何度読んでも味わい深く、ボルヘスよろしく本文よりすばらしいと考えてしまったりすることさえあった。

二十九章に至ってなお、柳田国男をめぐる本論に至っていない実情をかんがみ、私はむなしいいいひらきをしようとする。最初から柳田学をつぶさに検証して論じ尽すことなど考えていなかった。ボルヘスふうにいえば、他者の手になる、あるいは自らの柳田論が「すでに存在すると見せかけて」その序文を書き連ねて、いや書き直しつづけてきたようなものなのである。

われわれのスイッチバック式列車が見切り発車して以来、まじめに何度も想を練った編集企画の一つに、『柳田国男序文集成』というのがあった。虚構の『序文ばかり』をものしたキルケゴールは、実際に、自著に対して序文を付すのを常としたが、私はその愉快なモノ深さに若年の頃からうたれつづけたあげく、『キルケゴール序文集成』なる企画をたて、デンマーク語原典に拠る私訳を幾つか試みたことがある。もちろん独習者のおぼつかない語学力ではとうてい不可能な難事業で、とりわけ愛惜度の高い『哲学的断片』と『おそれとおののき』の二つほどで挫折してしまったが。

さて柳田の序文は、キルケゴールにまさるとも劣らぬ諧謔・道化の精神に裏打ちされたモノ深さを発揚するが、それは序文の形をとっていない場合でも、たとえば——「私の話は前置きが長くて、本文はかえって僅かしかないが……」（『野鳥雑記』）といった断り書きの中にも見出しうる。さらにわれわれにとって都合のよいサンプルがある。新版全集十巻（一九九八年）所収『国語の将来』に付された「未完初稿序」は、「全篇皆序文のやうなこの本に、巻頭の辞などはよけいな飾りであるが……」と書き出されている。

全篇皆序文のようとたとえられた本は、もちろん『国語の将来』（昭和十四年）を指すが、われわれは柳田の全著作に本質的な意味であてはまる形容だとみなすのである。実際につけられた序文（「著者の言葉」）と、この未完初稿の違いを細かくのべるつもりはないけれど、全篇皆序文とのっけから書くのは、「国一致の政策」にまつわる「国語の愛護」を説く本として、いささか道化味がすぎると判断されたためだろうか。

未完初稿の冒頭にはまた、「国語学」というものが、自分らの日本民俗学が本来的に議論すべき学問ではないことに対する弁明調があるが、これも実際の序文では姿を消している。

## 2

実際の序文の終りは、こうである。

「自分に実行の力がない者に限って、人に説くときは言葉が強過ぎる。その上に叙述がややくどくどしく、またそちこちの重複がある。聡明なる読者の反感を買わずんば幸いである。こういう表現こそはもっと平易で、かつ切実なる方式があってよかったのである。それが思うように使えなかったというのは、つまり私一個人にはまだ国語改良の恩沢が及んでいないのである。これをも学校教育の不完備に、責任を負うてもらうと気が楽なのだが、五十年来の自修生としては、残念ながらそれもできない。」

時代は、国を憂うるという名目の「かみしもを着たような」輩の「言葉が強過ぎる」抑圧的言説にみちあふれていた。六十五歳のウマニスタの謙遜まじりの自嘲の思いににじむユーモアがいささか「淋しい」タッチになっているのも無理はないだろう。

聡明なる読者から遠い当方の読後感の中には、たしかに「叙述がややくどくどしく……」の感じが含まれていた。あってしかるべき「もっと平易で、かつ切実なる方式」を思うように使えなかったとみとめたうえで、本業夢想家のウマニスタは、明治以降の国語教育の現状を憂慮し、日本人の将来の健全な言語表現を願って書いた自著で提示された「国語改良の恩沢が」自身にはまだ及んでいないからだという諧謔的ないいひらきをする。

その弁明の内容ではなく、やり方がキルケゴールによく似ていると私などは思うのだけれど、詳細にふれた本論無しの、キルケゴールのいう〝序文を書く気分〟がそういわせているにすぎないのかもしれない。

まずもって「国語」なる言葉自体に眉をくもらせる向きもあろうが、通念をカッコに入れて虚心に読み込めば、『国語の将来』にいう「国語」とは、われわれが「一人残らず、始めて日本語を学んだ」母経由のもの、すなわち母語のことだと心づく。もちろん母は父でも祖父母でもよい。柳田はいう、「親と家庭の長者とは、おのおの意識したる国語教育の管理者ですらもあった。彼等は実際の例によって、もしくは生命を添えて一々の語を授けた。耳の学習がまず始まるということは確かである」。（「国語の教育への期待」）

『序文ばかり』の偽名著者ニコラウス・ノタベネはこう語っている。

「人間というものは、時々なにがおころうとも、たとえ学者が鐘楼守のように遠い、だれもしらないような野原からやってきて、あげくのはてはいつも日常的なものといさかいをひきおこすような結果となり、自分では正しく自覚することなしに、言霊を恥ずかしめることなしに、ことばという共通の財産に対する正当な利害関係者を侮辱するようなことがあったとしても、毎日つかっていることばや言い回しを見うしなってしまうようなことは望まないものです。」

毎日つかっていることばや言い回し――柳田の著書に『毎日の言葉』がある――を重視する生活の基盤となるのが「土語即ち母の語で物を考える」ことである。

「人間というものはだれでもそのうちに、人間的なもの全体に対する性質というものをもっており、それが深ければ深いほど、その人は深みのある人間だということがいえる」とニコラウス・ノタベネは語るが、柳田のいう物深さを見据える人間も「人間的なもの全体に対する性質」をもつだろう。

かかる性質を養うのが、すでにふれた啄木の提唱する教育の最高目的といってもいいのではないか。

キルケゴールの『人生行路の諸段階』（佐藤晃一訳）の偽名著者の一人フラーテル・タキトゥルヌスはこんなふうにいう。

「書物に教えを求めてもついに得られなかったことが、下働きの女どうしの話を聞いて、突然ハッと解決する。自分の脳裡をしぼっても浮かんでこなくて、辞書を引いても、しかも学術的な辞書を引いても見つからなかった表現が、通りすがりにふと耳にはいってくることがある。」

言語を古来、「言の葉草」といいならわしてきたこの国の平人の平語への思い入れを深くし、耳の学習を重んじる柳田散文の中にあってもおかしくない言い草であろう。

キルケゴールと似たところも少なくない哲学者ショーペンハウエルは『読書について』の中で、「大切なのは普通の語で非凡なことを言うことである」と書いているが、柳田の文体は「普通の語」に「非凡な」何かを見出すすべを、「通りすがりにふと耳にはいってくる」ふうの仕方で読者に悟らせる性質のものといえる。

## 3

フラーテル・タキトゥルヌスの言い草のサンプルともいうべき系譜に属する逸話を「国語教育への期待」にさがしてみる。それは、柳田自身に関わるハナシである。

〈相州のある海岸に私の家の松林が少しある。そこへ松葉をかきに入って来て困るので、ある時留守番が出て制止すると、中年の女が出て行く棄てぜりふに、「なまじゃ食えないや」といったと聴いて私は感心した。それで十分に気持はわかるのだが、これを綴方流に精確にいうと、今まで私たちはこの辺の松の葉を拾って煮たきをしていた。それを囲い込まれたからと言って燃料を断念するわけには行かぬ。人はなまものを食って生活し得るものでないからということを、理窟はともかくもこの短文の中に、明瞭に綴り込んだ技能は驚くべき練習と言わなければならぬ。〉

このエピソードは、文芸批評家井口時男の『柳田国男と近代文学』も「夢と文芸」（『口承文芸史考』）の次のエピソードと並べて取り上げている。

「以前九州の田舎をがた馬車で走らせていた時に、御者が小ひどく鞭を打つのを見て、あんな語りのならぬ者に惨いことをするといったのが、十六七の同車の貧しげな小娘であった。そうしてこの娘も売られて行くところであった。人は泣いたりわめいたりするからよいが、獣はただそれだけができないと、思っているらしい言葉を聴いて、はじめて自分はこの人たちの生活観に触れたような気がした。」

井口はこの二つのエピソードについて〈前者の「名言」には機知と皮肉と反骨の気概があり、後者はさながら哀切な語り物の中のヒロインの口説きに似ている。「をかし」と「あはれ」と、ここには「文学」というものの二種類の原石があるといってもよい〉と書く。「文学」の原石を見出す炯眼が方々に光り輝く井口の著書は、われわれにとって「すでに存在する」本篇の柳田論の一つとみなしうる。私はそれへの無くもがなのオマケの序文を草しているにすぎないといわれても満足だ。

井口は、さりげなく短い右の柳田の文章をめぐって、「いわば歌物語の地の文のような効果をあげているのであって、ただ、それは都雅なる歌（和歌）のためにではなく、鄙俗なる片言雙句を際立たせるために奉仕しているのである」とつづける。

われわれの言葉でいいかえるなら、柳田の二つの欠け端は、俗語による「文学《ポエジー》＝詩」への架け橋となっている。

ダンテは自ら『喜曲《コンメーディア》』と呼んでいた長篇叙事詩『神曲』（神聖喜劇）を、都雅なるラテン詩語で綴らず、トスカーナの庶民にもひらかれた平俗な土地言葉で書いたとされるが、ダンテ自身は当代比類ないほどのラテン語文学精通者だった。ダンテが書いた俗語＝方言をめぐる俗説をしりぞける力量をもち合わせていないわれわれは、たとえば畏敬するベケットのこんな言葉に深く首肯する――ダンテは「ナポリ語で書いたわけでもなければ、フィレンツェ語で書いたわけでもなかった。彼の国のあらゆる方言のなかで最上のものを吸収同化した理想的なイタリヤ人が、あるいは話すことができたかもしれない俗語、彼が書いたのはそういう俗語であり、しかし実際にはそれは、確かに、話されてもおらず、いままでに話されたこともないものであった」。（高橋康也訳『ジョイス論／プルースト論』）

柳田の神聖常民［平人］喜劇において、都雅なる書き言葉の使い手の耳は、ベンヤミン的翻訳者のそれであったとわれわれはみなす。井口の洞察にある通り、〈こういう「声」を聞き留める能力において、柳田国男の耳は衆にぬきんでてすぐれていた〉のであり、この耳なかりせば、個人の声を通して共同の声が語る、民衆の「複声化」された〈そ〉が翻訳されることは困難だっただろう。〈そ〉は、ベケットのダンテ考にあるような不可能性の「声」だ。

たとえば、凡庸な私の耳ならばと想像した場合、先の逸話の中年女の棄てぜりふと十六七の小娘のつぶやき――「なまじゃ食えないや」と「あんな語りのならぬ者に惨いことをする」――の二つとも、その含意が十全にわからぬまま聞き流してしまった可能性が高いのである。

本業夢想家の幽冥教開祖の耳、いや「耳と目と心と」が「衆に抜きんでてすぐれていた」こと――開祖のハナシはこの事実についても常にといってもいいほど韜晦気味である。

井口は、柳田の常民が根本的に寡黙な存在としてとらえられていることに注意をうながし、先のエピソードで柳田自身がやって見せたような、ものごとを「綴方流に精確に」記述する技術と切り離せない近代の「小説」の一典型として、『遠野物語』と同年の明治四十三年に連載の形で発表された長塚節の『土』をあげ、柳田の描かなかった常民の言語生活の一様相について行届いた分析をおこなう。そこで人々は、カタルのでもなくハナスのでもなく、いわばただ「シャベル」――人は「意味」があるからシャベルのではなく、シャベルこと自体がこの上ない歓楽だからシャベル……かかる〝シャベル民衆〟への深い同情に支えられた長塚の認識は、柳田の常民像に優に拮抗しえている、と井口はいう。

ここから後の井口の指摘はわれわれの「全篇皆序文」にあやかるエセーにとって重要だが、それを十全に紹介するボルヘス的力量に欠けていると前もっていいひらきしておきたい。

井口によれば、〝シャベル民衆〟について知らなかったはずもない柳田は、民衆の言語生活の様相を描かなかった、というより彼の「文体」がそれを描けなかった。それはおそらく彼の常民が〝保護者〟のまなざしによって見出されたことと関係している。これに対し「小説」は人々と同じ地平に視線を設定し、「綴方流に精確に」、言葉の〝短さ〟ではなく〝長さ〟に加担する。〝シャベル民衆〟の像はそういう「小説」によって発見された。

柳田は人間の「本来性」の像として常民の日常の暮しを描き出す。だが、そのために彼は、シャベリという言語生活の様相を彼の記述から排除しなければならなかった。常民の生活について繰り返し語った柳田が、近代小説的な意味での「描写」をおこなったことは一度も無かった事実なども含むこれらを、井口は「興味深い」と書いている。たとえば自然主義小説の記述能力は柳田の目には「高の知れたもの」としか映らなかったが、井口は柳田の文章のような高度も深度も欠いているその「高の知れた」文章が、柳田の常民像を脅かすともいう。

われわれはここで本篇とみなした井口のすぐれた柳田論をとじる。近代小説的な意味での「描写」に背を向けた柳田が、語らずに済ませたものについてわれわれも語らずにおきたい。われわれに「興味深い」のは、文士という文化人が棲息する近代文壇の〝お座敷〟から遁走することでカタチをととのえていった、「高度」と「深度」を兼ね備えた文業の本質——現実の民衆のシャベリから超越した地平でダンテ的な夢の言語を見据えていた者に宿る本業の夢想の行方である。

# 三十 篤志門外漢

## 1

「私は人間である。ゆえに、人間に関するところのいかなることも、私にとって無縁とは思わない」

これは古代ローマの喜劇詩人テレンティウスの作中の言葉で、私も以前から聞き知っていた。柳沼重剛編訳『ギリシャ・ローマ名言集』（岩波文庫、二〇〇三年）にも見出されるが、右に引いたのは、編訳者が「先の敗戦直後」テレンティウスの芝居からこのせりふだけを抜き出し、「これこそわれわれ日本人が学ぶべき西洋ヒューマニズムの精髄をなす考え方だと教えられた」ほうの文言で、編訳者の訳文は次のようになっている。

「いや、わしも人間ですからな。人間にかかわることなら何でも、わしにとって無縁とは思えんのですよ」

編訳者によれば、「あんたはそんなに暇をもてあましてるのか、自分にかかわりのないことに首つっこんでよ」といわれたお節介やの老人がいうせりふがこれで、この老人はむやみに自分の考えを人に喧伝し、道徳的教訓を垂れることを生きがいにしている人物だそうである。編訳者がこれ以上のことを書いているわけではないが、「日本人が学ぶべき西洋ヒューマニズムの精髄をなす考え方」とやらの教えは昭和三十（一九五五）年生れの私のような田舎者にも無意識裡にしみ込んだものと思われる。

意味はほとんど同じだとしても、右の二つの訳文のトーンにあらわれた差異は小さくない。柳田国男が「むやみに自分の考えを人に喧伝し、道徳的教訓を垂れることを生きがいにしている人物」だったといいたいわけではなく、柳田の話ににじむ諧謔的なトーン、ヲコなる道化調と重なるものがあると思われたのだった。

冒頭にかかげた言葉はいかにも名言らしい響きをもっていて、西洋ヒューマニズムの精髄にふさわしい。若年の私もそう思い、名言として胸にたたんだのだったろう。

しかしこの言葉の本来のバックグラウンドを眺め渡す時、ヒューマニズムを奉じるヒューマニストなる語をズラして『ドン・キホーテ』に登場するウマニスタといいかえた心持ちがよみがえってくる。

テレンティウスの芝居の全貌を知らぬため諧謔的老人の実像も把握できないわれわれは、それでも、この老人がスペシャルな閑暇すなわち〈徒然〉を友とする――「自分にかかわりのないことに」首を突っ込む門外漢の典型であったと考える。

『国語の将来』刊行をうけておこなわれた作家の青野季吉らとの座談会（昭和十五年）で、柳田は、「あなた方のような門外漢の方に読んでいただくのが目的なんで、専門の連中なんかに静かに読ませようということは望めないんです、仲間でたくさん喧嘩しておる……」と語るが、彼自身が、人文・社会にわたる広大な学問ジャンルの類まれなる門外漢の立場を堅持したのだった。〈『万葉集』中に用いられている日本語は、一語も残さず目録にとりまたは暗記して、ただにその用法を詳らかにするだけでなく、できるならば遠いあの世の人の感覚を、それから学び知ろうと念じている学者が、箒で掃くほども今日は生れているのに、怪しいかな現代の歌言葉のみは、かつてこれを言語学上の現象として、味わってみようとした者がない〉とはじまる「歌と国語」(『標準語と方言』)の「一」は、次のように終る。

「お蔭で大切な国民文学が籠城をして、ちっとも常の言葉の世話をしてはくれない。君はおかしなことをいうね、なあにこれが歌なのだよ、へいそうかねというごとき時代が、あんまり永く続かざらんことを希う人には、少しは僻説がまじっていようとも、こういう私のするような新たな試論に耳を仮し、また行く行くこれを補正しようとしなければなるまい。私はこれでも国語の成長のために、忍んで歌を楽しむ特権を抛棄《ほうき》せんとする、篤志門外漢の一人なのである。」

「常の言葉の世話」という志を奉じる篤志門外漢の語りの調子に、われわれはいよいよテレンテイウスの老人のそれを重ねてみたくなる。

## 2

諧謔老人がしかける自称「僻説」まじりの「新たな試論」=〈エセー〉は、あらゆる通念を揺さぶり、ずらし、転倒させる。たとえば、ヒューマニズム（じつは普遍人間愛というより西洋人中心の人道主義にすぎないのだが）同様、われわれが学校教育で学ばされたこれまたヨーロッパ中心の視点に基づくルネサンスをめぐり、柳田は折口信夫との対談で次のような意味のことを語っている。

中世紀を壊し大きな仕事をしたヨーロッパのルネサンスが日本にもあったことをたしかめようとしている学者がいるけれど、「日本は国柄としてそういうものもなく、ただだらだらじりじりと、目に立たずに移り動いたとみていいのじゃありませんかね。したがって言葉なんぞはよほど変ったけれども、これに伴う心持ちが変らないというものがだいぶあるのじゃあないでしょうか。ああでもしなければ少年たちの頭に入らない。学習用だ」。

ヤレヤレ、と私は叫ぶ。あるいは、ほうという溜息をもらす。それがどんな性質のものかは分析しないままにしておくが、「ただだらだらじりじりと、目に立たずに移り動いた」という一種なげやりなほど曖昧で非学問的なものいいの中に、この国の近代のあらゆる学問にみられる西欧崇拝主義に対する痛烈な批判が潜み隠れているのはたしかなことだ。

われわれが柳田学の礎として寄り添ってきた「見ぬ世の人」をめぐる談義なども、既出の一節の「遠いあの世の人の感覚を」学び知ろうと念じる学者のそれに重ねられるおそれなしとしないだろう。

見ぬ世とは「昔」のことである。柳田は右の一節につづいて、「世には昔という言葉を使う者が多いが、何年の何月に、また何という人が何という地でとさずしてただ昔といっても通じない、ということをすでに伊勢貞丈も論じている。今まではこの類の議論がかなりわれわれを苦しませた」と語るが、篤志門外漢の弟子たらんとするわれわれも、柳田の著作群を眺め渡して困惑させられる。

具体例を一つ一つあげるのはさしひかえるが、「昔という言葉を使う」最たるものとして、柳田自身の散文をあげざるをえないからである。

既出の座談会だけみても、「昔の人は信仰をもつべき理由があったと思いますね」とか「昔の人が貧しい文字を持っておったということは事実です、零なんですから。しかし知識は非常に豊富なんですよ」といった具合である。前近代というような語をしりぞけて話を展開する柳田学の志からして民間伝承に重なる「昔」もしくは「前代」という一種曖昧な言葉を使うのは当然のなりゆきではあったろう。

たとえ曖昧であっても、「人が心の中で使いつづけている日本語、これが分量においても最も大きく、又一ばん大切な仕事をしていること」をふまえて、「各自の実際に入用なもの、自分で体得して生存の一部に同化するもの」（「国語教育への期待」）と判断される限りにおいて、「常の言葉」はひき寄せられる……柳田学の立場に立っていえばそういうことになろうが、たとえば和辻哲郎の著書名に用いられている「日本精神」を、件の定本版総索引で引いたところ、たった一回の使用例しかないのである。それが「人が心の中で使いつづけている日本語」とはみなされなかった証というべきだろう。

「目に一丁字なき者とある者との交通」――われわれの視座でいえばサンチョ・パンサとドン・

キホーテとの対話――が疎隔される事態を憂いて「国語教育への期待」をのべる文の中で、諧謔老人は「日々の業務の忙しい隙を求めて、わずかに書巻に親しもうと心掛ける我々常人の門の扉までが」、乱暴な押しの強い来客によって敲《たた》かれている現状への不満のあまり、国語教育の当事者達の責任を問うに至るのだが、しかしフィナーレ近くになると、「そういう私などが、ことに文章が拙劣で言うことが七面倒で、そのくせ何を言っているのかしばしば判らぬようになるという非難のあることは、自分でもよく認めている」と弱音を吐いたりもする。

右のような「非難」は今日でもおこりうるだろう。柳田の文章が「拙劣」から遠いものであることは誰の眼にも明らかだとしても、正確な中身や学問が重視する客観的事実を知りたい向きには「何を言っているのかしばしば判らぬ」状態に陥る経験は、「白状すれば」この私にもある。じつは、右の「白状すれば」は、柳田が常用したフレーズだ。こういう片言雙句《へんげんせっく》こそ、諧謔老人のヒューマニスティックというよりは〝ヒューマニアックな〟とでもいうべき語りの、ささやかだけれど重要なトーンを聴取しうるものなのである。

先述の座談会の終りで、諧謔老人は話のしめくくりのように、「私らひとの悪口は言うけれども、自分の書いた文章を読み返すと、自分の攻撃しておることをたくさんやっているですよ、ハハハ（笑い声）」と語りおさめる。この語りおさめ、いや笑いおさめには出てこないが、座談のはじめの方に、「旧風打破者」の子規や漱石らの「写生文」の運動をめぐって、鷗外を高く評価することもっぱらで、子規・漱石・虚子らのいわゆる根岸派には冷淡な常の自らを反省するかの如く、「あのくらい著しく俳諧の写生文というもので昔の文章を叩き壊しましたから、後からくる者は楽ですよ。そういう伝統やなにかを一切壊してしまったのですからね。私らも非常に根岸派の影響を受けておるです。これは白状します」とつけ加えている。

篤志門外漢の弟子たるわれわれは、「目に一丁字なき者」の心に加え、子どもの心をとりもどして「自分にかかわりのないことに」も耳を傾ける。たとえば「人が心の中で使いつづけている」言葉にこだわる篤志の思想家ベンヤミンが子ども向けにおこなった講演の一つ「ベルリンの方言」で語った言葉にこんなひとくだりがある。

「本物のベルリンの諷刺はたんに他人を犠牲にするだけではまったくなく、諷刺家自身を好んで犠牲にするものだ。そのことがかれを愛すべき存在にし、また自由にする。」

われわれがまったくあずかり知らない外国の方言についてのべられたこの一節は、われわれが出逢いたいと願う〈民俗詩〉の何たるかをあざやかに告げ知らせる。他人をサカナにするというよりはむしろ、サカナをする諷刺家は、自らを笑うことで、愛と自由をわがものにできる。ベンヤミン同様、子ども向けのハナシをするにあたって子どもだましの語り方を採用しなかった柳田国男の「白状」の仕方に、われわれは真の〈民俗詩〉をとらえた者にのみ宿る愛と自由を見出す。

## 3

篤志門外漢は、これまた柳田の常用語でいう「練習」の徒でなければならないが、その練習の一つに、〈何を〉というより〈いかに〉白状するかのテーマが含まれるだろう。

自然主義文学や私小説でおなじみの「告白」との差異をはかるため、われわれはかの諧謔老人の口調を思い出しながら、白状といういささか大仰で古風かつ滑稽なひびきのある言葉に着目する。意味はほとんど同じだが、ヒューマニストとウマニスタと同じ差異を無理にでも見出そうというのである。

「私らひとの悪口は言うけれども、自分の書いた文章を読み返すと、自分の攻撃しておることをたくさんやっているですよ、ハハハ」は、「いや、わしも人間ですからな。人間にかかわることなら何でも、わしにとって無縁とは思えんのですよ」のトーンにほとんどオーバーラップする。

人の悪口を言う俗情の常は、われわれすべての人間に無縁でない。

白状とは、自白の内容を書きしるす紙の意だという。俗情の常に居直ることができない篤志門外漢にとって、それは白紙撤回のイメージにつながる。告白して一巻の終りというようなものではなく、白状することで一切が白紙にもどってしまい、キルケゴール的反復・撤収（永遠の受取り直し）が開始されるのだ。

民衆の一人であろうとなかろうと、われわれ人間はシャベクル。そのシャベクリの中に人の悪口も含まれる。かかる俗情の常を柳田が排除したことにすでにふれたが、この「排除」は次のようなものと、ちょうど逆の関係にある。

「おしゃべりするというのはどういうことであろうか？　それは黙することと語ることとのあいだの情熱的な選言を排除することである。ほんとうに黙することのできる者だけが、ほんとうに語ることができ、ほんとうに黙することのできる者だけが、ほんとうに行動することができる。」
（キルケゴール『現代の批判』枡田啓三郎訳）

篤志門外漢は、黙することと語ることとの「あいだ」＝ディスクリーメンを見据える練習を強いられる。〈全篇皆序文〉の書き方も、この反復練習と深く関わっている。

柳田の文が時に「何を言っているのか判らなくなる」のは、われわれが経験するおしゃべりの果ての朦朧状態ではなく、黙することと語ることとのあいだ――その曖昧な閾を排除しない実存的態度に起因するものとわれわれはみる。

本文的な深淵が、たえず序文的な浅瀬にうち寄せられるその反復の波と戯れる篤志門外漢の練習生は、トーカイの小島の磯で泣きぬれる永遠の青年にとどまる他ないのかもしれない。

門外にとどまるというのは、奥の院からの誘惑に抵抗することである。奥の院が成熟したものから成るという通念を疑いつづけること、それが最も困難な練習になる。白状すれば――、われわれはこの一点で、すでに洩した如く、柳田学に対する究極の不安を払拭できない。柳田民俗学が、ついには強大な制度的奥の院と化してしまったのではないかという疑いが通念にすぎないと断じることができないでいるからである。

啄木の死ぬ一年前の明治四十四年、柳田は「己が命の早使い」というわかったようなわからぬようなトーカイじみたタイトルのエセーをこう書き結ぶ。

「……何ゆえに人の頭脳の中にこういう思い懸けぬ空想が発現したか。これらは、学者が、万年かかっても、とても明らかにする事のできない人類の秘密で、妖怪研究の妙味も、結局するところ、右のごとき神韻渺々《びょうびょう》の間に行かなければならないのかと思うと、やはり宇宙第一の不思議は、人間その物であるといわねばならぬ。」

「宇宙第一の不思議」たる人間探究者は、実際にこの後、「神韻渺々の間を行く」ドン・キホーテ的歩みをつづけ、サンチョ・パンサ風の常民との対話にあけくれる。

先の座談会の翌年の昭和十六年におこなわれた「民俗学の三十年」は、この年の一月に朝日賞を受賞した折の記念講演（同年三月）である。定本版二十四巻所収の「民俗学の話」（同二月）も同じ趣旨で書かれたものだろう。「一人座談」というチャーミングな副タイトルがついている後者は、「白状いたしますと、私は前から極く万人向きの小さな本を拵《こしら》えたいという希望をもっておりました」とはじまる。自分が一番長い間苦心した点は、「どうも仲間の人が随筆家風な学者になりがちなこと」だったとマクラをふりつつ、「世間からは随筆臭いと言われることをそうおそれるには及ばないのではないか、浅く、ひろく、散漫に知っているよりも、その問題に力を入れてその問題だけを一通り練習して、練習が出来たところで、こう偏ってはいけないというような気持が他に出るようにしていいのではないかと考えます」とのべる。

「今度の表彰」が「こんなにも嬉しいものかと思うほど悦んでおります」とはじまる前者の「民俗学の三十年」には、「私は齢四十に近くなってから、発心入道したいわゆる晩出家でありまして……」というようなわれわれにとってやはりチャーミングなもののいいが見出される。しかし、にもかかわらず、このあたりでわれわれは、常民の探究が、非常民的なものに「表彰」されることで制度的奥の院を形作ってしまうという、われわれを非芭蕉的な意味で〝さびしがらせる〟ものに逢着しているようなのである。

さいごの三島由紀夫は、「私はかつて民俗学を愛したが、徐々にこれから遠ざかった」と語り、その理由として「そこにいひしれぬ不気味な不健全なものを嗅ぎ取ったから」と断じたのだったが、われわれの〝さびしさ〟は才能あふれる作家のそれともまったく別の地平からやってくるものである。

# 三十一　文化とハニカミ

## 1

『退読書歴』の中で、柳田は、「我々は決して禅僧のごとき思い切りを、執着多き凡人に要求する者ではないが、せめては世間尋常の情理をもって、書物の利用のごとき大切な問題には、臨んでもらいたいというのである」と書く。

この文脈にいう「書物の利用」の中身は、例によって問わない。「執着多き凡人」であるわれわれ篤志門外漢の練習生もまた、柳田学に「禅僧の如き思い切り」――鷗外が描いたあの寒山拾得のような？――を要求する者ではなく、ただわれわれにとって「大切な問題」に「尋常の情理をもって」臨みたいと願っているだけである。

柳田学をめぐる最も「大切な問題」が、自己矛盾もしくは二律背反めいた難所＝峠にあることをわれわれ篤志峠会メンバーは当初より見越していた。「書物の利用」もその難所でペンディングになっているものだろう。

日本近代の名だたる文人・思想家の中で柳田ほど書物の価値の相対化に浮き身をやつしたもの

はいないが、しかし同時に柳田ほど書物の真の利用に心を砕いた者もいない。浮き身をやつすとは、なりふりかまわず道楽などに熱中することを指すが、書物の相対化と利用をめぐる練習こそはまさしく、二律背反病にとり憑かれた物狂いの翁の「道楽」に近い篤志だった。二律背反というのは、E・サイード『オリエンタリズム』にあるような「書物から学んだことを文字どおりに現実に当てはめようとするのは、愚かな破滅的失敗をあえて好んで行うに等しい」とする諷刺の意図一辺倒ではない、書物偏愛に宿る普遍人間的な病を共有するマナザシがセルバンテスにあったことを強調したいがためだ。サイードの言う通り「書物の図式的な権威によりかかろうとするのは、人間に通有の欠点」だとしても、セルバンテスは「いや、わしも人間ですからな。人間にかかわることなら何でも、わしにとって無縁とは思えんのですよ」とつぶやく作家だったにちがいない。

プルースト『失われた時を求めて』を貫流するイデーの一つに、知性・理性を最終的にしりぞけ、物狂いが見定める本能の如きものに勝利の栄冠をかぶせるというものがあったことが思い出される。

読書にうつつを抜かしたあげく睡眠不足で頭脳がひからび、正気を失うに至った物狂いの原型ドン・キホーテに、セルバンテスは、テクストと現実のくいちがいを批評的に検証する冒険の旅に出立させた。たしかに旅は「破滅的失敗」の連続なのだったが、にもかかわらず「拙者は今こそはっきり申すが」と、後篇二十五章でドン・キホーテは語る、「多くの書を読みひろく旅をする者は、実にさまざまなことを見たり知ったりできるものでござるよ」と。べつのところではこうも語る――「今は、物事の外見を手でもって触れてみる必要があると申すのだ」。多読で得た物事の外見に、この手でさわる――それはヨーロッパ的ルネサンスの世界像に特徴的なものである。プルースト節にホンヤクすればこんないい方になる――無色でつかみようのない《時》が、それをこの目で見、この指で触れられるようにと、彼女の姿をとって物質化し、彼女を一傑作としてつくりあげた……。(『見出された時』)

しかし、日本近代における最大最良のドン・キホーテは、すでに確認したように、日本のルネサンスはあるとしても「ただだらだらじりじりと、目に立たず移り動いた」性質のものとみる。中野重治ふうの言葉を使えば、日本における文化運動は、「ねちねちと」進んだというのである。だらだらじりじりと、目に立たず移り動いた柳田学のオクゆかしきルネサンス運動の中核に、恥の文化を見据える「遊民」の志があるとする立場が、無いものねだりに終ってしまうかどうか、それがわれわれの「大切な問題」である。

たとえば、やはりだらだらじりじり調にねちねちと進んできた〝巡島記〟において、われわれが悦び勇んで党員や会員や信者の一員となった散歩党・峠会・幽冥教の精神にまったくそぐわないと思われる次のような肩書の数々――ある人物の事業に対する推薦状の冒頭、柳田国男の署名の上に付けられた「日本学士院会員」「日本芸術院会員」「日本民俗学会会長」。

もちろんこれらは学識と創見にみちた日本を代表する文化人の業績にみあう当然の称号なのだろうが、他ならぬ柳田学のメインテーマに寄り添ってきた者の眼には鼻白むもの――サイード的にいうなら帝国主義的な威厳を誇示するものと映る。本業夢想家の Doctor of Dream なる肩書の前に、これらの称号がハニカムという風景はそれこそドン・キホーテの抱く妄想の類なのであろうか。柳田の言い草を真似ていうなら、われわれはこの問いを、冷たい批判者としてではなく、篤志門外漢の志を共有する者として発せずにはいられないのである。

## 2

散歩党なる語が見出された『豆の葉と太陽』所収の一篇「美しき村」(昭和十五年)に、八ヶ岳の東麓を信州から南へ越えようとした折の、「楊《やなぎ》の老木」をめぐる随想が記されている。この木の多いところは清水が得やすいという。

「我々遊民がここを通る日は、たいていは空の青い、野山には花の豊かな一年中の好季節であるゆえに、どうしてまたこのように村を暗くしておくのかと訝《いぶか》るようだけれども、路上に働く者には春から秋まで、樹の蔭はいつも恋い慕われる。あそこには楊がある泉があるということは、すなわち村の存在の承認でもあった。冬のしんしんと雪降る黄昏《たそがれ》などは、火を焚いて家にいる者でもやっぱり寂しい。だから越後の広い田の中の村などでは、わざわざ軒先にしるしの竿《さお》を立てていたという話さえある。これを遠くからの目標にして人がとおっているということを考えただけでも、少しは埋没の感じを追い払うことができたものであろう。必ずしも旅する者のためと言わず、こういう世の中へのアンテナのような役目を、永い歳月にわたって勤めて来た楊の樹であるがゆえに、今では我も人もこの樹を引き離しては、村の姿を思うことができぬまでになったのである。」

「美しき村」について書かれた一文の中の一節だが、われわれはこういう柳田の文章を真底から美しいと思う。

ここでは〈美しい日本の私〉とは遠い「我々遊民」と「路上に働く者」が対置されている。「寂しい」村の「埋没の感じを追い払う」証人としての役割を、自分自身が「遠景化された匿名の一主体」でありつつ担わんとするふうのトーンも感じられる。

もちろん「旅する者」＝遊民が、常民の棲む「世の中へのアンテナのような役目」をはたすとはいっていないが、柳の樹をめぐる「我も人も」なる表現に、遊民と常民のマナザシが融合する一瞬の夢が託されている気がしてならない。

柳田はみとめぬかもしれないが、われわれは右の一節に、書物を介して文学（ポエジー）の力の普遍性を実証する旅におもむく点でドン・キホーテに重なる人物によって書かれた『おくのほそ道』の〈遊行柳〉の章のエコーを聴取する。西行が「清水流るる柳陰」と歌ったその柳を常々ゆかしく思っていた芭蕉は、「しばしとてこそ立ち止まりつれ」と西行歌にあるとおりの場所に現実に立ち寄り、〈田一枚植ゑて立去る柳かな〉と詠んだ。謡曲『遊行柳』を背景に、しばし立ち止まる西行に対し、芭蕉は、まわりの田に下り立ち、働く人々にまじって、神への奉仕の手わざに田一枚を植えた後、この柳のもとを立ち去る。既出の岩波文庫版の評釈には、〈西行の和歌の「しばし」を「田一枚植て」に具象したところが俳諧である〉と、また角川文庫版には「自己の旅姿のそうした夢幻劇的形象化は、芭蕉の西行に寄せる強烈な思慕の情の、俳諧的表現でもあった」と書かれている。

既出の座談会で、柳田は、『おくのほそ道』などを「褒めるのはほんとにバカだと思う」といい、あの俳文は「一つの因習みたいなものがあって、ああ書かなければならないといって、私はあれはいやなものだと思うな」とつづける。しかし、「バカ」＝ヲコをめぐる根源的エセーを残した〝物狂ほしやの翁〟の、自らの遊民的文人趣味をうち消したいあまりのかかる発言には注意を要する。先行するテクストにのっとった言動——E・サイードのいう「事物や人間がテクスチュアルな姿勢をもっている」ことに対する反発を洩したこの直後に、自らの新体詩創作についても「あれはいやなもんですよ、我ながら実に不愉快なもんだね、腹の中で思うてないことばかり言うておるんだよ（笑声）」という発言も出てくるのである。

柳田というハタケを耕すわれわれは、柳田学が「世の中へのアンテナのような役目を」はたしうると実感している。〈遊行柳〉の夢幻劇をたとえ柳田がしりぞけようとも、柳田学を引き離しては、日本本来の姿を思うことができぬとさえ考えている。

われわれ文芸の小作人が、〝柳のもと〟を立ち去る日も近いけれど、今は、妄想になるのを承知で、柳田がほんとうに「腹の中で」思っていたことに寄り添ってみたい。それが「大切な問題」につながっていると信じるからである。

『山島民譚集』再版序（昭和十七年記）で柳田は書く。

「私の書いたものが変に理屈っぽく、また隅々の小さな点に、注意を怠らなかったということばかりを気にしているのは、多分は吏臭とでも名づくべきものだろう。今はそうとも言えまいが、あの頃はいわゆる御役所の文章が衰頽を極めていた。読まずにいられぬから人が読むというだけで味も塩気もなくまた冗漫で措辞《そじ》の誤りが多かった。私たちは自身も刀筆の吏でありながら、これが厭《いや》で厭でたまらなかった。そうして事情の許す限り、努めて毎日の気持に近い、意見書や復命書を書こうとしていたのである。」

「厭で厭でたまらなかった」というような〝ぶっちゃけた〟表現は、柳田にしては珍しいほうだろうが、「吏臭」にそまることへの嫌悪感・抵抗感は、すぐれた才能をもつ遊民には珍しいものではない。柳田はべつの著書で、当時の高級官僚の仕事は、もっぱら「威張ること」だったともいっている。では、朝日新聞に身を転じてからはどうだったかと言えば、すでにふれたように、できるだけ仕事をしないように努めていた、と自ら白状に及ぶ。「民俗学の三十年」（昭和十六年）では、朝日の記者として七、八年働いていた頃をふりかえり、「かたわらにこういう骨折な仕事をもっていましたために、本職の方は惰けられる限りなまけていました……これではあんまりだろうと自分から気が咎めて、辞職」するに至った、と語る。

3

柳田民俗学が「世の中へのアンテナのような役目」をはたしうるものとして、すでに帝国主義的強権病におかされて久しいジャーナリズムやアカデミズムから〝公認〟された記念ともいうべき講演で語られた「骨折な仕事」は、極めつきの遊民にとり憑いた本業であったとわれわれはみる。吏臭同様、ジャーナリスト臭も、「厭で厭でたまらなかった」夢想家の本業には、スペシャルな遊民がそれを抱えて出立することになる〝つれづれ〟が宿る。

記者としての仕事を「惰けられる限りなまけていました」と語る時の柳田は、今日風の意味でのナマケとは少しく異質の、「骨折な仕事」に心を奪われているドン・キホーテであった。

アメリカの文化人類学者R・ベネディクトの『菊と刀』を評した書評らしからぬ独創的な一文「罪の文化と恥の文化」において、typical Japanese boredom なる語をめぐり、「これは倦怠では無く、ねばり強さの正反対、見切りが早いとかあきらめが良いとか、ほめて言えば言われる特徴を意味するかと思われ」る、と柳田は書くが、boredom は「骨折な仕事」にとり憑かれた遊民のナマケ心とも関係があるのではないか。

われわれは柳田民俗学が、国教となってからのキリスト教と同じ運命をたどったとは思いたくない。口先でどんなことを言っていようと、その「腹の中」では、俗聖としての遊民の苛烈な志が終始渦をまいてうごめいていたとみなしたいのである。その志は吏臭と同種の文化人臭——学士院会員や芸術院会員に代表される〝旦那臭〟へのアレルギーから決して解放されることがないはずだ。「とにかくに言語を決定する処は、学士院その他気六《きむ》つかしい学者たちの寄合いではなかった」（『蝸牛考』）とか、「学問というものが、たんに塵《ちり》の浮世の厭《いと》わしいゆえに、しばしはこれを紛れ忘れようとするような、高踏派の上品な娯楽であるか、はたまた趣味を同じうする有閑階級に向って、切売《きりうり》小売《こうり》をなすべき一種の商売であるならばいざ知らず、断じてその二つのいずれでもないことを信じながら、なおこれほど眼前に痛切なる同胞多数の生活苦の救解と、いまだなんらの交渉をも持ちえないというのは、じつは忍びがたき我々の不安であった」（『青年と学問』）という柳田節を感動と共に口真似してきたわれわれとしては、文壇の旦那臭も含めたものへのアレルギーを死に至るまで手放したくない。

文化（人）とハニカミ――われわれの「大切な問題」の一つをそうくってみてもいいのだが、件の総索引をあたっても、先の「罪の文化と恥の文化」を除いて、柳田のこの問題への言及は少ない。

われわれの念頭にあるのは、柳田学と付きがいいとはいえない太宰治の「文化と書いて、それにハニカミというルビを振る事、大賛成」「教養の無いところに幸福無し、教養とは、まず、ハニカミを知る事也」という言葉である。

過度のハニカミは引っ込み思案を誘引し、ひいてはそれが国民性にもつながる事態について、柳田の『明治大正史世相篇』は、「……仮に一事の考え違いが加わって居るにしても、根本の原因は深く国民の気質の底にあると思われる。単に日本人が自ら卑下しやすく、何でも新奇のものの優勢を認むるに敏なるがためと、断定しようとすることは戒めなければならぬ」と書くが、その「根本の原因」については立ち入っていない。

文芸批評家田中和生は、生誕百年にあたってのインタヴュー（毎日新聞二〇〇九年六月四日夕刊）で太宰治の「母性」にふれ、次のように語っている。

「政治状況や近代思想は、文学作品を抑圧する父のようなもの。その父は時代と共に変るので、それを直接書き込むと時流に乗りますが、風雪には耐えられなくなる。一方、太宰の作品は、読んだ父の痕跡を残さない。政治や『私』の問題について考えろとかいわずに、ただ楽しめばいいと言って、母のように読者の血肉になる言葉を与えてくれる。」

われわれは、柳田国男を日本の父たらんとしたウマニスタとみて、ここまで巡島記をつづけてきた。ヒューマニストと同義語でしかないウマニスタに、われわれは無理にでもある差異の感触を与えたいと願う。ヒューマニスティック（人間中心主義）なものがこの国の近代において、事実上西欧中心主義に重なっている事実を「さびしく」思うからである。

柳田学は、近代日本文壇にとって「抑圧する父のような」存在と無縁だったとはいえまいが、同時代の国際的知識人としてとびぬけていたにもかかわらず、その散文に時代と共に変る政治状況や近代思想が直接書き込まれることはほとんどなかった。圧倒的な優位性をもって流入しつづけた西欧のそれの「切売小売」をすることはただの一度もなかったが、逆に偏狭なナショナリズムに対しては、むしろこれをたしなめる側に廻ることが多かった。

《3・11》後、私は痛切な関心を抱いて、太平洋戦争前後の大転換期になされた文化人の言動を読み直し、信頼するに足る「無頼派」の太宰や坂口安吾のそれと拮抗しうるものとして、〝恥を知る〟柳田の散文群を受取り直すことができた。通念を払いさえすれば、そこに田中の語る「父を象徴する文学」――「男が座って黙読し、立派な気分になるためのもの」への「柔らかい」抵抗を読みとることは易しいはずなのである。

井口時男は、柳田の常民が〝保護者〟のまなざしによって見出されたと書いたが、われわれのイメージする「父の気がかり」像と太宰的「母性」を融合させた言葉として、あらためて注目しておきたいと思う。

陶淵明詩集に顔を出す「百年」とは、人の一生、生きている間にひとしい言葉だそうであるが、日本近代において、風雪に耐える「口言葉」――「百歳に伝うるに足るような文章」(『青年と学問』)で「母性」を語りえた思想家を柳田国男以外にみつけるのは困難だろう。

永遠の保護者をこい求めてやまぬわれわれのみるところ、「学者ぶった事をするのは恥がましい」という柳田学の恥の意識は、文化人であることが恥かしいという太宰治的な含羞と、父なるものと母なるもののようにつながっている。

# 三十二　イヤする者

## 1

描写を排除した神聖平人喜劇の書き手柳田国男の関心にひっかかることがなかったと思われる太宰治は、どこやらで、描写（のための描写？）が嫌いだと書いていたはずである。

『新約太宰治』の中で、田中和生は「太宰治は生涯を通じて作品を書くことによって作家になりつづけることを止めない作家だった。作家という肩書にあぐらをかいて過去の自作の模倣をしたり、大家然として自らの文学を切り売りしたりする時期は、ついに訪れなかった」とのべた上で、その最初の作品として「思い出」に着目する。それ以前の作品は、プロレタリア文学の言葉や耽美的な言葉のような作品の外にある言葉の力を借りて書かれていたが「思い出」において、はじめて説明でなく作家自身の表現を手に入れた、と。

〈「説明」とは、いわば作品の外部に依存した語り口であり、「表現」とは作品の内部で自立した語り口のことである。〉（「余は如何にして太宰治となりし乎」）

もちろんあらゆる説明は表現を含んでいるし、あらゆる表現は説明を含んでいるけれども、両者のその比重によって区別されるべきであり、少なくともその区別は作家以前の太宰治と作家となった太宰治の言葉の断絶をうまく言いあててくれる、と田中は補足しているが、ここにいう「表現」と冒頭にもち出した「描写」がどう関わるのかわれわれにはよくわからない。

太宰治が「作家になりつづけることを止めない」柔軟な運動体であり、「作家という肩書き」にあぐらをかいたり「大家」としてふるまうことのなかった作家である一事に感動を新たにするわれわれは、おそらく――と、ただ想像してみるだけだ――太宰にとっての「表現」は、小説を作品論的に安定化させるのに必須の「描写」をうとましく考える性質のものだったのではないか。かれにそう思わしめたものの正体は、「作家という肩書き」ではなく、本業夢想家の Doctor of Dream なる肩書きだった。もし彼が「描写」をうとましく思うこととは無縁であれば、「大家然」としてふるまうことにもハニカミを覚えぬタイプの作家になれただろう。

痛ましいまでに正直一途なエセー『如是我聞』で太宰は書いている――〈結局、私のこんな手記は、暴挙ということになるのだろうか。私は文を売ってから、既に十五年にもなる。しかし、いまだに私の言葉には何の権威もないようである。まともに応接せられるには、もう二十年もかかるだろう。二十年。手を抜いたごまかしの作品でも何でもよい、とにかく抜け目なくジャアナリズムというものにねばって、二十年、先輩に対して礼を尽し、おとなしくしていると、どうやらやっと、「信頼」を得るに到るようであるが、そこまでは、私にもさすがに忍耐力に自信が無いのである。〉

小説らしい小説に対する「忍耐力」がなくなってしまった者の僻目とうけとられるのを承知の

上で、われわれは田中和生の文脈ともそれる独断と偏見にみちた「説明」をつづける。柳田学と付きが悪い東北のドン・キホーテ＝原詩人たちをあえて架橋させる――ニモカカワラズというカカワリの軌道を行くスイッチバック式列車に乗り込んだわれわれは、要するに、文壇的お座敷を根源的にアラシ、さびしくさせる東北的妖怪ザシキワ［ア］ラシにとり憑かれた物狂いになりはてている。小説家以外の何ものでもない太宰治の作品にも、東北の〝原詩野〟に特有の思想詩――『如是我聞』にいう「いのちがけで事を行なう」イデーをもっぱらみてとりたいと願っているのだ。

かかる偏頗《へんぱ》な願いをもう少し的確な言葉にさしかえたいと、たとえば吉本隆明の『日本近代文学の名作』（新潮文庫、二〇〇八年）をひらいてみる。吉本はそこで、戦後、「無頼派」と呼ばれた作家たちの中で「太宰治が一番好きだった。ひいき目で見れば、才能でも力量でも太宰が抜きん出て優秀だと思っていた」と語る。吉本のいう「力量」とは、「やさしい言葉で書かれているように見えて、本当は少しも啓蒙家になったりしない」ことを指す。坂口安吾（安吾に対してはわれわれ同様、若干の危うさを抱いているが）と並んで、「文学についても、その背景にある戦後の現実に対しても、全面的な否定感を持っていた」とされる。この二人を除けば、「大それたこと」を考えている文学者は戦後の日本にはほとんどいない、と吉本は断じる。この場合の「大それたこと」とは――「二人ともデカダンス生活を本領として作品を書いていったが、個人の恋愛や親子の関係から、戦後社会や生活のあり方、ひいては世界の情勢や国家まで、きちんとまともに考え、見解を持っていた」ことを意味する。他に、「どんなに戯作者風を装っても、いつも大知識人しか持っていない全面性を引きずっていた」とか、「学生時代に左翼運動に深入りしたのが、世界普遍性を身につけるきっかけになった」という言葉も、柳田国男という「大知識人」が保有していた「世界普遍性」を追尋するわれわれにとって興趣深いものである。

## 2

描写を完全に排除した小説はありえないだろう。もしあるとしたら、それは単なるウソの話になってしまう。

だが、われわれはめげずに、「世界普遍性」をもつ「戯作者風」のウソを見据える。他ならぬ柳田国男の話が、それをテーマの一つとしていたからである。たとえば、井口時男が編んだ講談社文芸文庫『柳田國男文芸論集』所収のものでいえば、「戯作者の伝統」（昭和十三年）や「ウソと子供」（昭和三年）の二篇を読むだけでも、柳田学と太宰的思想詩との間に、われわれ好みのコレスポンダンス&アナロジーを見出すのは難しくない。

小説は、文字通り小さなものをめぐる説き語りである。吉本のいう「大それたこと」――「個人の恋愛や親子の関係」まではいいとして、「社会や生活のあり方、ひいては世界の情勢や国家」のあり方等を含む「全面性」をおびる時、小説ならぬ〝大説〟となってしまう危険性と隣り合わせだ。吉本が、太宰の特に戦争中の身の処し方に「何物にも収斂しない知識人としての芯」を見出した上で、「それがいかにきつかったことか」とのべているのは、この危険性にまつわる困難を指しているだろう。

戦後、まもなくの頃、太宰に会いに行った学生時代の吉本に、「きみ、男の本質はマザーシップだよ、優しさだよ。その無精ヒゲを剃れよ」と語ったエピソードをわれわれは愛惜してやまない。既出の田中和生の太宰治＝母性の人なる視座もこのエピソードとつながりをもつはずである。

田中は「太宰は当時の文化状況のなかで、固く引き締まったものより、肌触りの柔らかい言葉を選んで書いていた」とも語るが、そのやわらかい母性の言葉でつづられたささやかな戯作的なウソが、「男が座って黙読し、立派な気分になるための」父を象徴する文学をはるかにしのぐ大それた世界普遍性をもちえたのはなぜなのか。

この問いを、われわれは以下のようなものと並置してみたい。日本近代文化状況の中で男が「立派な気分になるため」、知的なステータスシンボルの如き舶来の思想・哲学を全身で受けとめながら、その祖述の誘惑を厳しくしりぞけ、それまで誰も眼を向けることのなかった〝女・子供・老人〟のような小さな世界をいつくしむ保護者のマナザシで、ひたすら「低い」調子の散文をつむぎつづけた柳田国男の一見、〝島国ふうに閉じられた〟言説が、世界にひらかれていることを自称する学者・思想家の言説よりはるかに本質的な世界普遍性をにじませるのはどうしてなのか。

井口時男は『批評の誕生／批評の死』（講談社、二〇〇一年）の中で、例によって鮮やかな言い止めをしてくれている。太宰は、「私」というものの仮構性の意識を、「嘘」「仮面」「道化」などと呼んだりしたが、「告白」もまた、そうした自己表象の行為であることに変りはないと井口は書く。太宰的自意識の疑いは、「私」というものの存在の「意味」にではなく、「あなた」に向けて提示された表象としての「私」から、近代文学が執着する「私自身」という真実を区別することの根拠に差し向けられている。従って、太宰的自意識は、自分の告白内容の真実性を自分自身が読者に先回りして疑ってみせる、というスタイルを採る。「告白するのにも言葉を飾る」という「道化の華」（昭和十年）の一行を引いて、井口はいう——「僕」は、自分の言葉が、なぜ、自分の内的な「真実」よりも「読者」への効果の方に誘惑されてしまうのか、と疑うのだ。太宰は、自分の自意識をめぐる病が時代の病であること、この病こそが新世代の青年の「新しさ」の証明であることを自覚していた。現に彼は、この病を語りの構造へと転移させることで、自己言及的なメタ・フィクションの語りの地平を切り開いてみせた。その意味で、彼はたしかに「二十世紀旗手」である。

吉本隆明や田中和生の太宰考に接してもそうだったが、井口の批評を端折って書き写しながら、私は、〝気が済んだ〟という小児的な満足感を得た。長いこと太宰論を書きたいと願いながら叶わなかった当方にとって、ささやかだけれど重要な感触である。

井口の指摘で、特に当方の心にさわったのは、太宰的自意識が「告白」内容への真実性を疑うことを含むというところだ。われわれはたちまち、すでに言揚げしたように、「告白」ではなく、むしろ「白状」のニュアンスのほうが、太宰的「道化の華」をあらわすのにふさわしいと考えてしまう。そして無理を承知で、諧謔老人柳田が語った「戯作者の伝統」や「ウソと子供」の内容ではなく、その知識の「切売小売」とは本質的に異なる語り方にただようトーンと太宰が切り開いたメタ・フィクションとが、ふたつながら、〈わしにとって無縁とは思えんのですよ〉とつぶやいてみるのである。

「私」が「私の告白」を疑うのは、「私」が、「他を笑う私」を疑いつつ笑いとばすことにも似る。太宰文学にとり憑いた道化は単なるピエロではなく、セルバンテス文学同様の小説による小説の批評を実践する。それは、〈笑の本願〉を保持しつつ、自らを反省する史学、「人が自己をみいだすための」歴史とは何かを問うメタ・ヒストリーとでもいうべき視座をもつ柳田学に似ている。

## 3

吉本隆明の『日本近代文学の名作』には、柳田国男の『海上の道』も取り上げられている。この書の意義をめぐり、吉本はこんなふうに語る。敗戦によって明治以降築いてきた日本国が滅びてしまい、敗戦後は戦勝国やヨーロッパの文化の模倣がふたたび至上の課題として祭り上げられ、民俗学などを研究することは無用な少数派と思われるようになった。それへの反発が柳田にはあったと思える。何がいま大切かとこの老学者は考えて、日本人、日本国の起源と歴史的経緯について、それまで積み重ねてきた民俗学の知識や見聞を総合してのべようとしたのが『海上の道』のモチーフだ。

吉本は、『海上の道』を「普遍文学の作品」のように考えているとさいごをしめくくる。われわれのみるところ、戦中戦後の困難な時期、「普遍文学の作品」を矢つぎ早に世におくりつづけた稀有の文人の双璧が、柳田国男と太宰治である。中身は異なるが、戦前・戦中の言説が戦後になってまったく色あせなかったばかりか、「普遍文学」のアウラがむしろいっそうブリリアントな輝きを増しつづけた点で、両者は共通する。

われわれはすでに柳田と啄木や賢治との縁の薄さを確認しているが、太宰との関係はさらに遠いものと承知の上だ。もしも太宰に柳田についての感想をじかに訊きただしたとすれば、おそらくモンテーニュに対するのと同じ答えがかえってきただろう。太宰は随筆『碧眼托鉢』の中で、「モンテーニュ大人」に言及し、「なかなか腹ができて居られるのだそうだが、それだけ、文学から遠いのだ」と断じ、孔子の言葉――「君子は人をたのしませても、おのれを売らぬ。小人はおのれを売っても、なおかつ、人をたのしませることができない」を引いた上で、「文学のおかしさは、この小人のかなしさにちがいない」とつづける。腹のできあがった君子は、太宰にとって「縁なき衆生」であり、それをめざすのは、「世の中の名士のひとりに成り失せる」ことだというのである。

柳田に太宰の感想を訊いたとしても、黙殺されるのがおちだろう。柳田がオマージュをささげた作家は、鷗外を除けば、「生涯懇意にした友人の一人」となった泉鏡花くらいしかいない。自我の解体劇などにわずらわされることなく、民俗固有の趣向をないがしろにする近代文学に背を向けて歩んだ鏡花には、たしかに柳田好みの俳諧的精神をみてとれるが、しかし、われわれは残念なことに鏡花の文学に「世界普遍性」を見出すのは困難だったと白状せざるをえない。

われわれが〝保護者〟を必要とする小児的な存在であることはやはり白状済みだが、一方で、われわれは、俳諧的精神に支えられた「ウソ」が「世界普遍性」につながる「大それたこと」をひきずっている事態を夢見る。ウソと大それたことが、父母の如く、二つながら必要なのである。それはわれわれの趣味にすぎないけれど、急いで、井口時男『批評の誕生／批評の死』中の次のような一行を援用しておきたい。

〈「趣味といふ語は、全人格の感情的傾向といふ意味でなければならぬ」と石川啄木がいうとき（「弓町より——食ふべき詩」一九〇九年）、彼は批評という行為の根本の覚悟を表明しているのだ。〉

われわれの「全人格の感情的傾向」がもとめる保護者を、柳田の「親方子方」（昭和十二年）中の言葉をかりて表現すれば「オホヤ」（大家）となる。

この場合、大家を、太宰の嫌いな「世の中の名士」と同義のタイカとよんではなるまい。

柳田によれば、オホヤ（大家）は大親である。われわれの大親は生みの親とは限らず、そうしてまたあらゆる役目と力を身にもっていた。オホヤは、礼をイヤ、敬をウヤマフなどというのと同じ語で、目下の者のこれに対する応答の声から生れたという。中世以後の日本人は、父母以外に別に「イヤする者」の幾種類かを、もたねばならぬ生活事情に置かれていた、と柳田はつづける。名親はその代表格だが、他にもオビ親、エボシ親、フンドシ親等々がそうである。親子とは、本来、こうした多種の親方子方を指すもので、今日の親子はその一つにすぎなかったと柳田学はわれわれに教える。しかし、その教え方のなんと啓蒙的でないことか。彼もまた、「やさしい言葉で書かれているように見えて、本当は少しも啓蒙家になったりしない力量」の持主だった。

私は先般の《3・11》後、柳田のいうオホヤ＝イヤする者として太宰治を始めとする東北原詩人を受取り直し、小児的な不安を辛うじてとり鎮めることができた。「和州地名談」（昭和十七年）で、柳田は「比較が出来なければ本当の意味はわからぬと同時に、比較によって思いがけないことを発見し得る望みもある。私がこれを日本民俗学の練習に、利用してみようとした動機はそこにあった」と書いている。

前後の文脈を無視して、われわれもいう。「日本民俗学の練習」と世界文学の練習をかねて東北原詩人の作品を読むことで、「思いがけないことを発見し得る」と。たとえば太宰は昭和十九年、「世界で一ばん偉い作家である」と信じる井原西鶴の著作に取材した『新釈諸国噺』に付した凡例で、「物語の舞台も蝦夷《えぞ》、奥州《おうしゅう》、関東、関西、中国、四国、九州と諸地方にわたるよう工夫した」と記した後、こうつづける――「この際、読者に日本の作家精神の伝統とでもいうべきものを、はっきり知っていただく事は、かなり重要な事のように思われて、私はこれを警戒警報の日にも書きつづけた。出来栄はもとより大いに不満であるが、この仕事を、昭和聖代の日本の作家に与えられた義務と信じ、むきになって書いた、とは言える」。日本の作家精神を背負った特異な「噺家」は、ここで、柳田とは少しく性質を異にする類のオホヤ＝イヤする者としての仕事を果していると私は実感しえたのである。

# 三十三　美しい嘘と悪の華

## 1

本篇を省略して序文もしくは後書きを記すふうのヲコなるやり方に又してもあやかることになってしまうかもしれないが、たとえばわれわれは、鷗外の「山椒大夫」（大正三年）と、その翌年に書かれた柳田の「山荘太夫考」を併せ読むよりもさらにモノ深い感触を、以下のような太宰と柳田との反復横飛びふうの重ね読みで得ることができると考えている。

太宰の「畜犬談」と柳田の『孤猿随筆』所収の「モリの実験」（いずれも昭和十四年）、同じく「佐渡」（昭和十六年）と『秋風帖』所収の「佐渡一巡記」（昭和七年）、『晩年』所収の「魚服記」と『山の人生』冒頭の話、さらには『お伽草紙』と「戯作者の伝統」（『笑の本願』）、『津軽』と『雪国の春』等々。

事実、私は右の重ね読みを試してみて、その内容ではなく、語り方の背後に、本源的大和魂をもつ俗聖に特有の苛烈な反俗精神が道化の衣につつまれた状態で隠れていることをしみじみ感得しえた。両者が共有するものにとりつくシマを見出しサカナをすることができたのである。

異ジャンルの文を無自覚に比較すること自体ナンセンスといわれるだろうが、ここでは小説以外の感想文を書くのを極度に嫌った太宰の多くはない随想の一つ『もの思う葦』所収の「市井喧争」と短篇「善蔵を思う」、そして柳田の「不幸なる芸術」を瞥見してみる。

太宰が小説以外の文を書くのを極力遠ざけようとしたのは、小説家が市民に敬愛される文化人の仲間入りを果たすことを象徴する行為とみなしたからだと思われるが、たぶんそれだけではなく、彼の小説が随筆的雑記性を戦略的にとりこもうとする総合の器たらんとしたことにもよるだろう。

随想「市井喧争」と短篇「善蔵を思う」には共通する実話がもりこまれている。それは前者に、「百姓風俗の変な女が来て、この近所の百姓ですと嘘をついて、むりやり薔薇を七本、押売りして、私は、贋物だということは、わかっていたが、私自身の卑屈な弱さから、断り切れず四円まきあげられ、あとでたいへん不愉快な思いをしたのであるが、それから、ひとつき経って十月のはじめ、私は、そのときの贋百姓の有様を小説に書いて……」とある通りのものである。

以下省略――のノリで進まねばならないが、「そのときの贋百姓の有様」が書かれた後者の「小説」では、洋画家の友人が庭の薔薇に「眼をつけ、意外の事実を知らせてくれた。これは、なかなか優秀の薔薇だ、と言うのだ」という結びになっている。

「でも、これを売りに来た女は、贋物だったんだぜ」と半信半疑になりつつも、「私」はやがて「まんざら、嘘つきでも無いじゃないか」と思う。「神は、在る。きっと在る。人間到るところ青山。見るべし、無抵抗主義の成果を。私は自分を、幸福な男だと思った。悲しみは、金を出しても買え、という言葉が在る。青空は牢屋の窓から見た時に最も美しい、とか。感謝である。この薔薇の生きて在る限り、私は心の王者だと、一瞬思った」――これが「善蔵を思う」のエピローグである。

「贋物」「嘘つき」をめぐるこの二篇を読みくらべた後、柳田の「不幸なる芸術」を再読した当方は、「意外な発見」にみちびかれた。それ以前に「ウソは大昔から、人生のためにはなはだ必要で平素これを練習しておかなければならなかった」と書かれる「ウソと子供」を意外な感にうたれて読んでいたが、「不幸なる芸術」はその感触をさらに強化するものだった。ひと口にいって前者が、ウソをつく子供の擁護論であり、後者が詐欺をはたらく悪者をめぐる「悪の芸術」論だったからである。

ウソを芸術的に洗練する技をみがく小説家が、ウソをつく子供を「描写」したり、「悪の芸術」論を展開したりするのは珍しくない。たとえば坂口安吾が戦後に開拓した〈巷談〉という独自のジャンルの一篇「湯の町エレジー」などが思い起される。「人間には、騙されたい、という本能があるようだ。騙される快感がある」と断じる安吾は、「人間は本来善悪の混血児であり、悪に対するブレーキと同様に、憧憬をも持っているのだ」とまで書いている。だがしかし――、他ならぬ日本のモラリスト・ユマニストの柳田が、「悪の華」の入用を論じていようとは想像できなかったのである。

柳田が愛読した日本中世のモラリストの手になる『徒然草』第七十四段の虚言＝ウソの分析をここに祖述するのはかなわぬが、そこで展開される真と偽の両面を併せ呑むあまりにリアルな視座に驚かされた時と少し似ていたといえるかもしれない。

## 2

〈『左伝』を読んでみると、これはあの時代の賢人が世を導くために、著わした歴史の書なるにもかかわらず、不思議に悪人ばらの悪巧《わるだく》みに、興味を持っていた筆の跡が目につく〉と、「不幸なる芸術」は書きはじめられる。

「にもかかわらず」の接続辞が又してもわれわれの「目につく」。柳田は自らの方法を歴史に重ねて語るのを常としたが、それによれば史学とは古い事をセンサクする技術ではなく、「人が自己をみいだすための学問」（『青年と学問』）とされる。

時代を代表する「賢人が世を導くために、著わした歴史の書」に柳田学は数えられる。にもかかわらず、その書に「悪人ばらの悪巧み」への興味がみてとれるのはどうしてなのか。

女性の悪がしこい智慧には男以上に「自由にしてかつ美しいものがあった」と柳田はいう。悪人でもない『左伝』の作者が、熟視《じゆくし》した人生には、「女子小人その他の凡庸が、いずれの時代よりもはるかに敏捷に、活躍していた」と。たとえば『左伝』中の一挿話を引いたうえで、女の一心が仕組んだ芝居が「一度の練習もなしに上品に綺麗に、予定の効果を収め得たということ」を、柳田は「我々にとっての一奇蹟」とよぶ。一つの大悲劇を、「たとい敬服したのではないまでも、百世の末までに、言い嗣《つ》ぎ語り伝えんとした人の心」に奇蹟をみるというのである。

「現に自分なども憎いなとは感じつつも、その計略のいかにも掌《たなごころ》を指すがごとくなるを見て、新たに人間の力の意外なる展開を経験し、子供ながらも消し得ない印象を得たのであった。」

自分の志は、とまた柳田はいう――「被害者というような私心を離れて、今一度この消えて行く古風の芸術を見ようというにあるのだが、不幸にして渡世が拙なるために、ついに騙《だま》されてもかまわぬというまでの生計の余裕ができなかった」と。

心静かに悪の技術という「伝統の趣」が味わえないのは残念だが、そうかと言って他人のやっつけられるのを、面白そうに見物しているわけにも行かぬ。「うっかりすると同類かと疑われる」し、この種のことに世間はもう容赦なくなったからである。「やはり不満足でも自分の実験を語る他はないようである」として柳田があげる実話のいくつかを詳述できないのは残念だが、「以前小樽《おたる》で知り合いになった某《なにがし》という男のごときは、僅か十五円の金を私から借り倒すために、半歳に近い苦労と三分の一ほどの入費を使い、その上に五つほどの大きなウソをついている」というような語り方に、われわれは先の太宰の二篇を重ね合わせずにはいられない。

長い時間をかけた男の「手間を食うてやや引き合わぬ形」のやり方をむしろ歯がゆく感じ、はやくケリをつけてもらったほうがよいと思っていると、「その中にやって来て騙したのである。騙されてやれやれと思ったような場合が、私などにさえあるのだから、たしかに人生は活きるに値いする」。

小林秀雄の骨董をめぐる「真贋」談義と似て非なる精神が躍動する右の一節の、特にさいごの一行は、中期の太宰治が理想とした「のほほんとした顔で悲劇を受入れる」人間像にむすびつく。「騙されてやれやれと思った」ことが、どうして「人生は活くるに値いする」という感慨をみちびくのか——その問いに、「贋物」と「嘘つき」の背後に美しい「青空」を視て神の存在を信じ幸福になる太宰の「私」が声なき声でこたえてくれるだろう。

柳田と太宰の「私」がわれわれの眼に完全にダブってみえるのは「不幸なる芸術」の六である。

五十銭ばかりの「不当所得」のために「非常に大掛かりな、堂々たる詐欺手段が講ぜられた」エピソードの中味というよりその語りのムードが酷似しているのである。

「夏の始めのある日の午前であった。台所の者が見ごとな胡瓜《きゅうり》と茄子を手に載せて、これが一銭ずつだと申しますという。さっそく家内が出かけてみると、売りに来た百姓が盛んにしゃべっている」とはじまる一文は小説家のそれにみまがうものだ。この百姓の「尋常のいわゆる身辺小説家の企て及ぶべからざる」詐欺の内実は端折るが、柳田は、「我々はむしろ賢明にして、永く彼等のために欺かれてやり得ないことを悲しまねばならぬ」と書き、「悲しみは金を出しても買え、という言葉」を引きあいに出した太宰の「私」をやはりわれわれに思い起させる。

「善蔵を思う」のはじめで、太宰は「私は、悪の子である。私は、業が深くて、おそらくは君の五十倍、百倍の悪事を為した」と読者に語りかけている。「私」のいう「悪」は、「含羞の笑」をおびた弱者のそれであり、「悪の、おのれの悪の自覚ゆえに弱いのだ」。

3

笑いの文学に二種の様式——「笑われ側」と「笑い側」——があったと説く「戯作者の伝統」で、柳田は、人を笑わせようという目的は双方同じでも、一方はよく言えば己を空しゅうし、任務に純一なるに反して、片方はぜひとも自分も共々に、笑わないと承知をせぬのである、と書く。柳田の視点では、日本の文学史では古くから今にいたるまで「笑い側」に立つのが主流で、「それを又新式のユーモリストまでが、真似ようとするのだから誠に淋しい」となる。「戯作者の伝統」は昭和十三（一九三八）年発表である。「新式のユーモリスト」が具体的にいかなるジャンルの誰の言動を指すのか、例によって明らかではない。

宇治拾遺物語などに発する瘤取り爺さんの昔話にふれて終る「戯作者の伝統」を読んで、太宰の『お伽草紙』の巻頭の「瘤取り」を想い出すのは私だけではあるまいと思われる。太宰の「瘤取り」に、柳田のことなど登場しないが、それは、「防空壕の中で」書かれた事情とも関わるかもしれない。「私はいまは、物語の考証はあきらめて、ただ自分ひとりの空想を繰り広げるにとどめなければならぬだろう。いや、かえってそのほうが、活き活きして面白いお話が出来上るかも知れぬ。などと、負け惜しみに似たような自問自答をして……」とマクラの部分にはある。

さいごは、気の毒な結果をめぐって、「お伽噺においては、たいてい、悪い事をした人が悪い報いを受けるという結末になるものだが、しかし、このお爺さんは別に悪事を働いたというわけではない」と弁護する。緊張のあまり、踊りがへんてこな形になったというだけではないか、と書く時、諧謔老人に同調するふうの自らの解釈に対しても弁明している感がある。このお爺さんも、その家族も、鬼どもも、少しも悪い事はしていない。つまり、この物語には所謂「不正」の事件は、一つも無かったにもかかわらず、それでも不幸な人が出てしまった。それゆえ、この瘤取り物語から、日常倫理の教訓を抽出しようとすると、たいへんややこしい事になって来る。

それでは一体、なぜこんな物語を書いたのだと反問する読者がいるなら、「性格の悲喜劇というものです。人間生活の底には、いつも、この問題が流れています」とでも答えておくしかないだろうと語り手は書きおさめる。

太宰の『お伽草紙』は「瘤取り」に限らず、「人間生活の底」を流れる問題をテーマとしている。柳田学にとっては文人の「空想」にすぎぬものに位置づけられるだろうが、われわれの眼に映るそれは、日本文学における戯作者の伝統を支えぬいたことのアカシともいうべきものだ。少なくとも、太宰が見据えた戯作的笑いが、他を笑う側でなく、自らを笑う側のそれであったことは疑いない。

「戯作者の伝統」の終りに、柳田は、「日本の笑の文学は、読み書き教育の普及と共に、あべこべに大いに退歩した」といい、「たとえば村々の剽軽爺《ひょうきんじい》さんのように、人には軽しめられ又寸分の謝礼は受けずとも、なお一郷の空気を和《なご》めるために、努めて身を晦《くら》まし愚を装い、万人を自得せしめようとする者がもう現われてきてもよい頃である」と期待をのべる。

「文士の能力では企て及ばぬことを、無理な注文をするように看《み》なされずんば幸いである」――

これが「戯作者の伝統」の最終行だ。

昭和十三年になされた柳田のこの「注文」に、他ならぬ困難きわまる戦争期の太宰が見事にこたえたとわれわれは考えている。

田中和生の『新約太宰治』に、津島修治が太宰治になる機縁を作った作品「思い出」にまつわるささやかな「嘘」をめぐる重要な指摘がある。「私」は病弱だったという太宰の嘘について、田中はこう書いている。

〈作家の肉体が一年間高等小学校へ通わなければならなかったという事実について、「からだが弱いから」という嘘の理由はその記述に関係するあらゆる人間を傷つけることのない、考えられるかぎりもっとも美しい嘘である。その言葉は、かぎりなくやさしい。そしてこうした種類の言葉に込められたものを指して、人類の多くの文明では「愛」と呼びならわしているのだが、このような美しい嘘をつけるようになったとき、津島修治は太宰治になった。〉

田中の確認をまつまでもなく、「作家とは、嘘をつくのが仕事である」。ばれても傷つくのは作家だけ——田中のいう「愛」に支えられた美しい嘘をつけるこういう作家こそ、柳田学が注意深く差異線を引きつづけた二種の笑いのうち、「己を空しゅうし、任務に純一なる」ほうの「笑われ側」に立つ者——「空気を和めるために、努めて身を晦まし愚を装い、万人を自得せしめようとする者」に他ならず、われわれが反復して受取り直すに値する作家だ。近松門左衛門が「虚《うそ》にして虚《うそ》にあらず、実にして実にあらず、この間に慰が有たもの也」といったその根源的な慰めを得られる作家の作品はこの世に決してみちあふれているものではないのである。

旧家に生れた者の暗い宿命を見据える作家が、それを根源的なナツカシサの感覚と共にふりかえらんとする刹那において産み落された紀行文『津軽』の中で、気恥ずかしさをふり払い、――自分の専門科目は「愛」で、人と人とのふれあいを研究している、ときっぱりと語る。『もの思う葦』には、「人間を嘲えず、自分だけを、ときたま笑っておる」ともある。美しい嘘をつくことの難しさを思い知る「愛」の伝道師は、民俗学的ふれあいが悪の華と裏合わせであることも知り抜いていた。戦前・戦中・戦後を通して本質的にブレなかった点で共通する柳田とはしかし対照的に、戦後の太宰は「サロン芸術」「サロン思想」否定の旗をかかげ、旦那臭のただよう文化人のお座敷を破壊せんとするザシキアラシの行動にうって出た。それは、キルケゴールやカフカが実存のプロジェクトとして自らに課した〈根底に向けて没落〉する魂の運動に重なるものだった。

# 三十四　ペネタ形とトカトントン

## 1

『遠野物語』誕生の後も、長い時間をかけて遠野の伝承・昔話を掘り起こし、記録しつづけ、金田一京助をして「日本のグリム」といわしめた佐々木喜善の仕事の集大成ともいうべき『聴耳草紙』への「序」（昭和五年）の中で、柳田は、「多くの東北人」に共通する性癖をめぐり、「夢の多い鋭敏という程度まで感覚の発達した人」と表現している。われわれのスイッチバック式鈍行列車がしばし停車した駅名を用いて、柳田の東北人評を受取り直せば、「鋭敏という程度まで感覚の発達」をうながしたのが本業の夢想家である。

夢を紡がずして文芸作品を織り上げることができないのは当り前だ。大方の文人が目ざすのは、本業の夢想家を世俗的に文字通りのものに、つまり夢をカタチにした文芸作品をビジネスとして成り立たせることである。

柳田学に寄り添うわれわれが終始心にかけてきた東北の原詩人たちは、この職業文人のスタンスに安住しえなかった。それは、アンチ中央文壇といったような俗耳に入りやすい〝ローカルな〟

在野精神とは一線を画す、世界文学のイデーに架橋されるべき知の究極の課題に関わるものである。たとえば宮沢賢治は「職業芸術家は一度亡びねばならぬ」と宣言したが、このテーゼを賢治とはまったく異なる実存の荒野でひき継いだ作家こそ太宰治だった。

柳田は冒頭の「序」においても、伝承・昔話の掘り起こし作業で、発掘者「自身の文芸になってしまいはせぬかと警戒する役に廻っていた」自らの立場を強調している。『遠野物語』が、柳田「自身の文芸」作品になってしまったことへの反省ともとれるが、しかし、この立場は『遠野物語』にとどまらず、柳田学総体が孕む難問・矛盾を象徴するものだった。『遠野物語』の中に出るいわゆる「むかしむかし」は未だ「採集の体裁」をなしておらず、それが貴重な古い口頭記録の断片であることに心づくには時間がかかったと柳田はいう。『遠野物語』から十年余りたって佐々木らと「東北の海岸をしばらく一緒に歩いた」頃にようやく口碑の何たるかがわかってきた。

「東北という地方は、何時までも昔話を子供の世界へ引渡さずに大人も参加して楽しんでいた結果、昔話がより多く近代的な発達を経ている……」とか「純粋なフォークロアの方法によってでも、東北地方でなら調べることが出来る」のような「序」の言葉は、柳田学の成熟にとって、東北が〝アルキメデスの点〟の如き役割をはたした事実を物語っていて、われわれを喜ばせる。とび抜けた書斎人の柳田キホーテにとって東北との出逢いは、「食うべき詩」＝生活詩の体現者たるサンチョ（常民）の発見につながる機縁をなしたものだ。

にもかかわらず、柳田学総体を眺め渡すわれわれが、溜息まじりのヤレヤレのつぶやきを洩らさざるをえないのはどうしてなのか。この問いは、柳田民俗学を、結局、『遠野物語』の拡大版というしかないのではないか、との思いと裏合わせである。

プルーストは、『失われた時を求めて』に発展的解消をとげた長篇小説『ジャン・サントゥイユ』の冒頭で、——これは創作されたものではない、ひろいあつめられたものだ……という意味の一行を刻んだ。

柳田国男もまた、広義の蒐集家を志していた。それを孔子ふうに〈のべて作らず〉——祖述はするが創作はしない。なぜなら古いものの中にこそ、よりよいものを発見できるからだ——といいかえてもいいかもしれない。

柳田学に対する批判の言葉として——「一将功なりて万骨枯る」（一人の大将の功名は、多くの兵士が戦死して骨を戦場にさらした結果である）があることをわれわれは聞き知っている。突出した才能をもつ一人の成功者の蔭で、多くの犠牲者が忘れられがちなのを戒めていうこのコトワザに、柳田自身が言及しているわけではないが、民俗蒐集にあたって「自身の文芸になってしまいはせぬかと警戒する役」を、少なくとも柳田が著作の中で放棄する姿勢をあらわにしたことは一度もなかったとわれわれは信じる。

「口承文芸とは何か」で、柳田は揺るぎない筆致で書く。「著名なる作者を飛び石に、国の文芸の進展を跡づけようとする試みは誤まっている。彼らが天分は誠に超凡であったにしても、それを証明させたのは背後なる凡庸の力であった」と。

われわれの東北原詩人列伝なども、右にいう誤った試みの一つとされることは甘受するとして、問題は、警戒おさおさ怠り無くつとめたにもかかわらず、結果として「超凡なる」蒐集者の柳田国男が、蒐集された当のもの＝「背後なる凡庸の力」より突出した「著名なる作者」となってしまったことである。

「一将功」の背後に「万骨枯」のある風景は、特に一つの組織・集団が世俗的に成功をおさめるところに必ずといっていいほど見うけられるものだ。個人的には、サンチョ的セリフと共に組織・集団から遁走をはかればよいなどと考えているが、それで済んでしまうほど問題は簡単ではない。

井口時男が『悪文の初志』で指摘したことが思い出される。口承が口承であることにおいて保持する文字との差異を隠蔽し、無害化する時、柳田民俗学の方法はこの国の文化にしつらえられた罠と同義のものになってしまうとのべる井口の著作ではじめて知ったエピソード——『遠野物語』が流布して後、観光地化した遠野地方の伝承が柳田のテキスト通りになってしまった——の衝撃を私は今も忘れることができない。

## 2

柳田学の探索者は、特異な耳の持主となることを要請される。その非凡な耳は特殊な聴術——ベンヤミンふうにいうなら聴く者こそが真の言語を用意するというイデーを理解するだろうが、今、口承が言語化されたテキストにひとしいという事実に圧倒されたままの無力で「超凡」なわれわれの耳に聴こえてくるのは二つの幻音めいたコトダマ（?）である。

ペネタ形とトカトントン。前者は賢治の童話「蛙のゴム靴」の中に出てくる。日本人でいえば花見のように「雲見」をするという蛙たちの会話をめぐる一節――。

〈「どうも実に立派だね。だんだんペネタ形になるね」

「うん。うすい金色だね。永遠の生命を思わせるね」

「実に僕たちの理想だね」

雲のみねはだんだんペネタ形になって参りました。ペネタ形といふのは、蛙どもでは大へん高尚なものになってゐます。平たいことなのですね。〉

これ以上のことが書かれているわけではない。当方が学生時代にアルバイトでためた金で買った古い賢治全集の語註には――英語の peneplane（準平原）からの連想か、とある。ともあれ、平らである意のペネタ形なる「高尚なもの」が、賢治文学を貫く「大それた」理想とつながっているのは疑いないだろう。

その理想をヒューマニスティックな言葉にすれば「人類平等」になろうが、原詩人に特有の〝ヒューマニアック〟な諧謔精神のテイストにはそぐわない。柳田のいう「背後なる凡庸の力」を見据える原詩人は〈どんぐりの背くらべ〉（＝子供が拾っておもちゃにするどんぐりが、みんな小さくて、特に目立つものが無いように、どれも平凡で代りばえがせず、特に目だってすぐれたものが無いこと）とくくられてしまうものに、スペシャルなイデーを与えるべく、たとえば「どんぐりと山猫」（イーハトヴ童話『注文の多い料理店』所収）を書いた。そこでおこなわれる「めんどなさいばん」をめぐる「申しわたし」は、「このなかでいちばんばかで、めちゃくちゃで、まるでなっていないようなのが、いちばんえらい」というものだ。

一郎が「お説教できいた」というこの申しわたしが、先のペネタ形＝平たいことをめぐる理想に重なるのも見やすいだろう。

柳田のみちびきで「笑いの練習」を重ねてきたつもりのわれわれは、世界文学シュンポシオンを世界文学連句会といいかえてみたりもする。

『俳諧評釈』のモノ深い「はしがき」で柳田は「近ごろになってのうれしい経験は、作者の境涯や気持に少しずつ注意するようになってから、今までわからなかった附句の心持が、ふいと心附かれる場合がだんだんとふえて来たことである」と語る。柳田的常用語の「心附」と俳諧の「附句」がここで融合しているような印象を受けるのは私だけだろうか。

われわれは本稿で、柳田や東北原詩人を含めた世界文学思想の先達の断章に、いわば「心附」による「附句」をやってきたようなものだと今にして悟る。世界文学の磁場でささやかな連句をまくこと――それが篤志門外漢のわれわれの素志だ。

世界文学思想のイデーの一つに、キルケゴールが死に至るまで〝味方につけようとした〟笑い＝ユーモアがある。『死に至る病』のような本を書く一方で『序文ばかり』のようなおどけた本を書く精神はこのイデーがもたらしたものだ。厳粛である他ない訴訟の召喚状を「あなたは、ごきげんよろしいほで、けっこです。あした、めんどなさいばんしますから、おいでんなさい。とびどぐもたないでくなさい。山ねこ拝」というはがきであらわした賢治もこの喜劇的な精神――

〈道化の華〉と無縁ではない。

「わたくしのおはなしは、みんな林や野はらや鉄道線路やらで、虹や月あかりからもらってきたのです」と『注文の多い料理店』の「序」で賢治は語る。「ほんとうに、かしわばやしの青い夕方を、ひとりで通りかかったり、十一月の山の風のなかに、ふるえながら立ったりしますと、もうどうしてもこんな気がしてしかたないのです。ほんとうにもう、どうしてもこんなことがあるようでしかたないということを、わたくしはそのとおり書いたまでです（中略）何のことだか、わけのわからないところもあるでしょうが、そんなところは、わたくしにもまた、わけがわからないのです」と。

右の一節に、われわれは、〈笑の本願〉を保ちつつ凡人の研究者を自任し、平人の平語というペネタ形の理想を追尋しつづけた柳田の『野草雑記』中の次のようなつぶやきを対置したくなる。

「しかしこうした気の永い穿鑿《せんさく》には果して世間の賛同が得られようかどうか。いつも一人で野中の路をあるいている者には、一向に見当が付かぬのである。」

「かしわばやしの青い夕方を、ひとりで」通りかかる者に重なる「いつも一人で野中の路をあるいている者」がおこなう「気の永い穿鑿」は、体系的な山を上るより下ることに根源的な関心を抱く。ペネタ形＝平たい地に下る篤志門外漢のほとんどが全篇皆序文のような文のヨミカキに情熱をもやすのもそのためだ。

体系的なものの構築をめざす専門家のスミカの門外もしくは門前にふみとどまること——門外

漢の篤志につながる「序文をかく気分」がそうさせるのであろう。

われわれもまた「果して世間の賛同が得られ」るかどうか「一向に見当が付かぬ」思いにつつまれる。たとえば、「民間伝承論は明日の学問である。一本の稚樹《わかぎ》である。山に植えるか盆栽にするか、いずれともお互いの心次第である。従うて祈願者は同時に予言者であり得るのである」とはじまる『民間伝承論』冒頭部の二十八カ条から成る「序」と、先の『注文の多い料理店』の「序」（ひいては「農民芸術概論綱要」の「序論」）とが、同じ作者のものであるような――「もうどうしても」そんな「気がしてしかたない」のである。

## 3

さて、もう一つのトカトントンは、文字通りの幻聴音で、ペネタ形よりは知られているものかもしれない。太宰が戦後の一九四七（昭和二十二）年に発表した短篇のタイトルになっているものである。

「いつも一人で野中の路をあるいている者」に似た太宰の語り手は、「のほほんとした顔で悲劇を受け入れる」理想像が描かれる――吉本隆明のいう「太宰が一番健康で、成熟し始めた中期」を峠のピークとして、戦後、「解体と破滅感の産物のように」みえる根源の底に向かい、苛烈にヤマを降りていった。

語り手を悩ますトカトントンの幻聴は、「解体と破滅感」を象徴するものといっていいが、話者の表現では「虚無をさえ打ちこわしてしまう」とされる。「話している者は回心させてもらうために話す」というベンヤミンの含蓄に富む言葉を太宰が知っていたはずもないが、一切がウソ臭く見える時、この幻聴音が訪れるというその語り自体への疑いも、小説が小説自体を疑う仕方でとらえられる。「やけになって、ウソばっかり書いたような気がします」と終り近くでいったん語った後、「しかし、トカトントンだけは、ウソでないようです」と書簡部分をしめている。「奇異なる手紙」を受け取った某作家が「気取った苦悩」に対する数行の「返答」を与えてこの短篇は終る。その返答にある「真の思想は、叡智よりも勇気を必要とするものです」という言葉は、戦後の太宰が拠って立とうとした〈無頼〉を簡潔に表現したものととれる。定職を持たず無法な行いをする云々の意というより、その原にある文字通り頼みにするところがないことである。

トカトントンは東北原詩人にとって魂の原点ともいうべき根底に聴取されるもの——いかなるイデーも頼りにならないという究極のイデーをあらわす主調音である。戦時中につきつめられた小林秀雄の〈無常という事〉が戦後、微妙に変質をとげたのとは対照的に、太宰は、戦中の無常観を戦後になって無頼というイデーに結晶化させたとわれわれはみる。

この魂の無頼漢をわれわれの巡島記では、篤志門外漢といいかえてもゆるされるだろう。ハニカミをもたずに文化に向きあえぬ篤志門外漢は、自らも文化人の一人として振舞わざるをえぬお座敷＝サロンで「めんどなさいばん」をおこし、「このなかでいちばんばかで、めちゃくちゃで、まるでなっていないようなのが、いちばんえらい」という「申しわたし」をおこなったりする。

吉本隆明の大著『言語にとって美とはなにか』をひらくと、ある時代のある作品を「表出史」としてみようとする時、「文学体」と「話体」という二重の構造をもつことをふまえるべきだとある。ただし、前者が純文学で後者が大衆文学という意味ではないと吉本は急いでつけ加え、前者に書きものの、後者に語りものの歴史を想定しようとすれば、「表出史」の観点は理解不可能となるとのべる。われわれが気にかけてやまぬ戦中・戦後の太宰治の位置については次のように分析されている。

「この時期の話体作家のうち、〈私〉意識の解体と劃一化の契機を崩壊や風化の過程としてではなく、積極的な意味で**構成的な話体**の意識としてとらえたのは、おそらく太宰治だけであった。太宰のばあい自己の〈私〉意識の解体が意識されればされるほど**話体**表現は風化や横すべりに走らずかえって構成的となるという逆説がはじめて成立した。それゆえ、戦後における自壊は、かえって『人間失格』や『ヴィヨンの妻』のような**文学体**への上昇としてあらわれた。この事情は芥川竜之介とよく類似している。

太宰治の**話体**表出を極として、やがて、戦後文学の話体は成立した。かれは、現代表出史を**話体**の表出として戦後にもたらした最後の最大のトレーガーであり、それは戦後戯作派の諸傾向と地面を接していた。わたしは、近代文学史上における太宰治の意味を、芥川竜之介よりも重くみたいとかんがえるものである。知識人としての本質的な課題を風化せしめることなく**話体**表出の方法を維持することは、おそらくこの時期にきわめて困難なことであった。この困難はよく戦争期をつうじて保持され、かれの根源の意識のなかでドラマははげしく演じられたはずである。それは外皮からはよくうかがうことができず、戦後の自壊の過程ではじめて露出されたのである。」（「表現転移論」）

右の一節で、「〈私〉意識の解体と劃一化の契機を崩壊や風化の過程としてではなく、積極的な意味で**構成的な話体**の意識としてとらえた」とあるイデーを創作的に受肉させた一篇こそ「トカトントン」であるとわれわれは考える。構成的話体といういささか難解な造語を、吉本は別のところで「話体を書く」とも記すが、「虚無をさえ打ちこわしてしまう」幻聴音トカトントンだけはウソではないという地平に読者をさし招く作家の難度の高い虚構世界をあらわすのはすこぶる難儀である。

柳田国男は「いわばお話の学者である」と、さりげなくも見事な詩人思想家ならではの言い止めをする吉本のいう話体が柳田のいう口言葉にまったく重なるわけではないだろうが、「知識人としての本質的な課題を風化せしめることなく**話体**表出の方法を維持すること」――それによく似た難事業をわれわれは柳田学のメインテーマに見出す。『遠野物語』以後の全分業において「話体を書く」スタイルが維持されているとみなすのである。

ペネタ形とトカトントンは、たとえ柳田自身があずかり知らぬものであるにせよ、柳田の全文業をていねいに読みすすめる者の耳と心に届く物深い何かでありうる。

一六〇三年刊行の『日葡辞書』をひらくと、――本来口に出して言えないことを熟考するニュアンスを指した「神秘的」（mystic）なる語と少し似ている――「沈思する、注意する」意の古い日本語「三戸をひそむる」が見出される。三戸（ミツノト）すなわちメ・ミミ・クチ、感覚の三つの戸口にまつわるこの語は、柳田学が提唱した既出の民間伝承の三分類を連想させもするのだけれど、ペネタ形とトカトントンを心におさめるために、われわれはサンコヲヒソメル＝目と耳と口をふさぐという本源的に「神秘的な」振舞いに思いをいたす必要がある。

「絵になる鳥」(『野鳥雑記』)の——「夢で見たもの幻で感動したことが、強く残っていなければ神の像は描かれぬ如く、かつてある日の物の哀れというものが、自然に我手を役してその面影を再現させようとしたのが、言わば我々の技芸の始であった」という一行が思い起される。

われわれが「イヤする者」すなわち魂の保護者＝真の「教育者」は、崩壊や風化的横すべりと隣り合わせのペネタ形とトカトントンのひびく地平を「技芸の始」とみなせと告知しているように思える。

「百年の未来の回顧の日のために、我々は何を記念として留めて置けばよいのであろうか。長い大きな旅をして来た国民ではあるが、我々平民の足跡は思いの外に幽かである」とは『雪国の春』の言葉である。

ペネタ形すなわち「平らであること」を理想とする「我々平民の足跡」は、トカトントンの幻音を聴くゆえに「幽か」であるとわれわれはヲコなる口真似をする。

トカトントンの幻音が響いたのと同じ時期に成った「如是我聞」には、「古来、負けるにきまっていると思われている所謂謀叛人が、必ずしも、こんどは、負けないところに民主革命の意義も存するのではあるまいか」という敗北人としての宿業を背負う東北人のつぶやきがある。「人間は人間に服従しない」あるいは、「人間は人間を征服出来ない、つまり、家来にすることができない」それが民主主義の発祥の思想だとまっすぐに宣言する太宰は、賢治のペネタ形のイデーをひき継いだ者である。

われわれが注視しつづけた一九一〇年に書かれた鷗外の短篇の名は、すぐれた批評家でもあった三島由紀夫が「永遠に新しい近代日本の文芸批評」と鮮やかに言い止めた「普請中」であった。その「普請中」は戦後、「トカトントン」といいかえられるものに変ってしまったのだったが、《3・11》後のわれわれは再び実存の溜息の結晶ともいうべき〈そ〉を聴いているのである。

# 三十五　ミンゾクの事務所

## 1

昭和二十二（一九四七）年発表の「父」で、太宰治は、「炉辺の幸福。どうして私には、それが出来ないのだろう。とても、いたたまらない気がするのである。炉辺が、こわくてならぬのである」と書いている。大正七年、二十二歳の宮沢賢治は、親友にあてた手紙に「私は長男で居ながら家を持って行くのが嫌で又その才能がないのです」と不安をのべた後、なんとか三十五まで働いて父母が病気になっても人に迷惑をかけないで済むような状態に家をもっていきたい、といい、さらにつづける。

〈今の夢想によればその三十五迄には少しづゝでも不断に勉強することになってゐます。その三十五から後は私はこの「宮沢賢治」といふ名をやめてしまってどこへ行っても何の符丁もとらない様に上手に勉強して歩きませう。それは丁度流れて、やまない私の心の様に。けれども私は私の心を見習ふのではありません。その様にして偉い和尚様になるのではありません。もとより出家しないのですから和尚様になれ様筈がありません。〉（ちくま文庫版『宮沢賢治全集』九巻）

賢治は、二十二歳の時、自分の命は十五年もつまいといったが、事実もほとんどその通りになったのだった。

本業の夢想家は「炉辺の幸福」をおそれる。元祖の啄木は、賢治や太宰とまったく異なる貧しさに追いまくられ、「家」の再建を生活目標に据えてはいたものの、流浪する最中の書簡によれば、家族をすてて「最も大胆に、最も露骨に、最も深く、最も広く、人生一切の悲喜哀楽のすべてを味」わいつくす「英雄」になりたいという遊民的夢想にとり憑かれていた。

啄木は一方で、社会主義への思い入れを深くしていったが、しかしそれも「単に哀れなる労働者を資本家から解放すると言ふでなく、一切の人間を生活の不条理なる苦痛から解放することを理想と」するものとされる。「英雄」が味わいたいと願う「一切の悲喜哀楽」という表現ともエコーするそれは、ベンヤミンのコミュニズム傾斜同様、ほとんどユートピアへの夢想をのべたものにひとしい。

晩年の太宰の夢想に大きな位置をしめるようになったキリストの原像も、「宮沢賢治」という名をやめてしまう出仮としての「出家」への思いも、こうした「一切の人間」の解放を念じるユートピアに由来する。そのユートピアは、夢想家をして、「炉辺の幸福」と同様、「世の中の名士」＝文化人であることにいたたまれない心持ちにさせる。

天才を抱えた突出した「英雄」的人間に興味をもたざるをえないにもかかわらず、「一切の人間」を平等にするペネタ形への志を捨てずに歩むことは可能か。「普請中」すなわち建設の槌音が一瞬にして「虚無の情熱をさえ打ち倒」すトカトントンの幻音に変じてしまってなお、われわれの実存に光明はありうるのか。

原詩人たちのような能力をもたぬわれわれに課される世界文学的練習の中にも、こうした問いがつかずはなれずの状態でさまよっている。この困難な問題に悩みぬいた者は、「炉辺の幸福」に心落ちつかぬものを感じざるをえないだろう。

『おそれとおののき』（桝田啓三郎訳）の中で、キルケゴールは書いている。

「この困難さになにか価値を認めようとは思いません。つまり鋭敏な頭脳は、この困難を克服することによって、ごく単純でごく平凡な人間が難なく到りつく地点よりももっと先のほうまで、行きつけるとなすものではありません。」

キルケゴールは、著作とはべつに制度的に権威づけられた説教と一線を画す、くだけた日常的なニュアンスをもつ「テーレ」（話）集を大量に書き残した。柳田国男の話をめぐって旅をつづけるわれわれが、人気の哲学者扱いから外されて久しいこの類まれな思想家に折にふれて言及した所以である。

自ら〈大地震〉と名付けた精神的大事件に遭遇して、生涯を決定づけるトカトントンの幻音を身心に刻んだ後、キルケゴールは「ごく単純でごく平凡な人間が難なく到りつく地点」に精神のペネタ形を凝視しつつ、苛烈な仕方でヤマを降りていった。

「頂上に達したかと思うと、わたしはころげ落ちてしまう、そこでわたしに突きつけられるものは逆説だからである。」（『おそれとおののき』）

他ならぬ逆説が、この突出した天才思想家に「平らな」お話を産出させた。シジフォスのような運動をつづける他なかったのである。

散歩党首と同様、逍遥する思想家は手紙の中で「歩くことを私は賛えます。歩くことは、私にとって、精神の運動の象徴です」と記すフラヌール（散歩好きの遊民）の元祖の一人だったが、その歩き方は次第に変貌せざるをえなかった。

晩年の彼が用いた〈撤収〉のイデーは、まことに痛々しい。おどけた著作も、最終的な根底におりてゆくために〝書き捨てる〟必要があったのだと彼は繰り返し語った。彼自身は、最終的な根底とみなされた新約聖書のキリスト教にこそ真のユーモアがあると主張したが、われわれの眼には、苛烈な〈撤収〉の風と共に、「笑いを味方につける」という彼の若年期以来のスタンスも、どこやらへ運び去られてしまった印象がぬぐえない。われわれが願う〈撤収〉の理想は、サンチョ・パンサが、夢の領主になってサイハイをふるった後に、言い放つあのセリフ――「道を開けてください、皆さん……」の中に見出される。

## 2

もしもし……という諧謔老人の声が又も聴える。「サン・セバスチャン」（『孤猿随筆』）なる一篇で、柳田は、本論から外れっぱなしの語りを笑いとばすかのように、「もしもし、鹿の話は大いに結構かも知れぬが、それとサン・セバスチャンとは全体何の関係がありますか。という類の横槍がどこからか入って来ることを、内心予期しながら実は今この話を書いている」とのたまう。

「少々御待ちを乞う」といいつつ、「そうしてやはり」脱線話を続ける諧謔老人ぶりだが、矮小な撤収劇ともいうべきわれわれの三十六回の巡島記も、〝三十六計逃げるにしかず〟を決めこむかのような逃げ馬の背に乗ってなされている模様だ。

「私は一人一人について特別な愛というようなものは持ちませんし、持ちたくもありません。そういう愛を持つものは結局じぶんの子どもだけが大切というあたり前のことになりますから」と、やはり手紙に書いた賢治の手になる童話「猫の事務所……ある小さな官衙に関する幻想……」を引き寄せてみる。

「主に、猫の歴史と地理をしらべる」第六事務所で働く、事務長の黒猫と四人の書記の物語である。四番書記の竈猫は「夜かまどの中にはいってねむる癖があるために、いつでもからだが煤できたなく、殊に鼻と耳にはまっくろにすみがついて、何だか狸のような猫」だったので、他の猫に嫌われる。さまざまないじめを受けたかま猫は泣きつづけるが、皆はそしらぬふりで面白そうに仕事をする。

「その時です。猫どもは気が付きませんでしたが、事務長のうしろの窓の向うにいかめしい獅子の金いろの頭が見えました。」

この獅子がいきなり戸口を叩いて入って来たので、猫どもは愕き、うろうろそこらを歩きまわるだけだったが、かま猫だけが泣くのをやめて、まっすぐに立つ。

〈獅子が大きなしっかりした声で云いました。

「お前たちは何をしているか。そんなことで地理も歴史も要ったはなしでない。やめてしまえ。えい。解散を命ずる」
こうして事務所は廃止になりました。
ぼくは半分獅子に同感です。〉
『新編　銀河鉄道の夜』（新潮文庫）の編者天沢退二郎によれば、この「猫の事務所」には、初期形の原稿が残っているという。「半分獅子に同感です」とあるさいごの部分の初期形は、「釜猫はほんとうにかあいそうです／それから三毛猫もほんとうにかあいそうです／虎猫も実に気の毒です／白猫もたいへんあわれです／事務長の黒猫もほんとうにかあいそうです／立派な頭を有った獅子も実に気の毒です／みんなみんなあわれです／かあいそうです／かあいそう、かあいそう」となっているそうである。

この二つの稿のいずれが作品論的にすぐれているか、にわれわれの関心はむかない。ただ、描写の陰に寝ていられず、話者が顔を出し「半分獅子に同感」というその「半分」のニュアンスに、そして初期形の、神仏のように突出した存在の獅子を、まるで「どんぐりのせいくらべ」みたいにあさましい小役人の生態をみせつける猫どもと並置させたうえで、「みんなみんなあわれ、気の毒、かあいそう」のリフレインする書き方に、それぞれ等分の好奇心を抱くのである。

われわれは、いやこの私は、今、賢治童話に触発されて、〝ミンゾクの事務所〟に関する幻想をつむごうとしている。

たとえば私は、門外漢の身の上をかえりみず、ミンゾクの事務所に自称書記として入所し、極私的民俗学入門をスタートさせてから六年目の二〇一一年、大地震に遭遇した。あらゆるものをチャラにしてしまう撤収の風が私のような者にも吹き荒れた。多くを語れないが、民俗学入門講座の講師にもそれは及び、気がついた時には、お世話になった大学にもあのサンチョのセリフを口真似しつつ辞表を提出する自分がいたのだった。

「これも一見したところ」本論とは「無関係のように見える話だが」と、又しても諧謔老人の「サン・セバスチャン」の語りをもどく。「そんな事を言っていると話がいよいよ埒が明かぬ。元来私の説こうとしていたのは」と、なんとか話をもどすべく努めねばならない。

## 3

元来われわれが説こうとしていたのは、ミンゾクの事務所がめざすものについてである。その仕事内容をひと口でいえば、常民の地理と歴史をしらべることとなろうが、この常民の定義自体あいまいなままである。

吉本隆明は既出の『日本近代文学の名作』で、こう語っている。

〈歴史観として「常民」という概念を編み出したのも、農政学者として農村の習俗にかかわってきたところからきている。常民というのは、マルクス主義的に言うと保守的でも進歩的でもあり得るから「あいまいだ」と批判されるが、そんなことはない。要するに、「国民」や「大衆」と同じ意味で農民を規定する概念と言えよう。この人々（農民）は政治が右寄りになろうと左寄りになろうと関係なく、いつでも同じだと言うことで「常民」と名付けられた。〉

吉本の説明はわかり易く、思わず首肯したくなるが、しかし、柳田の常民像が多義的なものであることについて、われわれはこれまで少しはふみ込んだつもりだ。戦後の皇室も常民、というい い方一つとっても、「国民」や「大衆」と同じ意味で農民を規定する概念とくくれない性質をおびているように見受けられる。

今頃になってこんな探索をするのは滑稽な振舞いといわれるだろうが、たとえば漢和辞典や現代中国語辞典に、「庶民」や「百姓」や「平民」はのっているが、「常民」をさがしても見つからない。漢語そのものでないはずはないだろうが、少なくとも、柳田が重視した日常的な口言葉でなかったのではないかと推測される。しかし、日本同様、漢字文明の圧倒的影響下にあったコリア語をあたってみると、「常民《サンミン》」は小辞典の類に顔を出す語だとわかる。小学館『朝鮮語辞典』には、両班《ヤンパン》でない一般の庶民、とある。ヤンパンとは、高麗・李朝時代の特権的な身分階層を指す。文官を東班、武官を西班といい、両者を合わせて両班といった。彼等は下級官職以外の官職を独占し、兵役・賦役その他の税が免ぜられたという。

われわれは柳田の常民がコリア語起源だと断定したいわけではない。ただ、日常的に威張るのが仕事だったヤンパン的高級官僚の吏臭が「厭で厭でしかたがなかった」と語る柳田がミンゾクの事務所を創設するにあたって思い描いた常民の像が、「特権的な身分階層」には属さぬというところに力点の置かれた——一般の庶民を指すものだったと推測しているだけである。

口伝民謡のうち特に童謡を一冊に集めた一九三三年刊の金素雲訳編『朝鮮童謡選』(岩波文庫)をひらいてみると、そのさいしょのページに「日」と題された唄がある。きつい日ざしをめぐり、〈こっちはカンカン照れ／あっちはかげれ／こっちは両班《ヤングパン》／あっちは常民《サングノム》〉と唄われるその後注には、両班＝特権階級の呼称。士族。常民＝両班に対する平民の称。「ノム」は卑しむ言葉、ジョングノム（奴僕）、トジョングノム（盗賊）の如き——とある。

ルビの違いは気にしないとして、われわれはこうした「常民」をめぐる気分が柳田の創設したミンゾクの事務所に濃厚に流れていたものとみる。少なくとも、その草創期には——。柳田的常民が結果的に被差別民を含まぬものとなったのと、おそらく同じ事情はコリアのサンミン（常民）にも見出されるが、その比較分析はわれわれの手に余る。

啄木の「一切の人間の生活の不条理なる苦痛から解放することを理想と」する社会主義をめぐる夢想は、羅須地人協会を創設した晩年の賢治や太宰に間接的にひき継がれたが、われわれのみるところ、柳田の経世済民の志の根底にも、まったく異なるカタチをとって流れていた。

柳田が関わったとされる一九一〇年の日韓併合と幸徳事件を〈峠〉として、啄木の夢想は生活的強度をもつものに変っていく。だが、逆説が強いる難問もまた強度を増すばかりだった。彼が魂の救いのために書いた『ローマ字日記』は、ペネタ形の産物であるといっていいが、その意味するところを柳田のミンゾクの事務所は正しくとらえていた。

大正十五年記の「当面の国際語問題」で、柳田は、「日本語を今少し学びやすく親しみ易く、せめて欧州語同士のところまで持ってゆこう」とする視点でローマ字論にふれ、さらに「近ごろ大分流行するようにいわれるエスペラント」に言及している。

翌年の「日本が分担すべき任務」では、「我々エスペランチストの中から一流の学者、著述者を出すこと」を将来の目標とせねばならぬと書く。大正十五年にミンゾクの事務所創設者が発した「各地同志の青年たちは、今何をしているのであるか」にこたえるかのように、賢治はたぶんこの年に羅須地人協会を設立し、上京してエスペラントを習ったりしている。柳田と賢治をつなぐ佐々木喜善も熱心なエスペランチストだった。

ローマ字論者同様、エスペラントの運動は〝英語帝国主義〟の勢威におされて現在では消滅の一途をたどっているようだが、しかしその本来の志に、本業夢想家のペネタ形への見果てぬ夢が封印されていたことを忘れるべきではないだろう。

# 三十六　柳多留

## 1

最晩年の柳田国男が、自ら創設した民俗学研究所を解散または閉鎖することを決定し、さらに「日本民俗学の退廃を悲しむ」という題目の講演によって後進に抗議する行動に出た一事をめぐり、私はかつて、賢治の「猫の事務所」に登場する獅子の言葉を重ねてみようとしたことがある。すなわち、〈お前たちは何をしているか。そんなことで常民の地理も歴史も要ったはなしでない。やめてしまえ。えい。解散を命ずる〉というように……。

ミンゾクの事務所解散は、当方の極私的事情に照らしてもおあつらえ向きと思われた。「家庭の幸福は諸悪のモト」とまでいいきるのはためらわれるとしても、「炉辺の幸福」に不安を覚える種族に属する当方が、謎の常民がたやすく国家の礎となるべき国民に融合させられることの多い家父長制の守護神的思想を奉じるようにみえる事務所でツトメをまっとうできないことは当初よりわかっていた。撤収の風を待ち望んだ所以であるが、しかし現実の民俗学研究所解散・閉鎖宣言時の柳田の真意についてはわからないままだし、また不明のままでよいとも思う。

賢治の「猫の事務所」の初期稿にあった、憤りの宣言をする者もされる者も「みんなみんなかあいそ」というペネタ形ふうの話者の言葉も思い起される。

キルケゴールは『不安の概念』の中で、ダンテの神聖喜劇＝『神曲』――ダンテ自身は単に『喜曲』《コンメーディア》とよんでいた――に言及し、「ダンテは空想にいかに広い場所を認めたとしても、倫理的な判決を宣告する仕事を停止しはしなかった」と書いている。「我々が空想で描いて見せる世界よりも、隠れた現実の方が遥かに物深い」という立場に立つ神聖平人［常民］喜劇の作者の場合の「倫理的な判決」を、かつての私は啄木のいう「性急な思想」にせっつかれるように求めていたきらいがある。『遠野物語』が誕生した明治四十三（一九一〇）年に書かれた啄木の「性急な思想」を服用の感覚で読みかえすたび、私は日本の近代に対する「深く、強く、痛切な」その考察のまっとうさに胸うたれる。他ならぬ日本において「近代的」という言葉の意味は、「性急なる」という事に過ぎないのでは、と前置きしたうえで、啄木は次のように書き収めている。

〈自己を軽蔑する心、足を地から離した心、時代の弱所を共有することを誇りとする心、そういう性急な心をもしも「近代的」というものであったならば、否、いわゆる「近代人」はそういう心を持っているものならば、我々は寧ろ退いて、自分がそれ等の人々よりより多く「非近代的」である事を恃《たの》み、かつ誇るべきである。そうして、最も性急ならざる心をもって、出来るだけ早く自己の生活その物を改善し、統一し徹底すべきところの努力に従うべきである。〉

この一節の直後にさらにつけ加えられた――〈我々日本人が、最近四十年間の新らしい経験から惹き起されたところの反省は、あらゆる意味において、まだ浅い〉という一行に、われわれは柳田民俗学の誕生をうながした日本近代への根底的「反省」と同質のものを見出すのであるが、「まだ浅い」という言揚げは破壊的攻撃一辺倒のものではなく、あくまで真の近代を受取り直そうとする夢想家の本業に基づいている。

世界文学思想と東北原詩野との無謀なトライアングル軌道をアメンボウのように移動しつつ、断章を長たらしく書きつないで最終章に至った今、われわれはあらためて――「結論は読者に作ってもらうのが、今までの私の流儀ではあるが、この一文はあんまり長たらしいから、お詫びのために少しばかり言い直しておこう」（「不幸なる芸術」）というような諧謔老人の語りに寄り添う。結論を読者に作ってもらうこと、それこそは啄木が言揚げした「非近代的」な、「最も性急ならざる心」に宿る思想の典型であろう。

柳田によれば、冗談と雑談は語源的につながりがあるそうだ。西欧仕込みの大それた理論を頭上にふりかざす〝上段の構え〟の者らに、柳田は終始、冗談に通じる〝雑談の構え〟で応接した。意味はおなじだろうが、大家――オホヤとタイカの場合のように、柳田の話をザツダンではなくゾウダンとよんだほうがいいだろう。

通念の型で硬直化したあげく、上段に構えて柳田に近づく性急なる近代人の末裔は、類まれなるゾウダンの力ではぐらかされるのがオチである。

それを知りつつ、われわれは、ニモカカワラズとつぶやく。

たとえばわれわれは日本におけるルネサンスのありようを柳田に学んだが、しかし性こりもなく、ルネサンスのユートピア的笑いを論じたM・バフチンを想起したりする。カーニバルの笑いの複雑な性質について、この思想家ほど徹底した分析をおこなった者はいない。

それはまず何よりも、祝祭の笑いである——とバフチンはラブレー論の序で書いている。何らかの個々ばらばらの（お互いに切り離された）《笑うべき》現象に対する個人的反応ではないとした上で、バフチンは次の三つの項目をあげる。カーニバルの笑いはまず第一に全民衆的である。すべての人が笑うのだ——これは《俗世界》の笑いである。第二に、この笑いは普遍的である。万物、万人が対象となる（カーニバルの参加者もやはり対象となる）。全世界がおかしな姿になり、その滑稽な様相において、その陽気な相対性において全世界が感得され理解されるのである。第三に、そして最後に、この笑いは両面的価値《アンビヴァレンス》を持つ。陽気で心躍るものであるが、同時に嘲笑し笑殺する。否定し確認し、埋葬し再生させる。

以上がカーニバルの笑いの本質だとするバフチンは、近代の解釈学が「民衆の笑いについての正しい問題設定」を理解していないという。近代の滑稽文学の立場から、純粋に否定的な風刺の笑いと解釈されたり、あるいは、あらゆる世界観的深味や力を失った、純粋に娯楽的で、無思索的でただ陽気なだけの笑いと解釈されたりしている。カーニバルの笑いの両面的価値・二重意識性がまったく理解されていないとバフチンは書く。

## 2

バフチンのいうカーニバルの笑いと、対話的であるにもかかわらず啓蒙的でない文体をもつ柳田が探究しつづけた〈笑の本願〉が、どこが同じでどこが違うかについての学問的検証録は、誰やらに作ってもらうことにしよう。

われわれは今、理論ではなく、カーニバルそのものを必要としている。カーニバルが大げさなら、〈サカナをする〉といいかえてもいい。根源的なオカシサの探究に熱心だった柳田を、私は『痴愚神礼讃』の著者エラスムスの日本版とみなしていたことがある。同書の岩波文庫版の訳者渡辺一夫は、巻末解説で、エラスムスが、誰をも特に諷刺していない代りに、あらゆる人間を――彼自身をも含めて――諷刺していると言える、と書く。その目的は、ただ人間の救済にあり、人間を機械化し歪曲せしめかねない一切のものへの非難検討にあった、と。われわれが〈サカナをする〉祭も、こうした全人的な救済を夢見る種類の道化の精神によって支えられるものであってほしいと切に願う。

誰かをサカナにする種類のものではない笑い、「世界観的深味や力を失った、純粋に娯楽的で、無思索的でただ陽気なだけの笑い」とは一線を画す笑いを、柳田学に求めるわれわれは、さいごにその全体像を、川柳句集『誹風柳多留』にちなんで柳多留とよびかえてみたい。柳多留のモトになった柳樽は、祝儀に酒を贈るのに用いたものである。「酒の飲みようの変遷」で柳田は、「昔は酒は必ず集まって飲むものときまっていた。手酌で一人ちびりちびりなどということは、あの時代の者には考えられぬことであったのみならず、今でも久しぶりの人の顔を見ると酒を思い、または初対面のお近づきというと飲ませずにはおられぬのは、ともに無意識なる昔風の継続であった。こういう共同の飲食がすなわち酒盛りで、モルはモラウという語の自動形、一つの器の物を他人とともにすることであったかと思われる」と書いている。

失われたニッポンの昔を偲ぶというより、啄木的な意味で「非近代的」な精神に思いを馳せる者の前に、一義的な諷刺の笑いを扱う川柳とは異質の、「共同の飲食」を伴う全人間的な魂のシュンポシオンのための巨大な酒樽――柳田国男樽があらわれる。ミンゾクの事務所が閉鎖され、われわれが「私一人」になっても、性急なるものに背を向けたこの「酒盛り」は可能である。事実、私は長い歳月、柳多留の酒を「手酌で一人ちびりちびり」のみつづけてきたし、これからもそうした単独者の祭を愛惜するだろう。私の場合の単独者とは、キルケゴール的に苛烈で深遠なものではなく、〈単なる独りよがりの者〉といった程度のものにすぎないが。

キルケゴールは――とさいごのさいごまで柳田が嫌う外国の思想（家）の受売りめいた振舞いをあえて遠ざけないわれわれはその日誌の一節を痛切な思いで写す。

「民間伝承のあの永遠のユダヤ人と同じように、私は巡礼者たちを約束の国へ案内しておきながら、自分自身は入れてもらえないのだ、そのように、私は人々をキリスト教の真理への道案内をしておりながら、自身は若き日の過失の罰として、入ることを許されず、ただ比類のない未来を予言することしか許されないのだ。」

さまよえる日本人を気取るわれわれも、柳田学がさし招く「約束の国へ案内しておきながら、自分自身は入れてもらえぬ」門外漢のままである。しかし、さいごに居直っていうのだが、「ただ比類のない未来を予言する」力量をもつ柳田自身、「若き日の過失の罰」ということはないにしても、民俗学なる学問の殿堂に入るのを躊躇《ちゅうちょ》するところがあったのではないか。宮沢賢治が唯一自費出版した詩集『春と修羅』について「これらはみんな到底詩ではありません……」と書いたのと同じ心持ちで、自ら創設した民俗学を「これらはみんな到底学問ではありません」とひそかにつぶやきつづけたのではないか。

太宰治は、中期の小説『惜別』で、次のような言葉を語らせる。

「事実は小説よりも奇なり、なんて言う人もあるようですが、誰も知らない事実だって、この世の中にあるのです。しかも、そのような、誰にも目撃せられていない人生の片隅に於いて行われている事実にこそ、高貴な宝玉が光っている場合が多いのです。それを天賦の不思議な触覚で探し出すのが文芸なんです。」

右とほとんど同じ文言は、随想『もの思う葦』にも顔を出す。「誰も知らない事実」を、他ならぬ文芸の本道ととらえる——いいかえれば「本当の事」を虚構によってとらえる逆説に魅入られた小説家の背後にも「これらはみんな到底小説ではありません」というトカトントンふうのエコーがひびいているだろう。

私が勝手に兄事し、その著作を通じて柳多留の酒をのませてもらって久しい文芸批評家井口時男は『危機と闘争』(作品社、二〇〇四年)の中で、三島由紀夫の太宰嫌いの根底にあったものをめぐって、いくつもの「私」の位相を区別しないまま癒着させていた「だらしなさ」への反発だったと書いている。たしかに、書く「私」と生きる「私」とを無自覚に混同することをしりぞけた三島の職業人としての小説家の力能はさいごまで非凡であった。表象機能の失調という時代の病理を体現した太宰は、井口のいう通り、いくつもの「私」を方法的に操作することで新たなフィクションの形を作り出そうと試みたものの、その区別の保持に小説家として失敗したといわざるをえない面がある。しかし私は、井口の批評から学んだ「倫理とは必ず自己自身の引き受けである。私が私でしかありえないことの引き受けである」という倫理の定義をふまえたうえで、太宰的な失敗をむしろ「引き受け」たままでいたいとすら思う。われわれは、市民社会における職業作家の作品論的成功といった問題に関心をもてない。極言すれば、「これらは到底小説ではありません」といわれる類の小説にしか興味関心を向けられなくなってしまっている。それが「片隅」の貧しさを選択したわれわれの病理、いや本業の夢想だというべきだろうか。

「人生の片隅」とは、柳田が芭蕉にこと寄せてしみじみと用いた言葉でもある。ヨーロッパ・ルネサンスふうの「広場」から遠くかけ離れた「片隅」で、われわれのサカナをする祭はとりおこなわれる。

「人の心を和らげる文学、いかなる窮乏と憂愁の生活へでも、なおなお時々の微笑を配給するような、優雅な芸術」(『喜談日録』)——それを芭蕉の俳諧にもとめようとした柳多留から、ちびりちびりとうま酒をくみつづけたまま、われわれは巡礼を終えるしかない。『雪国の春』にこうある——「西ヨーロッパ諸国の古典研究などは、人の考えを自由にするのが目的だと聞いているが、日本ばかりはこれに反して、再び捕らわれに行くために、昔のことを穿鑿《せんさく》しているような姿がある。心細いことだと思う。だからわれわれだけは子供らしいと笑われてもよい。あんな傾向からはわざと離背しようとするのである。そうして歴史家たちにうとんぜられている歴史を通して、もう少し楽々とした地方地方の文芸の、成長する余地を見つけたいと思うのである。」

「歴史家たちにうとんぜられている歴史」――この一行からわれわれが想い起すのは「歴史を書くとは、年号に表情を与えること」というベンヤミンの簡潔な一行だ。

## 3

そう、われわれは何よりも自由になりたい。そのためには子供になって笑われる側にもまわる。柳多留からもれる酒には、子供の「小さな心」でしか味わえぬものも含まれている。「大きな生徒には勉強ということがあって、心に染まぬことでも骨を折って覚える。小さな子供はこの点は自由だから、気に入ったことでないと言おうともわかろうともしない。それだから何でも目を丸くし耳を尖らせるような話が必要だったのである」という『孤猿随筆』の言葉に、われわれはひたすらたちかえる。「勉強」とは一線を画す「気に入ったこと」こそ、無味乾燥な歴史の「年号に表情を与える」技術に通じる。自由であろうとする心が自然に身につける技術――それが柳田のいう聴術であろうと、今さらながらに心づくのだ。

ここで、柳田の民俗学が復権を願った聴術と、畏敬する思想家ベンヤミンが「物語作者」という卓抜なエセーに刻んだ次の一節が呼応している事を確信したうえで、われわれの「柳田国男の話」に付す序文代りに引かせてもらう。「……耳を傾ける能力も失われ、耳を傾けて熱心に聞き入る人びとの共同体も消えていく。話を物語るとは、つねに、話をさらに語り伝える技術なのである。そして、話がもはや記憶にとどめられなくなると、この技術は失われていく。ひとが話に聞き入っているあいだに、織られ、紡がれるということがもはやなくなってしまうので、この技術は失われていくのだ。じっと聞き入る者が我を忘れていればいるほど、聞いたことは彼の心深くに刻みこまれる。こうした手仕事のリズムにいったん捉えられると、聞き手は、話にじっと聞き入りながら、その話を物語る能力をおのずと授かってしまうのだ。物語る能力がそっと寝かされている寝床の網は、つまりそうした性質のものである。そしてこの網の目は、何千年も前に最古の手仕事形式の周辺で結ばれた後、今日にいたって、すべての末端でほどけつつある。」

ここには、柳田の話にわれわれが聴きたいと願う〈そ〉と酷似するイデーが脈うっているように思える。われわれはこの味わい深い異国の酒が他ならぬ柳多留の中に入っているという錯覚をすら愉しむ。

柳多留の酒が、全身に廻ってきたようである。ある国で物事を「三十六回やる」とは同じことを繰り返す意味の表現になるそうだ。三十六回にわたってわれわれ自身が何をなしえたのかという問いにも、吃音ふうに、しかし笑いながら、あらためて言揚げする――柳田学への序文もしくは予告篇を書きつづけたのだ、と。

生涯二〇〇をこえる序文を書いたボルヘスの序文の中から選ばれた『序文つき序文集』（国書刊行会、二〇〇一年）に、こう記されている。

「私の知る限りでは、これまで序文の理論を樹立した者はいない。この欠落は別に悲しむにはあたらない。われわれは誰しも、序文というものがいかなるものか承知しているからである。」（「序文集の序文」）

酔いも手伝い、われわれはこの文に笑いを禁じえない。調子にのってさらに、ボルヘス節をうたう――他の者たちは偶然彼らが書くことになった書物を自慢するがよい。私は偶然私が読むことになった書物を自慢しよう、と。

ボルヘスは、〈モンテーニュの『エセー』の簡潔にして感動的な序文は、その素晴らしい本文にもまして素晴らしいものである〉というが、もちろんわれわれの柳多留自慢にはあてはまらない。

かつて来日したボルヘスと愉快な会話をかわしたことのある原詩人は、「さらば書物よ」という柳田学と無縁ではない副タイトル付きの『寺山修司の予告篇』（光風社出版、一九八〇年）の「まえがき」でいう。

〈この予告篇は、私自身の思想の啓蒙というよりは、エンターテーメントが書けなかった男の、懺悔録であるかも知れない。ともかく書物の予告篇をつくってみようという念願だけはかなえられたが、これによって本篇が読まれるかどうかはさほど重要ではない。というより予告篇もまた一つの「作品」であることを言いたいために、この「予告篇のための予告篇」を書いたのであった。〉

いっそうひどくなった酔いの中で、われわれは、プルースト『失われた時を求めて』中の〃イデー・ソング〃を、柳田が考察した「鼻唄」ふうに、反復して唱える。

「そうだとも！　環境などたいしたことでないよ。……真の影響は、それは知的な環境のそれだ！　われわれは、思想《イデー》によって人間なのだよ、同じ思想をもつ人間はみんな似ているんだ」

（以下本篇！）

# 〈さまよえる日本人〉のひとりごと——あとがきに代えて

「野草雑記」で柳田は、人に嫌われる雑草タケニグサについて「流転はまことにこの一族の運命であったかと思われる。それがあたかも今大都市の周辺に、やや引続いて安住の地を供与せられ、いわゆる第二の故郷を念がけている点は、むしろ著しく我々の境涯に似ていたのである」としたうえで、一文をこうしめくくる。「我々の先祖も山に拠り、山あいの小さな空地のみを捜し求めて、末々その後裔《こうえい》がこんな海端の平蕪《へいぶ》の地に、集合しまた放浪しようとも思わなかったことは同じだが、人間の長所は次々の境涯に応じて組織を拡大し生活ぶりを変え、新たな名称を認め新たなる美徳をたたえるに急であった余り、古い縁故のある若干の天然を疎外し、また時としては敵視しなければならなかったのである。しかしタケニ草の世もまた開けた。人と交渉する言葉は多くなり、それがまた追々と耳に快いものとなろうとしている。この落莫《らくばく》たる生活があわれを認められ、終《つい》に人間の詩の中に入って来るのも、そう遠い未来ではないように思われる。」

「野草雑記」は昭和十一（一九三六）年に『短歌研究』誌に発表された。「上品な句や歌になりそうな名を持つ草」にふれながら、「和歌には向かぬが民間のうたいものや童言葉に、ぴたりと合っているものの多い」ことに注意をうながす柳田は、タケニグサの異名ササヤキグサを紹介し、「物にも似合わぬ佳い名である。この言葉については色々の空想が起る。たとえばあの鈴なりになった枝の種子が、風に吹かれて幽かに鳴るのかとも思われ、実は私もその音を聴いたような気さえする。しかしこれは明かに空想であった」と記す。

タケニグサの「落莫たる生活」に流転の運命をみてとり、そしてその運命が「我々の境涯に似ていた」とする柳田の一文そのものが、「この異様な植物」が、「あわれを認められ、終に人間の詩の中に」入ったアカシのように私には思える。

二〇一一年《3・11》の前後に刊行された岩波文庫二点『野草雑記・野鳥雑記』『孤猿随筆』に関わった時点で、私は、タケニグサがどんな草なのかわからなかった。ただその語の響きに、ぼんやりとした記憶があるような「空想」につつまれた。柳田の空想は「枝の種子が、風に吹かれて幽かに鳴るのかとも思われ、実は私もその音を聴いたような気さえする」というものだが、詩的な耳を持ちあわせぬエセ詩人は、心にかかる詩人の「詩の中に」あったような気がしたのだった。

二〇〇一年の夏、私のもとに吉田文憲の『原子野』（砂子屋書房）なる詩集が届いた。古い友人の手になる十六篇の詩集のうちの一篇「息の〝光跡〟――五つの手紙に代えて」の二番目の手紙は、自分に宛てられているという極私的事情も手伝い、後に精読するに及んだ次第だが、そこに、

〈私は声のこだまのなかを歩いていた、
ここはこだまの出るところ、ボグ（bog）の湿地帯、
土手にはたけにぐさが風に吹かれていた、〉

と書かれていたのである。

以下、作者のつけた後注を引き写すと――宮沢賢治の疾中詩篇「病床」の「たけにぐさに／風が吹いてゐるといふことである／たけにぐさの群落にも／風が吹いてゐるといふことである」をここでは踏まえている。賢治は、たけにぐさが風に吹かれるさまになにを幻視していたのか。この、ときに一メートル以上にもなる草木は、葉裏が白く銀鼠色に翻り、それが風に吹かれているさまは、ちょうど海底で波にもまれている海草の、昆布かワカメのようにも見えたのではなかろうか。あるいは、たけにぐさは、折るとその茎から赤い汁が噴き出すので、それを流れだす血液にみたてたのかもしれない。かつて賢治は元気だった頃たけにぐさの風に吹かれている岩手の野原を自由に歩き回った。だがいま彼は病床に繋がれていて、それができない。その厚い大気の下の野原は賢治にはときに海底のようにも見えていた。彼のヴィジョンでは、大気は海であり、この地上は、海底でもある。あのイギリス海岸がそうであったように。もしたけにぐさに〝海底〟へ繋がるイメージがあるとすると、そこは青黒い〝修羅〟の影の立つ渚（水辺）の場所にもなり、前行の〝ボグ（bog）の湿地帯〟のイメージもそこに重なってくることにもなる。たけにぐさの傍らには賢治の青黒い〝修羅〟の影が落ちているのではなかろうか。

奇しくもその生年と没年がともに東北沿岸に大津波がおし寄せた年にあたる宮沢賢治の詩的つぶやきから、右のようなモノ深いイメージが引き出されたことに、まずは驚いた。「隠れた現実」に肉薄する柳田の詩的「空想」の解説としても有効なものだと思う。昭和十一年に、タケニグサの「落莫たる生活があわれを認められ、終に人間の詩の中に入って来るのも、そう遠い未来ではないように思われる」と柳田は書いたが、すでにその数年前に、柳田より二十歳ほど年下の東北の原詩人宮沢賢治が「詩の中に」入れていたのである。

吉田文憲は「あとがき」に〈原子野というと、原爆やヒロシマを連想されるかもしれない。そのことは不可避なことかもしれないが、そのことも含めて、ここでの「原子野」というタイトルは、原子がふりそそぐ野原、つまりはわれわれのいま生きているこの現在の場所にほかならない。ここが原子野なのであり、それはなにも特別な場所ではない。そのことは、新しい世紀に入ったいま、ますますはっきりしてきたのではなかろうか〉と書いていた。

新しい世紀に入ったばかりの当時、私は「ここが原子野なのであり、それはなにも特別な場所ではない」という詩人の言葉を、正直、十全には理解できていなかった。詩集刊行から十年後の《3・11》に至り、はじめて、原詩野から放たれた原子野にまつわる詩的予言が「目前の出来事」となったことに心づき、文字通り身が震える感覚におそわれたのである。

《3・11》は、われわれをして、タケニグサに似た流転の運命を受取り直させた。われわれの同胞は今、「安住の地」――「第二の故郷を念がけて」苦闘している最中だが、その故郷たる地が、いや日本列島全土が「原子野」と化した事実を直視する勇気をまだもてないでいる。青黒い〝修羅〟の影が落ちるタケニグサの傍らに立ち、すべてを拉し去った〝海底〟に向けて祈るより他に今は仕事がないとさえ思われてしまう。

柳田の『海南小記』の次のような数行を、私はここ数年祈りの文言として繰り返した。

「……生きるということはまったく大事業だ。あらゆる物がこのためには犠牲に供せられる。しかも人には美しく生きようとする願いが常にある。苦悩せざるを得ないではないか。」

＊　＊

本書は本来、〈さまよえる日本人〉が四半世紀余りにわたりあてどなくつづけてきた〈世界文学シュンポシオン〉の一環——世界文学依存症患者の民俗学入門として発想されたものである。チグハグぶりはおおうべくもないだろうが、できればそれがドン・キホーテ的な——柳田的にいうならヲコなる精神に基づくものであってほしいと望んでいる。

あさましい個の妄執から逃れられない文学の徒の祈りと共同体的な連帯性のあり方をめぐっても、〈世界文学シュンポシオン〉の記録によりすがる。

「同朋にたいするかかわり方は祈りのそれであり、自己にたいするかかわり方は志向のそれである。そして、祈りのなかから志向のための力が汲みとられる。」（F・カフカ「八つ折り判ノート」）

＊　＊

あさましい妄執の徒が気に入っているティル・オイレンシュピーゲルの愉快ないたずらの一つにこんな話がある。酢を四シリング買ってくるようおかみさんから町へおつかいに出されたティルは、三年近く戻らなかった。三年目の終り頃ティルは戸口から飛び込んでくると、瓶を割って酢をこぼしてしまい、こう叫んだ。

——ちくしょう、急いだらこんなことになっちまった！

三年の倍ほどの年月、私は大学で民俗学入門講座を担当させられた。それはおつかいというにはいささか荷の重すぎる仕事であったが、多くの僥倖にも恵まれた。篤志門外漢の脱線と道草だらけの「話」をきかされた学生諸君には今も感謝の思いを抱いている。聴講者の中には、卒業後、遠野のような山深い土地におもむいて樵をしながら創作をつづけることで、ほんとうの民俗学の何たるかを私に教えてくれた人がいるし、後に詩人となった人もいる。その詩人の卵が提出した課題レポートの中に、——自分は外国人なのだといっそ開き直って『遠野物語』を読むことも可能……という意味のひとくだりがあったのを鮮やかに記憶する。「この書を外国に在る人々に呈す」という『遠野物語』の献辞の含意すらわからなくなってしまった現代日本のありようを小気味良く裏返す姿勢は、〈さまよえる日本人〉を気取る当方の胸底深く刻まれたのだった。

＊　＊

引用のツヅラオリに終始した本書の終りに、私は、（**以下本篇！**）というヲコなる一語を付したが、それはティル的に道化じみたものであると同時に、序文・予告篇のツヅラオリの後は、「本篇」として柳田の著作そのものにあたってもらいたいという真面目な願いを込めたものでもある。ノートをとりながら全著作を精読する作業を、通読とは別に続行中の私自身、本書を一里塚として今後「本篇」に向い合うつもりでいる。つまり本書は、柳田国男論のための《序文ばかり》とでもいうべきものなのだ。

本書に有益な示唆を与えてくれた『柳田国男と近代文学』の著者井口時男は、「あとがき」で、近年の柳田批判の言説のモチーフは承認できても、そのたいがいに飽き足りなかった理由について、それらは柳田の思想を「最低の鞍部で」越えようとするものにみえたからだとのべているが、柳田山脈のいたるところに存在する峠を愛するわれわれマボロシの〈峠会〉メンバーの場合、「最低の鞍部で」越えようとするのは、あまりにもったいなさすぎるという立場なのである。

「話商売になってしまわぬ用心をしている」（『青年と学問』小序）と自ら戒めもする柳田の話は、《3・11》後の〈さまよえる日本人〉が常食とすべき心の糧たりうると私は信じる。柳田学に対して、キルケゴールのいう共感的反感・反感的共感、つまりは不安の念を完全に消し去ることができないにもかかわらず、だ。

「それにもかかわらずに感謝します。じかにこの血の中に入ってくる呪文のような言葉です」とは、カフカのミレナへの手紙の中の一節だが、エセ常民にしてエセ詩人はティル・オイレンシュピーゲルふうにユックリト急イデ執筆された本書で、ニモカカワラズというカカワリ方をめぐる「じかにこの血の中に入ってくる呪文のような言葉」――われわれの生の矛盾それ自体を血肉化したような実存的接続辞を何度キルケゴール的に反復したことだろう。

私は、気が済むまで遊戯に伴う「もう一回！」を呪文よろしく繰り返す小児のように振舞ったわけだが、以前にキルケゴールに関する本を書いた時もそうだった。この思想家が最終的にいざなう新約聖書のキリスト教に対して、私はやはり彼のいう不安＝共感的反感・反感的共感をぬぐいされなかった。そんな私が小児的に満足したのは、次のような一節だ。

「子供じみたものが精神の夢みる状態として保持されているすべての国民のもとには、こうした不安がある。この不安が深ければ深いほど、それだけその国民は深みをもつ。これを分裂症状だと考えるのは、散文的な愚かしさにすぎない。」（『不安の概念』）

柳田学が〈さまよえる日本人〉たるわれわれに告知するのも「子供じみたものが精神の夢みる状態として保持されている」日本的不安だといっていいのではないか。日本的不安が「深みをもつ」ならば、寄辺ないこの私の「分裂症状」にも救いがある気がしてくる。

『民謡覚書』（昭和七年）の一節ですでに柳田は書いていた――「『遠野物語』が出てから、今年はすでに二十三年目になる。あの時我々が発願した学問は、答としてはいくらも成長せずに、問としてはむしろ大いに痩せている。夢の理論の弁証が許さるる世であるならば、まぼろしの歴史を探究することも徒事であるまい」と。

詩人哲学者柳田国男の「夢の理論」「まぼろしの歴史」をめぐる語りには、ほとんど結論めいたものがない。矛盾にみちた分裂症状を、創造的な二律背反として受取り直すそのイデーは、散文的ではなく詩的な愚かしさ＝ヲコなる精神のありようをわれわれに心付かせてやまないのであるが、そうでありながら、柳田国男の話はキルケゴールの『死にいたる病』の序の言葉をかりれば「病床に臨んだ医者の話しぶりに似たもの」だった。そのほとんどが日本という患者の病床に臨んで「発願」されたものなのである。

＊　＊

タケニグサの流転の運命に自らの境涯を重ねる実感を得たわれわれは、「ただ人間が彼等の存在に注意し始めた機会が区々であって、こうして私のように昭和の時代に入って漸くこの一つの生活に美しい意義を見出した者さえある」（「野草雑記」）という柳田独自の「詩の発展」論に感動を新たにする。「一つの生活に美しい意義を見出」すことは、どんな時にも可能なのだという思いを強くしたあげく、柳田のいう「区々の」機会なる表現の中に、東北語（？）の〈てんでんこ〉精神とでもいうべきものを見出す。「野草雑記」にいう「めいめいの悩みと歓びとの交渉配合」の含意を深く考えず、「区々の」「めいめいの」といった語の響きに——「職業芸術家は一度亡びねばならぬ／誰人もみな芸術家たる感受をなせ／個性の優れる方面に於て各各止むなき表現をなせ／然もめいめいそのときどきの芸術家である」（賢治「農民芸術概論綱要」）、「みんないっしょにまことの道を行くときはそこには一つの大きな道があるばかりです。しかもその中でめいめいがめいめいの個性によって明るく美しく楽しくその道を表現することを拒みません」（同、書簡下書断片）を重ねつつ、両者から〈てんでんこ〉精神に必須の魂の糧を汲みとろうとしている。

＊　＊

本書は、月刊誌『望星』の二〇一〇年六月号より十二回、ひきつづいて「Web望星」に二十四回、計三十六回——まさしくティルのおつかいに相当する年月連載した稿にもとづいている。連載開始後一年ほどして《3・11》に遭遇し、すでに思うところあって貧しい職業著作家の看板をおろす準備をしていた筆者の身の上を決定的にする「流転」が訪れた。当方のおつかいの目的とおぼしき民俗学的エキスの入った瓶は割れてしまったようだが、それでも得難い機会だったとの思いが深い。後半三分の二はWeb版という当方にとって未知の世界であてどない試みだったが、古いものしか愛せなくなっている古い人間が古いテーマをめぐって書いたものに天が与えたもうた、おそらくは最初で最後の数奇なる運命にただ首を垂れる他ない。

編集部の寺田幹太さんには長期にわたりお世話をおかけし、単行本化にあたってもご尽力をいただいた。前記岩波文庫二点の刊行をめぐってご厚情をたまわった岩波書店編集部の村松真理さん共々、御礼申し上げる。

最後に、本書と直接の関わりがあるわけではないのだけれど、大震災後の〈荒地〉に産声をあげた雑誌『てんでんこ』を共に支えてくれている諸氏にこの場をかりて深く感謝の意を表すことをお許し願いたい。

二〇一四年三月十一日

室井光広

## ⦿室井光広　むろい・みつひろ

一九五五年福島県南会津生まれ。早稲田大学政治経済学部中退、慶應義塾大学文学部卒業。八八年に『零の力』（講談社）で群像新人文学賞評論部門を受賞。九四年に『おどるでく』（講談社）で芥川龍之介賞。小説作品に『そして考』（文藝春秋）など、文芸評論に『キルケゴールとアンデルセン』（講談社）、『プルースト逍遥』（五柳書院）、『カフカ入門――世界文学依存症』（東海大学出版部）などがある。


# 柳田国男の話

二〇一四年四月二十五日　第一刷発行

著　者　室井光広

発行者　原田邦彦

発行所　東海教育研究所

〒一六〇-〇〇二三 東京都新宿区西新宿七-四-三
升本ビル
TEL 〇三（三二二七）三七〇〇
FAX 〇三（三二二七）三七〇一
メール eigyo@tokaiedu.co.jp

発売所　東海大学出版部

〒二五七-〇〇〇三 神奈川県秦野市南矢名三-一〇-三五
東海大学同窓会館内
TEL 〇四六三（七九）三九二一

印刷製本　シナノパブリッシングプレス

定価はカバーに表示してあります。



ISBN 978-4-486-03783-5
Printed in Japan

東海教育研究所の本

## 大島鎌吉の東京オリンピック

岡 邦行

ベルリン陥落を生還し、戦後のスポーツ復興の最前線に立った三段跳メダリスト・大島鎌吉。一九六四年東京五輪を日本へ呼び、日本人にオリンピックの理想を伝え続けた生涯に迫る。

定価（本体一八〇〇円＋税）

## 笑いの日本文化

「烏滸の者」はどこへ消えたのか？

樋口和憲

その昔、日本には、笑いを神にささげる人々がいた。それが日本の「笑い文化」の始まりだった。柳田国男が「烏滸の者」と呼び、その消滅を嘆いた人々――。彼らは、いったいどこへ消えたのか？

定価（本体二〇〇〇円＋税）

## 『明暗』夫婦の言語力学

小林千草

夏目漱石の最後の長編『明暗』から解き明かされる百年の日本語の世界。夫婦の会話と、その周囲の人々のことばの心理に迫りながら人と心の関係が織りなす「明」と「暗」をあぶり出していく。

定価（本体二三〇〇円＋税）

## 東北魂

ぼくの震災救援取材日記

山川 徹

東北で生まれ育ち、歩き続けてきた著者が、三・一一からの十ヵ月間に被災地で体験した出会いと別れ。大震災以降の東北で生きる人々を描く人間ドキュメント。被災地への思いと鎮魂の記録。

定価（本体一八〇〇円＋税）